1cm 인물교양 수업

일러두기

1. 도서 제목은 『 』로 표기했고 논문, 언론매체, 프로그램, 영화 등의 제목은 「 」로 표기했다.
2. 참고 문헌 및 자료는 미주로 정리했다.

1Cm 1센티

인물 교양 수업

앤드류의 5분 대백과사전 지음

나무의철학

고대 그리스의 역사가가 생각했던 역사는 어떤 것일까?

투키디데스
고대 그리스의 역사가

"무식하면 용감하다."

『펠로폰네소스 전쟁사』를 저술했던 고대 그리스의 역사가 투키디데스(BC 465년경~BC 400년경)는 '역사는 되풀이된다'고 말했다.

'투키디데스의 함정'이라는 말이 있다. 새로이 떠오르는 신흥 강국을 기존의 패권국이 견제하기 위해 두 국가 사이에서 필연적으로 전쟁이 일어난다는 뜻이다. 더 강한 전력을 보유하고 있던 패권국 스파르타가 새로이 떠오르던 아테네를 견제하려다가 펠로폰네소스 전쟁이 발발했다는 것이다.

투키디데스의 함정을 다른 말로 표현하면 '역사는 되풀이된다'는 것이다. 그가 말한 대로 신흥 강국과 패권국의 충돌은 역사에서 수도 없이 반복되어 왔다. 일본의 진주만 공격과 제2차 세계대전 당시 독일과 영국의 대립 등이 그 대표적인 예시라고 할 수 있다. 그러므로 역사를 알아두는 것은 중요하다. 언제 또 비슷한 일이 일어날지 모르기 때문이다.

하지만 단순한 사실과 나열된 시간만을 공부하는 것은 지루하며 재미없는 일이다. 국사나 세계사를 공부하다 포기해버린 사람들은 사건이 발생한 연도를 외우거나 딱딱한 책 제목 같은 재미없는 사실들을 알아보다가 지친 경험이 있을 것이다.

그래서 필자는 인물들을 통해 역사를 알아보고자 한다. 여러분이 어렸을 때 위인전을 읽으며 재미를 느꼈던 이유는 무엇일까? 아마도 인물의 삶 속에 자연스레 녹아 있는 역사적 사건들이 다르게 다가왔기 때문일 것이다. 물론 이 책이 위인전처럼 연대기에 따라 구성된 것은 아니지만, 필자가 엮은 사실들이 인물들의 삶과 역사를 이해하는 데 조금이나마 도움이 되길 바란다.

필자는 여러분이 위기가 닥쳤을 때 무턱대고 달려드는 사람이 되지 않길 바란다. 반복되는 역사 속에서 깨달음을 얻고 성공한 사람이 되기를 진심으로 기원한다.

필자는 전형적인 위인전 스타일의 글보다는 조금 더 독특한 방식으로 각 인물들에게 접근하고 싶었다. 그래서 이 책을 '세상에서 가장 짧고 재미있는 위인전'이라 칭하고 싶다. 이 책에 소개된 인물들을 모두 '위인'이라 칭할 수 없지만, 긍정적이든 부정적이든 역사에 남은 사람들이므로 자유로운 방식으로, 필자만의 시각에서, 재미있는 사실들을 뽑아 만들었다. 이 인물들을 통해 역사가 어떻게 흘러갔는지 알고 기쁨을 느낀다면 그 이상의 영광은 없을 것 같다.

2장 | 정치

3장 | 사회 📚

4장 | 문화 ✛

5장 | 과학

6장 | 사상, 종교 ✋

1장

경제

최고의 철학자는 사유재산에 대해 어떻게 생각했을까?

아리스토텔레스
고대 그리스의 철학자

✤

"사유재산을 인정하면 사람들의 의욕이 자극되어
경제에 도움이 된다."

Q. 개인이나 법인이 가진 토지, 자본, 고용, 통제, 동산 등을 모두 통틀어
일컫는 단어는?
A. 사유재산

우리를 일하게 만드는 원동력은 무엇일까? 누구도 보람을 느끼고 싶
어서 일을 한다고 대답하지 않을 것이다. 아침 일찍 일어나 대중교통에
몸을 구겨 넣고 회사에 출근하는 것도, 상사에게 혼나가면서 꾸역꾸역
일을 하는 것도, 망할 수도 있다는 리스크를 떠안고 사업을 하는 것도 모
두 돈을 벌기 위한 것이다. 조금 유식하게 말하면 사유재산이 자발적인
경제활동을 하게 만드는 원동력으로 작용한다. 적금을 붓고 보험에 들고
좋은 차와 집을 사려고 회사에 다니지 봉사활동하려고 회사에 다니는 건
아니다.

서양 철학의 최고봉인 아리스토텔레스(BC 384~BC 322년)도 사유재산
에 대해 긍정적인 생각을 가지고 있었다. 그의 스승 플라톤은 모든 사
람들이 물건을 공동 소유해야 한다고 주장했다. 그러나 아리스토텔레스
의 생각은 조금 달랐다. 아리스토텔레스는 개인 소유의 재산이 있어야
사람들이 우아하고 고결한 삶을 살 수 있다고 생각했다. 플라톤이 금욕

적이고 이상주의자였던 것에 비해 아리스토텔레스는 너그러웠고 현실주의자였다.

사유재산이 필요하다는 주장은 아리스토텔레스의 저서 곳곳에서 찾아볼 수 있다. 아리스토텔레스가 사유재산에 대해 이야기한 내용을 보자.

첫째, 사유재산이 공유재산보다 훨씬 더 효율적이다. 사람들은 자기가 소유한 물건에는 온갖 정성을 다 들이면서 남들과 같이 쓰는 물건에는 별다른 관심을 가지 않는다. 그리고 내가 노력한 대가를 직접적으로 보상받아 내 것이 될 때에 무언가를 할 의욕을 가진다.

둘째, 모든 사람에게 똑같이 분배하는 것은 정의가 아니다. 동등하게 일한 사람들에게는 동등하게, 그렇지 않은 사람에게는 다르게 분배하는 것이 정의다. 개개인의 능력 차이가 있는데 그에 상관없이 똑같은 보상을 하는 것은 정의롭지 못한 것이다.

셋째, 베푸는 것이나 호의를 제공하는 것은 사유재산이 있어야만 가능하다(아리스토텔레스뿐만 아니라 서양철학자들은 타인에게 베푸는 것을 매우 큰 덕성으로 보았다). 모든 사람이 같이 소유하는 공동의 재산이 있을 때는 진정으로 베푸는 것이 아니다. '내 것'을 남에게 준다는 것이 바로 베푼다는 것이다. 자발적인 의미에서 내가 남에게 무언가를 주는 것이기 때문이다. 이것이 미덕이며 사유재산은 사람들의 미덕을 드높일 수 있는 출발점이다.

사유재산이 옳은가 그른가에 대한 견해의 차이로 사유재산에 대한 논쟁은 꽤 오랜 기간 동안 이어져왔다. 아리스토텔레스가 수천 년 전에 이미 주장했던 것에 대해 사람들은 수도 없이 반박과 찬성을 반복하며 싸워왔다.

아리스토텔레스가 사유재산에 대해 찬성했다고 현재의 자본주의에 찬성할지는 의문이다. 그는 돈이 돈을 벌어들이는 것을 경계했고, 사유재산을 쌓아두는 것에 대해 반대했다. 그는 수전노처럼 돈만 모아대는 것을 극도로 싫어했다. 아리스토텔레스는 재산과 화폐는 거래를 하고 개인의 덕성을 끌어올리는 수단일 뿐 절대로 그 자체가 목적이 되어서는 안 된다고 역설했다.

로마의 모순이 담겨 있던 라티푼디움을 없애려 했던 형제

그라쿠스 형제
로마제국의 호민관

✤

"로마를 위해 싸우다 죽은 이들은
세계의 주인이라 불렸지만,
내 것이라고 부를 만한 땅 하나 없이 죽어갔다."

노블레스 오블리주Noblesse Oblige
프랑스어로 '고귀한 신분', 즉 '귀족'을 의미하는 노블레스와 '책임'이라는
의미의 오블리주가 합쳐진 단어다. 1808년 프랑스의 정치가 가스통 피에
르 마르크가 처음 언급한 것으로 '신분에 맞는 도덕적인 의무'를 뜻한다.

　카르타고의 한니발을 물리친 스키피오 아프리카누스의 외손자였던 티
베리우스 그라쿠스(BC 163~BC 132년)와 가이우스 그라쿠스(BC 154~BC 121
년)는 로마시대 상류층으로 노블레스 오블리주를 실천했던 인물들이었
다. 이들 그라쿠스 형제는 로마제국의 경제 제도에서 문제를 일으키던 대
농장과 부의 불평등 문제를 해결하고자 노력했다.
　형 티베리우스는 군인으로 지금의 스페인 지역에 파견되었는데, 그때
'라티푼디움'을 목격하고 로마제국의 경제적 병폐를 깨닫는다. 라티푼디
움은 '광대한 토지'라는 뜻의 라틴어로 기원전 2세기경부터 발전한 로마
제국의 대규모 농장 운영 방식이다.
　라티푼디움이 발전할 수 있었던 것은 활발한 정복 활동을 통해 확보한
노예들의 노동력 덕분이었다. 그러나 이 때문에 문제가 발생했다. 기원전

2세기경부터 귀족들이 어마어마한 양의 토지를 소유하고 노예들을 통해 작물을 생산해내자 비교적 작은 땅을 갖고 농사를 짓던 자영농들이 붕괴되기 시작한 것이다. 자영농은 없고 노예들만 농사를 지으며 귀족들이 그 돈으로 배를 불린다는 사실에 티베리우스는 충격을 받게 되고 당시 로마가 가지고 있던 모순을 깨닫고 개혁을 결심한다.

이후 그는 호민관이 되자마자 상류층이 갖는 토지를 한정하고 나머지는 나라의 땅, 국유지로 만들어 가난한 농민들과 무산계급에게 내어줄 것을 주장한다. 이것이 셈프로니우스 농지법이었다.

이로 인해 손해를 보게 되는 것은 당연히 토지를 많이 가지고 있던 상류층이었다. 이에 해당되던 원로원 의원들은 당연히 이 정책에 반대했다. 보수파는 자신들이 이익 보는 것을 가로막는 티베리우스에 대해 적극적으로 반대공작을 펼치지만, 평민들의 큰 지지를 받은 티베리우스는 결국 원로원 의원들의 편을 들었던 경쟁자 옥타비우스를 몰아내고 농지법을 통과시킨다.

역사를 통틀어 볼 때, 강도 높은 개혁이 있으면 자연스레 강한 반발이 있어왔다. 원로원과 보수파의 거친 반발을 받은 티베리우스는 결국 정적들에 의해 살해당하고 만다. 그리고 그와 뜻을 같이 했던 인물들도 모조리 죽거나 로마에서 추방당했다. 그는 죽고 나서 로마 시민들에게 더 많은 사랑과 존경을 받았다고 전해진다. 숭고한 희생에 로마 시민들이 반한 것이다.

동생인 가이우스도 형의 의지를 이어받아 개혁을 하고자 했다. 그도 호민관이 된 이후 땅을 나눠주어 자영농을 육성하고자 했고 그들을 위해 곡식의 가격을 낮췄다.

간신히 자신들의 위치를 지켰다고 생각했던 원로원은 또 다른 위협의 등장에 큰 두려움을 느꼈다. 이번에 원로원은 호민관 리비우스라는 새로운 인물을 포섭해 가이우스를 자리에서 쫓아냈다. 결국 가이우스는 자신의 처지를 비관해 스스로 목숨을 끊게 되고 그라쿠스 형제의 짧은 개혁

시도는 실패로 돌아가게 된다. 상류층이었지만 평민들을 위해 경제 개혁을 하려 했던 티베리우스와 가이우스의 죽음은 오늘날 우리가 말하는 노블레스 오블리주의 전형이 아닐까?

화폐 경제를 현물 경제로 바꾼 결과는?

디오클레티아누스
로마제국의 황제

"누구든 이 법규를 위반하면 사형에 처할 것이다."

- '가격 상한제'를 실시하면서 내놓은 황제의 칙령 중

모든 것에는 흥망성쇠가 있다. 좋아하는 드라마도 어느 순간에는 시들해지고, 잘나가던 연예인도 언젠가부터는 TV에 잘 나오지 않는다. 국가도 마찬가지다. 동서고금을 막론하고 패권을 차지했던 국가들이 쇠락해가는 경우는 늘 있어왔는데, 로마제국도 마찬가지였다. 휘황찬란하던 제국은 내전과 역병, 온갖 모순 때문에 3세기경부터 서서히 침체되어가기 시작했다. 이런 위기 상황에서 디오클레티아누스 황제(244~311년)는 로마제국을 개혁하기 위해 갖은 노력을 다했다. 몇 가지는 성공적이었지만, 몇 가지는 그렇지 못했다.

그는 당시 로마의 화폐였던 데나리우스 은화를 폐지했다. 로마제국의 화폐였으니 지금의 달러나 유로 같은 기축통화였을 것이다. 디오클레티아누스 이전의 황제들은 시민들의 지지를 얻기 위해 빵을 나눠주고 검투사 대결 같은 오락을 선보였다. 이는 '빵과 서커스'라 불리는 당시 시민들의 관심을 끌기 위한 포퓰리즘 정책이었다.

그 돈은 당연히 로마인들의 호주머니에서 나온 세금이었다. 전성기에는 정복 활동을 통해 차지한 넓은 영토에서 세금을 거두어 충당했지만, 식민지 확장이 한계에 이르자 더이상은 불가능해졌다. 로마의 황제들은 이런 상황을 타개하기 위해 데나리우스 은화를 더 많이 찍어냈다. 은화가

많아지자 화폐 가치는 하락하고 물가는 급격히 상승했으며 당시 유통되던 동전들은 화폐 기능을 상실했다. 한마디로 인플레이션이 나타난 것이다. 이 문제를 해결하기 위해 그는 은 함량을 낮춘 은화를 만들었지만 실패로 돌아갔다.

디오클레티아누스는 이런 상황에서 세금을 화폐가 아닌 현물로 납부하도록 했다. 하지만 이는 근본적인 문제는 해결하지 못하는 미봉책이었다. 이때부터 로마 경제는 화폐 경제가 아닌 상품 경제로 시스템이 퇴보했다. 상품 경제 때문에 로마제국 전체의 생산성이 감소했고 결국 이 정책은 로마의 실물 경제가 성장할 수 있는 동력을 상실하게 만들었다.

이 문제를 해결하기 위해 디오클레티아누스는 '가격상한제'를 실시해 가격을 통제하려 했다. 상품의 가격이 통제되면 인플레이션도 완화될 것이라고 생각했던 것이다. 하지만 인플레이션이 가속화되는 상황에서 가격 통제는 아무런 소용이 없었다. 현물의 가치가 더욱 중요해지고 화폐 가치가 떨어지는 상황에서 어느 누가 돈을 받고 물건을 팔려고 할까? 결국 인플레이션은 막을 수 없었고 로마 경제는 위축되었다.

결국 이후에 로마는 망했다. 디오클레티아누스 때문에 망했다는 평가도 있고 어차피 망해가는 시기에 디오클레티아누스가 등장했다는 이야기도 있다. 하지만 그가 로마제국의 멸망을 가속화시켰다는 데에는 역사가들이 대부분 동의한다. 로마제국이 망해가던 그 시기 디오클레티아누스는 스러져가는 제국을 다시 세우기 위해 새로운 경제 정책을 내세워 부흥을 위한 노력을 했지만, 결국 그의 후손들에게 돌아온 것은 한 줌의 먼지가 되어버린 과거의 영광뿐이었다.

고대 중국의 유가에서는 경제에 대해 어떤 생각을 가졌을까?

맹자
고대 중국의 유가 사상가

"생계수단이 든든할 때
든든한 마음가짐을 가질 수 있다."

고대 중국의 춘추전국시대에는 제자백가가 있었다. 혼란한 정치적 상황 속에서 제후들은 어떻게 하면 자신의 국가를 오래 유지할 수 있는지에 대해 고민하기 시작했다. 제후들이 이 문제를 해결해줄 온갖 유능한 인재를 등용하면서 동양인들의 머리를 오랜 시간 지배해온 제자백가 사상이 꽃피게 된 것이다. 유가, 도가, 묵가, 법가 사상 등이 등장해 세상을 바라보는 저마다의 시각을 내세웠다.

이중에서도 특히 공자의 유가는 '도덕'에 집중해 이론을 전개시켜나갔다. 부모, 자식, 배우자, 친구를 대할 때 인의예지에 기반한 태도를 취해야 한다고 논했고, 왕이 백성을 덕으로 대해야 한다고 주장했다. 하지만 그들이 도덕에만 집중했던 것은 아니다.

경제에 대해서도 언급했다. 경제야말로 현실정치에서 떼려야 뗄 수 없는 것이기 때문이다. 경제가 나빠지면 민심도 나빠지고, 유교에서 말하는 '덕치'를 행할 수 없게 된다. 공자는 '의義로써 이利를 낳는다'는 말로 도덕과 경제가 연결되어 있음을 주장했다. 하지만 확실히 인의예지를 더 중요하게 여겼다.

공자의 제자였던 맹자(BC 372년경~BC 289년경)는 공자보다 조금 더 현실적이었다. 물론 그도 의와 예를 중요시했지만 먹고사는 기본적인 문제가 해결되지 않으면 이런 것들이 소용없다고 생각했다. 일반 백성들이 굶주리지 않고 풍족한 사회가 보장되어야 백성들을 예의로 다스릴 수 있다고 보았다. 맹자에게 있어서는 왕의 길, 즉 왕도란 이런 것이었다.

또한 물질적인 이익이 생존에 필수적이라면 예를 지키지 말고 이익을 택할 것을 주장했다. 쉽게 말해 기본적으로 먹고사는 것이 충족되지 않는다면 인과 예를 보여줄 수 없다고 생각했던 것이다. 공자가 이상적인 가치에 초점을 맞췄다면 맹자는 현실도 어느 정도 중요하다고 주장했다.

유가에서 공맹뿐만 아니라 다양한 학자들이 경제에 대한 논의를 펼쳤음에도 서양과 비교해보면 그 수준은 사실 미약한 정도였다고 할 수 있다. 모든 행위의 판단 기준이 '인의예지'였고 이 기준에 따라 '부국강병'이라는 목표를 달성하는 데 학문의 초점이 맞춰져 있었다. 그래서 경제와 관련된 연구보다는 지배층의 윤리나 국가 운영과 같은 문제들을 더 중점적으로 다루었다. 실제로 유가에서 주장하는 경제의 내용은 서양의 경제학과 비교해보면 원론적인 내용을 담고 있을 뿐 상세한 논의가 이루어지지 못했다. 만약 동양에서도 체계적으로 경제에 대한 연구가 이루어졌다면 세계 경제의 판도가 지금과는 많이 다르지 않았을까?

해적질로 번 돈으로 영국 왕실을 살렸다?

프랜시스 드레이크
영국의 해적, 군인, 탐험가

"육지에서의 삶이 싫은 건 아니지만,

바다에서 사는 게 더 좋다."

'해가 지지 않는 나라' 영국의 이미지는 과연 언제부터 시작되었을까? 로마인들도 꺼려했던 변방의 섬나라가 맞은 전성기, '팍스 브리태니카'는 엘리자베스 1세의 치세에서부터 시작되었다. 그녀는 강대국인 스페인과 해상 제해권을 놓고 1580년대 중반부터 전쟁을 벌였다. 수적 열세의 불리한 상황이었지만 무적함대로 불리던 스페인의 아르마다를 침몰시킨 이후 동인도회사를 세우고 세계 곳곳에 식민지를 세우면서 대영제국을 건설했다.

'국가와 결혼했다'고 천명한 엘리자베스 1세의 정복 활동을 도운 한 남자가 있다. 평민 출신으로 영국이 인정한 합법적인 해적질을 했던 프랜시스 드레이크(1540년경~1596년)다. 평범한 가정에서 태어난 그는 이후 엘리자베스 1세로부터 기사 작위까지 받게 된다. 과연 어떻게 해적 출신의 남자가 영국 해군으로 인정받고 기사 작위까지 받을 수 있었던 걸까?

잠시 당시 영국의 상황이 어땠는지 알아보자. 16세기 당시 영국은 작은 섬나라였다. 스페인과 포르투갈의 사이에 껴서 대항해시대를 제대로 맛보지도 못했다. 해군의 규모는 두 나라에 비해 작은 편이었고 변변한 식민지 하나 없었다. 이런 상황에서 손쉽게 자원을 빼앗을 수 있는 해적질은 투입 대비 산출이 뛰어난 '비즈니스'였다. 엘리자베스 1세는 상황을 반전시키기 위해 해적들을 파격적으로 기용해 해군력에 힘을 보탰고 이 해군력을 바탕으로 세계 곳곳에 식민지를 건설해 '해가 지지 않는 나라' 가 되었다.

이때 그녀가 중하게 기용했던 인물이 바로 프랜시스 드레이크다. 당시 영국의 재정은 파산 직전이었다. 금고는 텅텅 비었고, 돈을 쓰고 싶어도 쓸 돈이 없었다. 하지만 해적왕 프랜시스 드레이크가 에스파냐로부터 약탈해 갖다준 금과 각종 자원들 덕분에 영국 왕실은 재정이 풍부해졌고 대영제국으로 발돋움할 수 있는 기반을 다지게 되었다.

그리고 이후에는 제해력에서 스페인을 압도하는 힘을 가질 수 있게 되었다. 프랜시스 드레이크는 해군 부사령관에 임명돼 스페인 무적함대의 침공을 물리치는 데도 공을 세웠다. 에스파냐는 아르마다가 침몰하면서 강력한 해군력을 잃기 시작했고 제해권을 영국에게 넘겨주면서 역사의 뒤안길로 사라졌다. 참고로 그는 화공법, 즉 불을 이용해 배를 불태우는 전술을 통해 스페인의 무적함대를 무찌를 수 있었다고. 그는 33년 정도를 해적, 아니 영국 해군으로 살았고 1596년 바다에 수장되었다.

그가 활동했던 기간 동안 영국은 엘리자베스 여왕의 리더십을 거치면서 유럽뿐 아니라 세계에서 가장 강한 국가가 되었다. 어찌 보면 엘리자베스 1세 여왕이 출신 성분에 관계없이 유능한 인물을 뽑아 썼던 것이 대영제국을 번영하게 만들었던 원인이 아니었을까? 세계적인 제국들은 나라를 번영하게 만들 유능한 인물이라면 그의 배경은 상관하지 않으니 말이다.

아즈텍 왕국을 멸망시킨 스페인의 정복자

에르난 코르테스
스페인의 귀족, 정복자

"우리 스페인 사람들의 상처 받은 마음은
금으로만 치유할 수 있다."

코르테스(1485~1547년)는 스페인과 멕시코의 역사에서 빼놓을 수 없는 인물이다. 악당 혹은 탐험가로 묘사되는 그는 지금으로부터 수백 년 전 단 600명의 병사만을 이끌고 아즈텍을 점령했다. 스페인과 멕시코의 역사를 송두리째 바꿔버린 인물로 평가받는 코르테스는 뛰어난 리더로, 그리고 한 문명을 역사에서 지워버린 잔인한 학살자로 우리에게 기억된다.

그는 정확히 뭐하는 사람인가?

남미 대륙에 최초로 파견된 '콘키스타도르', 즉 정복자이다. 15~17세기 당시 강국이었던 스페인과 포르투갈에서 다른 나라를 정복하기 위해 파견된 무장 군인들을 콘키스타도르라고 불렀는데, 코르테스는 이 중 한 명으로 아즈텍에 파견된 군인이었다.

그가 멸망시킨 아즈텍은 어떤 곳인가?

아즈텍 문화는 지금의 멕시코 지역에서 13~15세기에 번성했던 문명이다. 숲이나 초지를 태우고 그 위에 농사를 짓는 '화전 농업'을 바탕으로 성장해서 찬란한 번영을 꽃피웠다. 아, 그리고 아즈텍 문명은 어마어마한 금을 갖고 있었다. 아즈텍에는 왕에게 금을 공물로 바치는 풍습이 있었기 때문에 왕의 창고에는 금이 매우 많았다.

코르테스는 왜 신대륙에서 금을 가져오려 했을까?

당연히 이들이 파견된 목적은 식민지 활동을 통해 본국의 부를 증대시키기 위한 것이었다. 신대륙에서 가져오는 금과 은, 광석, 목재, 향료 등은 스페인의 부를 축적할 수 있는 수단이었다. 식민지에서 약탈해온 자원들을 통해 강한 해군을 가질 수 있었고 유럽 최고의 패권국이 될 수 있었다.

코르테스가 원주민들에게 사용한 전술은 꽤나 뛰어난 전술이었다.

멕시코 남동부의 유카탄 반도에 도착해 몇 차례 전투를 한 후 그는 아즈텍 왕국에 황금이 많다는 이야기를 듣고 아즈텍 왕국을 정복하기로 마음먹는다. 지나가면서 마주하는 모든 원주민들을 약탈하고 죽이는 것은 사실상 수백 명의 병력으로는 불가능한 일이었다. 그래서 그는 평화적으로 협상이나 동맹의 방식을 채택해 원주민들과 문제를 해결하고자 했다. 그는 당시 남미 대륙에서 강국이었던 아즈텍에 반기를 든 부족들이 적지 않았다는 점을 이용하는 동시에, 평화적인 협상과 동맹의 방식을 채택해 원주민들과 문제를 해결하고자 했다. 그와 협상을 한 많은 원주민 부족들은 오히려 코르테스를 도우려 했다. 이는 현지 부족의 언어를 사용할 줄 알았던 코르테스의 현지처現地妻인 라 말린체와 수도승 아길라르가 없었다면 불가능한 일이었다.

코르테스가 아즈텍을 쉽게 정복할 수 있었던 것은 '신화' 때문이었다.

코르테스와 그 일행들이 아즈텍에 도착했을 때 아즈텍의 왕은 그들을 하늘에서 내려온 신이라고 생각했다. 그래서 그들을 환대했다. 아즈텍 신화 중에 케찰코아틀이라는 신이 멕시코를 정복하러 온다는 이야기가 있는데 당시 왕은 이 이야기에 따라 코르테스가 신이라고 생각했던 것이다. 그래서 그는 쉽게 아즈텍을 정복할 수 있었다. 이것이 그의 첫 번째 아즈텍 정복이다. 하지만 코르테스가 잠시 아즈텍을 떠나 있던 시기에 반란이 일어나게 되고 그의 지배는 한동안 효력을 상실한다.

코르테스가 아즈텍을 다시 정복할 수 있었던 것은 '천연두' 때문이었다. 스페인의 정복자들이 원주민들에게 옮긴 천연두는 치명적인 질병이었다. 당시 아즈텍인들은 한 번도 경험하지 못한 희귀병이라 면역력이 없었다. 순식간에 원주민들 사이에서 천연두가 퍼지면서 창궐했고 수많은 아즈텍인들이 죽어갔다. 결국 쇠락해진 아즈텍 문명은 1521년 8월 코르테스에게 항복한다. 참고로 천연두가 원주민들 사이에서 창궐했을 때 코르테스는 '내게 금을 주면 천연두를 치료할 수 있다'는 거짓말을 퍼트리기도 했다고 한다.

고전경제학파의 대표주자

애덤 스미스·데이비드 리카도
스코틀랜드의 경제학자·영국의 경제학자

✤

"우리가 저녁을 먹을 수 있는 것은 푸줏간 주인이나
빵집 주인의 자비심이 아니라
자신의 이익을 추구하려는 그들의 욕구 때문이다."

-『국부론』중

애덤 스미스(1723~1790년)

'경제학의 아버지'로 불리며 현대의 경제학을 정립한 인물로 평가받는다. 대표 저서로『국부론』이 있다. '보이지 않는 손'으로 우리에게 잘 알려진 그는 시장에 모든 것을 맡겨 두면 개인의 이기심, 즉 이익을 추구하는 행위 자체가 결국은 시장과 사회에 이득을 가져다 준다고 주장했다.

스코틀랜드 커크칼디에서 태어난 그는 대학을 졸업한 뒤 연구를 계속 진행하다 글래스고 대학교의 교수가 된 후『도덕감정론』이라는 철학책을 출판한다(원래 그의 연구 분야가 경제학이 아닌 도덕철학이었다는 것은 재미있는 사실이다). 당시에는 이 책이 꽤나 인기가 있어서 그에게 수업을 받으려고 스코틀랜드로 유학 오는 학생들도 많았다고 한다.

이후 그는 교수직을 사임하고 여행을 다니며 연구 분야를 경제학으로 바꾸고『국부론』을 저술한다. 책이 출판되었던 1776년 당시에는 국가가 적극적으로 경제에 개입해 정책을 추진하는 소위 '중상주의 정책'이 빛을 발하던 시기였다.

하지만 애덤 스미스는 국가의 적극적인 개입보다는 개인이 자신의 이익을 위해 자유로운 경제활동을 하는 것을 장려할 것을 권장했다. 그는 '보이지 않는 손'이 모든 것을 해결해줄 것이라고 믿었다. 개인이 '이기적으로' 이익을 추구하는 과정에서 자연스럽게 사회구성원 모두에게 유익한 결과가 나올 것이라고 주장했다.

애덤 스미스는 그의 저서에서 정부의 역할은 국민들이 밤에 안심하고 잠들 수 있도록 경계를 하는 '야경국가夜警國家' 정도면 충분하다고 주장한다. 이후 사람들은 정부의 적극적인 규제에서 벗어나 자유롭게 이익을 추구할 수 있었기 때문에 이 시기를 '자유방임주의 시대'라고 칭한다.

데이비드 리카도(1772~1823년)

애덤 스미스와 함께 고전경제학파를 대표하는 학자로 평가받는다. 고전경제학파는 그가 집필한 『정치경제학 및 과세의 원리』라는 책으로 탄탄한 이론적 기반을 다질 수 있었다. 유대인 출신이었던 그가 가장 크게 영향을 받은 저서는 애덤 스미스의 『국부론』이었다.

그는 '노동가치설'을 주장했다. 상품의 가격, 즉 어떤 재화나 서비스의 경제적인 가치에 영향을 미치는 것은 바로 노동이라는 것이다. 예를 들어 컴퓨터를 만드는 회사가 있다고 가정해보자. 만드는 데 1시간이 걸리는 컴퓨터와 만드는 데 4시간이 걸리는 컴퓨터는 가격이 차이가 날 수밖에 없다. 만드는 시간에 따라서 가격을 책정해야 한다는 것이 요지다. 이후 이 노동가치설의 개념은 마르크스 경제학에서도 사용되었다. 또한 그는 애덤 스미스의 자유무역 이론을 이어받아 '비교우위론'을 내세웠다. 쉽게 말하면 '우리나라가 다른 국가에 비해 상대적으로 잘 만드는 것을 특화시켜 무역을 하면 훨씬 이득이다'라는 것이다. 오늘날에도 국가 간 무역에서 비교우위를 이용해 양측 모두 '윈윈'하는 사례가 적지 않다.

공산주의를 주장한 천재, 일상생활은 엉망이었다?

칼 마르크스
독일의 철학자, 경제학자

✤

"공산주의는 우리를 위해 만들어야 하는 상황이 아니라
실제가 지향해 나가야 하는 하나의 이상이다."

마르크스(1818~1883년)는 '남이 뭐라고 말하든 자신의 성격대로 살아야
한다'는 말을 했다. 그는 본인의 성격대로 호색한으로 살았으며 엄청난
낭비벽을 자랑했다. 거기에 지독한 골초라서 담배를 사느라『자본론』을
출판하고 받은 인세를 모두 탕진했다는 이야기도 있다. 그리고 함께 이
름을 날렸던 국제노동계급운동의 지도자였던 엥겔스에게 돈을 빌렸는데
모든 돈을 다 탕진해 엥겔스가 엄청나게 화를 내고 경제적 지원을 끊어
버린 적도 있다. 심지어 그의 아내는 돈 문제 때문에 그를 구박했다고.

많은 천재들이 일상생활은 엉망이었지만 역사에 길이 남을 뛰어난 업
적을 남겼다. 마르크스도 마찬가지였다. 그가 쓴 수많은 책들은 한 시대
를 휩쓸었으니까. 그중 가장 대표적인 책은『공산당 선언』과『자본론』이
다. 그는 자본주의가 야기한 수많은 문제를 자신의 저서에서 통렬하게 비
판했다. 그의 이론을 쉽게 풀어서 설명하면 노동력이나 공장의 기계 등
물건을 생산하는 생산 양식이 사회를 변화시키는 근본 요인이고, 이와 함
께 역사는 계속해서 진보한다는 것이다.

마르크스는 공산주의를 완벽한 이상향이라 주장했다. 역사가 원시시
대 → 노예제 → 봉건제 → 자본주의 → 사회주의 → 공산주의의 순서로
'진보'한다고 믿었으며, 역사가 이 순서대로 발전하는 것은 자본가의 지

배 구조에서 나오는 '노동으로부터의 소외'나 각종 비합리적인 것들을 모두 없애는 과정이라고 생각했다. 이때 각 단계에서 다음 단계로 나아가려면 '계급투쟁을 기반으로 한 혁명'이 필요하며, 자본주의 단계에서 만국의 노동자들이 단결해 부르주아와 국가를 없애고 '프롤레타리아 혁명'을 일으켜야 한다는 것이 마르크스의 주장이었다.

실제로 세계에서 이러한 혁명이 일어난 경우는 수없이 많다. 러시아, 중국, 쿠바 등에서 공산주의 혁명이 일어났다. 혁명이 일어난 후에 마르크스는 사회주의를 거쳐 국가가 없는 상태, 즉 공산주의로 나아가게 될 것이라고 믿었다. 그 과정에서 공산당의 일당 독재는 필수 불가결한 것이며 공산주의가 도래하면 공산당도 존재하지 않는 상태가 될 것이라고 이야기했다.

하지만 결과만 놓고 보면 마르크스가 부르짖던 공산주의는 도래하지 않았다. 공산당은 공산주의로 이행하는 과정에서 본인들이 권력을 잡고 새로운 지배계층이 되었다. 지배 구조를 없애기 위해 혁명을 일으켰지만 결국은 본인들이 새로운 지배계급이 된 것이다. 인민은 단체를 위한 동원 대상 그 이상도 이하도 아니었다. 공산주의 체제하에서는 정치와 경제가 중앙집권화되었고 종교는 억압당했다. '종교는 인민의 아편이다'라며 마르크스는 종교에 반대했다. 수천 년 동안 계급 구조하에서 살아왔는데 마르크스는 권력을 잡아 계급의 최상층에 올라가고자 하는 인간의 욕구를 무시했던 것은 아니었을까?

공산주의의 한계는 이것뿐만이 아니다. 생산성의 문제도 있다. 마르크스는 자신의 저서에서 일부의 자본가들에게 돈이 몰리는 자본주의의 모순에 대해 언급하면서 사회주의에서는 이런 문제가 없어질 것이라고 주장했다. 어차피 누구나 생산수단을 공유해 공평하게 부가 분배되고, 부르주아나 프롤레타리아나 같은 상황이 되어 자본주의에서 존재하던 부의 구분이 없어지기 때문이다.

하지만 마르크스가 간과한 것이 하나 있다. 바로 '인간의 이기적인 본성'이다. 사람들이 경쟁하는 이유는 더 많은 돈을 벌고 남보다 부자가 되기 위해서다. 사회주의에서는 일을 1만큼 하든 10만큼 하든 똑같은 대가를 받는다. 어차피 일을 많이 하나 적게 하나 가져가게 되는 것은 똑같기 때문에 아무도 일을 열심히 하려 하지 않는다. 이런 문제 때문에 공산주의 국가들의 생산성은 극도로 낮았다. 그리고 중앙에서 경제를 통제하는 방식은 많은 경제적 문제를 야기해 결국 국가가 붕괴되거나 정책을 수정해야 했다.

그는 철학자로, 경제학자로 세상을 변화시키려 했지만 결국은 실패했다. 본인이 말했던 대로 공산주의는 철저한 이상향이었고 현실화되지는 못했다. 하지만 그렇다고 해서 공산주의가 단순한 해프닝으로 끝난 것은 아니다. 하나의 이념으로 본다면 그의 사상은 여전히 우리 사회에 존재하는 많은 문제점을 상기시켜주고 있다.

009

레이거노믹스와 대처리즘이 이 남자 때문에 나왔다?

밀턴 프리드먼
미국의 경제학자

"밀턴 프리드먼은 과학자이자, 생각이 깊은 사람이고,
위대한 스승이다."

– 미국의 40대 대통령 로널드 레이건

시카고학파Chicago School of Economics

미국의 시카고대학교를 중심으로 하는 경제학자들을 일컬어 신자유주의 학파라고 한다. 1970년대를 지나면서 세계 경제가 위기에 처하자 국가의 과도한 시장 개입이 경제의 효율성을 악화시키는 원인이라고 진단하고, 규제 완화와 시장 개방 등을 통해 경제를 성장시킬 수 있다고 주장했다. 경제에서 통화, 즉 화폐의 역할이 중요하다고 주장하는 '통화주의'를 내세운다.

할리우드 배우 출신의 미국 대통령 로널드 레이건과 '철의 여인'으로 불렸던 영국 수상 마가렛 대처의 공통점은? 서로에 대해 무한한 신뢰를 보냈으며 정치적으로 의견이 일치했다. 그리고 경제적으로는 각각 '레이거노믹스'와 '대처리즘'으로 불리는 신자유주의 정책을 펼쳤다. 그래서 각각 경기 침체와 '영국병'에 시달리고 있던 두 나라는 성공적으로 경제를 부활시킬 수 있었다. 이 남자의 가르침에 의해서 말이다. 바로 미국의 신자유주의 경제학자 밀턴 프리드먼(1912~2006년)이다.

경제학에서 가장 중요한 논쟁거리 중 하나는 바로 국가가 경제에 적극적으로 개입해야 되느냐 아니냐의 문제이다. 애덤 스미스나 리카도 같은 인물들의 입장은 자유방임주의, 즉 '국가가 간섭하지 말고 내버려두면 알아서 된다'였다. 하지만 이 자유방임주의가 '검은 월요일'을 해결해 줄 순 없었다. 미국은 1930년대 대공황으로 경기침체에 빠져 있었다. 이 문제에 대해 영국의 경제학자 존 메이너드 케인즈는 정부가 개입해 문제를 해결할 것을 주장했다. 한마디로 정부가 나랏돈으로 일자리를 만들어 내 국민들이 먹고살게 해줘야 한다는 것이다. 이런 케인즈의 사상을 보통 '케인즈주의'라고 하는데, 이 케인즈주의 경제학의 논리에 따라 미국의 루즈벨트 대통령은 뉴딜 정책을 펼쳤고 미국은 성공적으로 경제 위기에서 벗어날 수 있었다.

하지만 시간이 지나면서 정부의 개입이 문제를 일으키기 시작했다. 1970년대 영국은 '영국병'에 시달렸다. 국민들에게 과도한 복지를 제공하고 노조의 요구로 계속 임금이 상승하는 등 들어가는 비용은 많아지는데, 사회·경제적인 장기 침체는 계속 되었다. 결국 영국은 1976년에 IMF의 지원까지 받게 된다. 미국도 상황은 별반 다르지 않았다. 경기는 침체되어 있는데, 물가는 오르는 이른바 '스태그플레이션stagflation'이 왔다.

이런 상황에서 시카고학파의 대표적인 인물로 추앙받는 밀턴 프리드면은 '작은 정부'를 주장했다. 케인스가 정부의 직접 개입을 주장한 반면 프리드면은 정부의 역할을 시장의 경쟁을 유지하거나 시장이 제공하기 어려운 국방 같은 서비스를 공급하는 정도로 줄이고, 나머지는 알아서 각 구성원의 경쟁에 맡겨 두면 최선의 결과가 나올 것이라고 주장했다. 또한 국가에서 화폐 정책은 매우 중요하며 정부의 마음대로 시장에 돈을 풀지 말지 결정해서는 안 되고, 규칙에 따라 결정해야 한다고 주장했다.

이 이론을 받아들인 레이건과 대처는 경제 정책을 구상하기 시작했다. 그 결과 레이거노믹스와 대처리즘이 등장했다. 미국은 레이거노믹스로 인해 민간 투자가 촉진되고 경제가 활성화되었으며, 영국은 대처리즘으로 저효율을 치료했다. 두 국가는 1980년대에 들어서 엄청난 풍요로움을 맛보기 시작했다. 하지만 '영원한 것은 없다'는 말처럼 이들 정책도 한계에 다다르게 된다. 영미의 신자유주의 정책이 당시의 경제 문제를 해결할수 있었는지는 몰라도 이후에 '양극화'라는 문제를 낳게 된다. 부자는 더부유해지고, 가난한 사람은 더 가난해지는 것 말이다. 과연 이 문제를 해결할 수 있는 새로운 이론은 언제쯤 등장하게 될까?

미국 독립 전쟁의 시작에 그가 있다?

조지 3세
영국과 아일랜드의 국왕

"대표 없이 과세 없다."

— 「미국독립선언」 중

보스턴 차 사건Boston Tea Party
1773년 격분한 보스턴 시민들이 인디언으로 분장해 동인도회사의 상선
안에 있던 차를 모조리 바다로 던진 사건이다. 이 사건은 이후 미국 독립
전쟁의 발단이 되었다.

한 번 생각해보자. 왜 미국인들은 아까운 차를 모두 바다에 던져버린
걸까? 바로 '대표 없이 과세 없다', 즉 권리는 없고 의무만 있는 영국의 식
민지에 대한 과세 정책 때문이었다. 이 과세 정책은 바로 영국의 국왕 조
지 3세가 만들었다.

과거 영국인들은 종교의 자유를 찾아 먼 곳으로 떠났다. 그곳이 지금
의 미국 땅이었다. 그들은 그곳에 영국의 식민지를 세웠다. 꽤 오랜 기간
동안 식민지에 사는 영국인들은 본토의 영국인들과 같은 대접을 받았다.
한 시민으로서 권리를 행사할 수 있었던 것이다.

하지만 1760년 조지 3세(1738~1820년)가 국왕이 되자 이 정책은 변화
하기 시작했다. 그는 프랑스와 치른 7년 전쟁의 여파로 어려워진 재정을
식민지에서 충당하려 했다. 영국의 국고를 채울 방법은 바로 식민지 사
람들에게 거둬들이는 세금이었다. 조지 3세의 의견에 따라 영국 정부는

1764년 미주 대륙에서 수출되는 포도주, 커피 등의 물품에 관세를 물리는 '설탕법'과 1765년 미주 대륙에서 사용되는 증권, 신문 등에 모두 돈을 내고 영국 본토의 인지를 첨부해야 하는 '인지세법'을 만들었다. 목적은 물론 식민지로부터 세금을 더 많이 거둬들이는 것이었다.

이에 대해 미주 대륙의 식민지 사람들은 큰 반감을 가졌다. 그들은 세금을 거둘 수 있는 것은 식민지의 자치의회뿐이었고 영국 정부가 직접 세금을 거둘 명분은 없다고 생각했다. 이 때문에 그들은 영국 상품 불매 운동까지 벌이게 되었다.

그 결과 인지세법은 폐지되었지만 영국 정부는 바로 '타운센드법'을 제정한다. 영국에서 수출하는 상품들에 세금을 부과하는 것이었다. 그러자 식민지인들은 여전히 세금을 내야 하는 의무만 있고 대표를 내세울 수 있는 권리가 없다는 것에 반발하며 영국의 모든 과세에 반대하게 된다. 항의가 거세지자 영국은 군대를 파견하지만 식민지 사람들은 이에 더 큰 반감을 가지게 되고 결국 1770년 영국 의회는 타운센드법을 취소한다.

하지만 영국 정부가 한 가지 상품에는 계속 세금을 물렸다. 바로 '차'였다. 다른 상품들에 세금을 부과하는 것은 철회했지만 차에는 계속 세금을 부과했다. 차를 마시고 싶으면 세금을 내라는 것이었다. 이런 사안을 마음대로 영국 정부가 정해버린 것에 대해 식민지 시민들은 분노했다.

이 때문에 '보스턴 차 사건'이 발생했고 보스턴 항구의 앞바다에는 차가 둥둥 떠다니기 시작했다. 영국은 이 사건을 계기로 보스턴 항을 폐쇄하는 등 강경 조치를 취했지만 시민들은 이에 굴하지 않았다. 식민지에서 선출된 국회의원들이 영국 국회에서 어떠한 목소리도 내지 못함에도 세금은 계속 부과되는 것에 분노했다. 의무는 다해야 하지만 권리는 없는 상황이었던 것이다. 결국 식민지 사람들은 독립 전쟁을 일으키고 미국이라는 국가가 탄생하게 된다. 세금 문제로 시작된 분쟁이 한 나라의 탄생까지 이어진 것이다. '대표 없이 과세 없다'는 외침은 이후 근대 국가의 조세법률주의가 확립되는 데 큰 영향을 미쳤다.

남미를 호령하던 아르헨티나는 왜 망한 걸까?

후안 도밍고 페론·에바 페론
아르헨티나의 대통령·영부인

✤

"나는 가난한 사람을 위해 돈을 쓴다.
계산은 하지 않고 말이다."

페론주의Peronism
아르헨티나의 전 대통령 후안 페론(1895~1974년)이 내세웠던 경제 정책.
혹은 그의 생각을 지지하는 사람들이 내세웠던 정치적인 운동 전반을 일
컫는 단어다.

아르헨티나는 한때 남미를 호령하는 부국이었다. 넓은 영토와 풍부한
천연자원 덕분에 남미 국가들 중에서는 남부럽지 않은 경제력을 자랑했
다. 하지만 아르헨티나는 현재 수렁에 빠져 있다. 현재도 계속 유지되고
있는 아르헨티나의 경제 위기는 '페론주의'라는 이념으로부터 등장했다.
후안 페론과 에비타 에바 페론(1919~1952년)이 내놓은 포퓰리즘 정책이
잘나가던 나라 하나를 통째로 날려버린 것이다.

후안 페론은 군인 출신으로 군부 쿠데타에 가담해 이후 노동부 장관과
복지부 장관을 지내면서 임금을 인상하거나 노동자들의 복지를 확대하
는 등 노동자 친화 정책으로 인기를 얻었고 이 인기를 바탕으로 1946년
아르헨티나 대통령에 당선된다.

그의 정책은 대통령이 된 후에도 변하지 않았다. 무작정 사람들의 월
급을 올렸으며 '아르헨티나의 경제적 자립'이라는 슬로건을 내걸고 철도,

전화, 항공사 등을 국유화하고 외국 자본을 배제했다.

이런 그의 정책은 초기에 노동자들뿐만 아니라 중산층에게도 엄청난 지지를 얻었다. 자신의 지갑에 현금이 쏟아져 들어오는데 어느 누가 그것을 싫어하겠는가? 거기에 실제로 당시 아르헨티나의 빈곤율이 줄어들기도 했으니 사람들은 두 손을 들어 페론의 정책을 환영했다. 표면적으로 성공적으로 보였지만 페론의 정책에는 여러 가지 문제점이 있었다.

그중 하나가 고기 잡는 방법을 알려준 것이 아니라 물고기만 준 것이었다. 빈부 격차는 줄어들었지만 탄탄한 산업 기반을 닦는 데에는 실패했다. 산업화를 통해 국가를 발전시키는 정책을 펼친 것이 아니라 단순히 돈만 뿌린 것이었다. 결국 아르헨티나의 경제는 서서히 침체에 빠지게 된다. 여기에 불난 집에 기름을 붓듯 대통령 무제한 재선이나 교회를 억압하는 정책을 펼쳐 국민의 지지를 잃었다. 결국 페론은 본인이 그랬던 것처럼 1955년 군부 쿠데타로 대통령 자리에서 물러나야 했다.

아르헨티나는 현재까지 빈곤의 늪에 빠져 있다. 한때 남미를 호령하는 경제 대국이던 아르헨티나가 수렁에서 헤어나오지 못하고 있는 것은 페론 때문인데도 아르헨티나에서는 선거 때마다 '페론주의'가 등장한다.

이는 '에비타 효과' 때문이다. '에비타'는 후안 페론의 첫 번째 아내 에바 페론의 별명으로, 스페인어로 '작은 에바'라는 뜻이다. 그녀는 후안 페론의 가장 강력한 무기였다. 실제로 페론주의를 지지했던 많은 사람들은 에바 페론의 선행과 언행을 보고 빠져들었으니 말이다. 대통령 부인이 된 뒤에는 자선 사업과 여성 참정권 운동을 펼쳤는데, 많은 사람들은 여전히 이 당시의 에비타의 모습을 기억하고 있다. 그래서 후안 페론과 에바 페론은 아직도 장밋빛 미래의 표상으로 아르헨티나 사람들에게 각인되어 있다. 그 표상이 아르헨티나를 엉망으로 만들었다는 것은 아이러니한 점이다.

페론주의는 여전히 아르헨티나에 존재한다. 많은 사람들이 페론주의를 내세우는 대통령을 선거에서 뽑을 만큼 그 기세는 아직 등등하다고 할 수 있다. 과연 앞으로 아르헨티나는 어떻게 될까? '페론주의의 망령'을 벗어던지고 새로운 국가 발전을 이룩할 수 있을까? 아니면 그 망령에 발이 묶여 영원히 바닥에서 살게 될까?

012

20세기 최고의 경영자, 미국의 자동차 산업을 발전시키다

헨리 포드
미국의 기업인, 포드 모터 컴퍼니의 창립자

✤

"하루 8시간 근무가 번영으로 가는 길을 열었듯이,
주 5일 근무는 더 큰 번영으로 가는 길을 열게 될 것입니다."

찰리 채플린이 나오는 영화 「모던 타임즈」를 본 적이 있는가? 작업 속도
가 너무 빨라 따라가지 못하는 찰리 채플린의 모습은 영화사의 명장면으
로 길이 남아 있다. '포드 시스템' 혹은 '대량 생산 시스템'이라고 불리는
시스템을 만들어낸 것은 포드(1863~1947년)였다. 컨베이어 벨트에서 부
품이 들어오고 노동자 혹은 로봇이 부품을 받아 쉼없이 자동차를 조립하
는 방식은 포드의 머릿속에서 나온 것이다. 이렇듯 생산 공정의 대혁신을
일으킨 그가 포드의 창립자로만 기억되는 것은 뭔가 아쉽지 않을까?

1 어린 시절부터 기계를 다루는 데 소질이 있었다. 못과 코르셋의 고정
핀을 이용해 가족과 친구들의 시계를 고쳐주곤 했다.

2 그는 한때 에디슨의 밑에서 일했던 적이 있다. 그가 맡은 일은 발전
소에서 디트로이트에 전기가 계속 공급되도록 관리하는 것이었다. 그는
6년간 일한 뒤 가솔린으로 움직이는 자동차를 발명하기 위해 에디슨을
떠났다. 에디슨은 이를 오히려 격려해줬다고 하는데, 이것이 진정한 사장
과 직원의 관계일까? 이후에도 둘은 꽤 오랜 동안 좋은 관계를 유지했다.

3 1899년 그는 '디트로이트 모터 컴퍼니'를 세운다. 투자자들에게 투자를 받긴 했지만 이 회사에서 만든 자동차는 품질이 떨어지고 가격만 비싼 '똥'이었다. 차라도 많이 만들어냈으면 모르겠는데 그가 2년의 기간 동안 만든 차는 겨우 20대뿐이었다. 결국 돈만 날리고 투자자들의 신뢰를 잃었지만 마지막 기회를 잡게 된다. 1901년 그는 '헨리 포드 컴퍼니'를 세우고 레이싱카를 내놓는데, 이것으로 투자자들과 소비자들의 신뢰를 다시 얻을 수 있었다. 이 회사는 나중에 다른 투자자에게 팔리고 이름을 바꾸게 된다. 바로 '캐딜락'이다.

4 1903년 '포드 모터 컴퍼니'가 만들어진다. 헨리 포드와 동업자인 알렉산더 말콤슨이 지분의 51%를 소유하고 있었고 투자자들이 나머지 지분을 소유하고 있었다. 세계 최초의 양산차인 모델 T가 등장하면서 포드가 폭발적으로 성장하게 되자 헨리는 투자자들에게 온갖 수단을 동원해 지분을 빼앗아왔고 포드 모터 컴퍼니의 지분을 100% 소유할 수 있었다.

5 1918년 미국의 대통령이었던 우드로 윌슨은 헨리 포드에게 민주당 당원으로 하원 선거에 출마할 것을 제의했다. 헨리 포드는 출마는 하겠지만 선거 캠페인에 한 푼도 쓰지 않을 것이라고 했고, 실제로 그렇게 했다. 그럼에도 불구하고 이 선거에서 1등과 4500표라는 작은 차이로 낙선했다. 정치에 별로 관심은 없었던 것 같지만 표는 꽤 많이 받았던 것 같다.

6 헨리 포드는 대량 생산 체제인 '포드 시스템'을 만들어내면서 노동자들의 임금과 근로 시간을 보장해준 인물로 잘 알려져 있다. 노동자의 주머니가 꽉 차있어야 기업도 번성할 수 있다고 믿었던 것이다. 이는 당시로서는 매우 혁명적인 아이디어였다. 하지만 그런 그도 노조를 별로 좋아하지 않았던 것 같다. 그는 노조가 소수에 의해 휘둘리는 것을 부정적으로 보았고 이들이 노동자들에게 좋은 영향보다는 악영향을 더 많이 끼칠

것이라고 생각했다. 그는 노조가 생산성을 저하시키고, 힘을 유지하기 위해 파업을 하는 것이 시스템 전체의 능력을 저하시키는 것으로 보았다.

7 헨리 포드는 히틀러의 『나의 투쟁』에 언급되기도 했는데 그는 히틀러가 존경했던 유일한 미국인이다. 히틀러는 '헨리 포드는 유대인의 지배를 받지 않고 홀로 서 있는 인물'이라며 그에 대한 칭찬을 아끼지 않았다. 헨리 포드는 유대인들을 별로 좋아하지 않아서 유대인들이 세계를 지배하려 한다는 내용의 『시온 의정서』라는 책을 자비로 출판하기도 했다. 심지어 헨리는 이 때문에 독일 국민훈장까지 받았다. '국민차'로 불리는 폭스바겐의 개발도 나치 정권의 주도하에 이루어졌는데 이 '국민차' 프로젝트도 포드의 영향을 받았다고 한다.

013

세계의 부를 지배하는 가문은 어떻게 시작되었을까?

마이어 암셀 로스차일드
독일의 유대인 은행가

✤

"국가의 돈을 관리하게 되면
누가 법을 제정하는지 따위는 신경 쓰지 않아도 된다."

세계에서 가장 부자인 집안은? 아마도 답은 로스차일드 가문이 아닐까
한다. 독일 국적의 유대인 혈통인 이 가문은 오늘날 국제 금융계에서 빼
놓을 수 없다. 이미 19세기부터 세계에서 가장 부유한 가문이 되었고 현
재도 그 명예를 유지해나가고 있다. 이 가문은 금융부터 주식, 광업, 에너
지 사업 등 다양한 분야에서 영향력을 확대해가고 있어 종종 음모론의
주인공이 되기도 한다.

　이 로스차일드 가문을 세운 남자는 누구일까? 바로 마이어 암셀 로스
차일드(1744~1812년)다. 그는 남다른 수완으로 엄청난 부를 축적했고 돈
앞에서는 적도 아군도 없는 모습을 보여주었다. 로스차일드가가 부유해
지기 시작한 것은 그와 그의 아들들 때문이었다. 독일 프랑크푸르트에서
태어난 그는 엄청난 부를 축적하며 로스차일드 가문이 세계에서 제일가
는 부자가 될 수 있도록 만들었다. 도대체 비결은 무엇인가?

　중세 유럽 사회에서는 유대인들이 토지와 노예를 소유할 수 없었다.
또한 중세 경제의 중추였던 길드에서도 유대인들은 기피 대상이었다. 유
대인들이 제도권 안에서 생활하지 못하고 유럽에서 겉돌았던 것은 유대
인들의 경제 활동을 제한하는 법령들이 있었기 때문이었다. 그들이 생계
를 유지할 수 있는 방법은 각지에 퍼져 있는 네트워크를 바탕으로 이루

어지는 상업과 고리대금업이었다.

어린 소년이었던 마이어도 이런 유대인의 피를 이어받았다. 어린 시절부터 그는 은행에서 일하면서 돈이 돌아가는 이치를 배웠고 화폐에 대한 지식을 쌓았다. 이를 바탕으로 골동품 가게를 하면서 빌헬름 공이라는 귀족에게 고화폐를 싼값에 넘겼고, 이것이 인연이 돼 빌헬름의 신용을 얻게 된다. 당시의 귀족들은 골동품을 수집해 장식하는 것이 곧 자신의 명성을 보여주는 증표나 다름없었다.

빌헬름 공이 위기에 처했을 때, 마이어는 한푼도 빼놓지 않고 마치 자신의 돈처럼 그의 돈을 지킨다. 자신의 재산은 의심을 살까봐 숨기지 않고 빌헬름의 재산만 마당에 파묻어 숨겼다. 신용을 지킨 대가는 생각보다 컸다. 결국 마이어는 빌헬름 공으로부터 유럽 각국의 돈을 걷을 수 있는 직권을 받게 된다. 다른 유대인 상인들과 마찬가지로 그는 신용을 매우 중요하게 생각했고 그 결과 후손들에게 엄청난 부를 물려줄 수 있는 기반을 닦게 된다.

사실 로스차일드 가문의 가장 큰 재산은 돈이 아닌 그의 다섯 아들이었다. 그중에서도 넷째였던 나탄은 돈에 대해 뛰어난 재능을 보여주었다. 말 그대로 돈 버는 법을 알고 있었던 것이다. 워털루 전투 당시 주가 조작을 해 떼돈을 벌어들인 이야기는 지금도 유명한 이야기다. 워털루 전투는 영국이 나폴레옹의 프랑스를 이긴 전투인데 나탄은 당시 온갖 방법을 동원해 영국이 승리했다는 것을 누구보다 먼저 알아냈다. 그는 영국이 전투에서 패배했다는 거짓 소문을 내고 자기가 가진 채권을 모두 팔아버렸다.

이 소문으로 채권의 가격이 폭락하자 사람들은 영국 국채를 팔아버리게 된다. 이때 가격이 폭락한 국채를 나탄이 싼 가격에 모두 사들이게 되는데 이후 영국이 승리했다는 사실이 전해지자 국채는 폭등하기 시작했고 그는 이를 통해 20배가 넘는 엄청난 차익을 남기게 된다. 나탄은 영국에만 베팅해 돈을 번 것이 아니라 같은 방식으로 프랑스 국채를 팔아 이득을 챙겼다. 이로부터 오늘날 로스차일드 가문을 지탱하고 있는 거대한 부가 탄생했다. 이때 나탄이 벌인 주가 조작은 역사상 최초의 주가 조작이라고 여겨지기도 한다.

어마어마한 이득을 챙긴 로스차일드 가문은 이후 역사적인 사건에도 깊게 개입했다. 나폴레옹이 자신들의 사업기반인 영국에 침략한 것이 마음에 들지 않았던 로스차일드 가문은 영국에 9000억 원 이상의 돈을 지원해주었다. 전쟁에서 이기기 위해서는 많은 돈이 필요한데 이를 지원해주었던 것이다. 결국 영국은 나폴레옹을 꺾고 역사를 바꿀 수 있었다. 흥망을 이용해 부를 축적한다라, 역시 역사를 공부해둬야 나중에 써먹을 수 있겠지?

014

희대의 사기꾼, 기상천외한 방식으로 사람들의 주머니를 털다

찰스 폰지
이탈리아 출신의 사기꾼

✤

"미국에 왔을 때 주머니에는 현금 2달러 50센트와
100만 달러의 희망이 있었다.
그 희망은 나를 절대 배신하지 않았다."

폰지 사기 Ponzi Scheme
실제로 투자를 진행하지 않음에도 투자를 하는 것처럼 속여 돈을 받고
기존의 투자자들에게 돈을 주어 돌려막는 다단계 금융사기 수법을 말한
다. 1920년대 미국에서 있었던 찰스 폰지(1882~1949년)의 사기 행각에서
그 이름이 유래되었다.

금융의 역사와 사기의 역사는 그 궤를 같이 한다. 돈이 있는 곳에 항상
그 돈을 털어먹으려는 사기꾼들이 불나방처럼 몰려드는 것이다. 화폐의
등장과 함께 위조지폐를 만들어내는 범죄자들이 등장했고 신분을 속여
엄청난 돈을 주머니에 넣은 사람들도 있었다. 그리고 환율과 같은 제도가
등장하면서부터 그 허점을 악용해 잇속을 챙기려는 사람들도 생겨났다.
마치 찰스 폰지처럼 말이다.

이탈리아에서 태어나 아메리칸 드림을 꿈꾸며 미국에 건너온 이민자였
던 찰스 폰지는 일확천금을 꿈꾸다가 미국으로 오는 배에서 도박으로 돈
을 모두 탕진한다. 그의 주머니에 남은 것은 단돈 2달러 50센트뿐이었다.
하지만 그의 말대로 그에게는 100만 달러짜리 희망이 있었다. 그 희망

을 좋은 쪽으로 썼으면 좋았을 뻔했지만, 그는 양심을 버려가며 돈을 더 쉽고 빠르게 버는 법을 택했다. 당시에는 해외로 편지를 보낼 때 우표 대신 사용되었던 '국제우편쿠폰'이라는 것이 있었다. 지금 같으면 각 국가의 환율에 맞게 실시간으로 이 쿠폰의 가격이 책정되었겠지만, 당시 제1차 세계대전 때문에 각 국가의 환율이 변동되지 않아 똑같은 쿠폰이 스페인에서는 1센트, 미국에서는 6센트였다.

그는 미국보다 쿠폰을 싸게 파는 나라에서 잔뜩 사들인 뒤 미국에 가져와 우표로 교환하고 이를 현금으로 바꾸면 떼돈을 벌 수 있을 것이라고 생각했다. 국제우편쿠폰을 사들이는 규모를 늘리려면 큰돈이 필요했기에 증권사를 차린다. 그리고 투자자들에게 45일 만에 50%, 90일 만에 100%의 수익을 보장한다고 호언장담했다.

하지만 문제가 하나 있었다. 바로 미국 정부에서 우표를 현금으로 교환하는 것을 불법으로 규정했기 때문에 그가 생각한 방법은 현실적으로는 불가능했다. 하지만 찰스 폰지는 떼돈을 벌었다. 사무실에 현금 다발이 쌓여 있어 책상까지 걸어가려면 돈을 헤치면서 나아갈 정도였다고 한다. 도대체 어떻게 된 걸까?

그는 '돌려막기'를 이용했다. 우선 투자자들을 모집한다. 먼저 1차로 모집한 투자자들을 A그룹이라고 가정해보자. A그룹이 가장 먼저 투자자가 되었고, 이후 2차 투자자인 B그룹, 3차 투자자인 C그룹 같은 투자자들을 모집한다. 이후 B그룹에게 받은 돈을 A그룹에게 준다. 그러면 사업이 안 돌아가도 말도 안 되는 수익률을 달성할 수 있다. B그룹에게는 C그룹이 투자한 돈을 준다. 이런 식으로 계속 거짓 수익률을 내는 것이다. 처음에는 반신반의했지만 투자한 사람들이 진짜로 돈을 받아오니 사람들은 진실이라고 믿기 시작한다. 이것이 바로 오늘날에도 종종 등장하는 폰지 사기이다.

소문은 미국 전역에 퍼지면서 투자자들은 기하급수적으로 늘어났다. 찰스 폰지는 몇 달 만에 도박으로 재산을 탕진한 탕아에서 갑부가 되었다. 8개월 만에 그는 2000만 달러라는 어마어마한 투자금을 끌어모았다.

하지만 꼬리가 길면 밟히는 법이다. 금융전문가들과 일부 투자자들이 폰지의 사업에서 수상한 점을 찾아냈고 머지않아 돈을 회수하기 시작하면서 사업은 순식간에 몰락한다. 그리고 그는 사기혐의로 결국 구속된다. 보석으로 풀려난 이후에도 또 사기 행각을 벌여 징역 9년형을 선고 받은 그는 1949년 브라질에서 쓸쓸한 죽음을 맞이한다. 생을 마감할 때 찰스 폰지의 주머니에는 75달러가 남아 있었다.

015

컴퓨터에 달린 창문으로 부자가 된 사나이

빌 게이츠
미국의 기업인

✤

"좋은 제품을 만들 수 없다면
적어도 좋은 제품처럼 보이게 만들어야 한다."

---

1 많은 사람들이 이 사실 정도는 알고 있다. 빌 게이츠(1955년~)는 2020년 3월 기준 세계 2위의 부자이며, 세계에서 가장 유명한 기업 중 하나인 마이크로소프트의 공동 창립자이자 세계에서 규모가 가장 큰 민간재단을 설립해 활동하고 있다는 것.

2 빌 게이츠의 마이크로소프트는 텍스트 기반의 운영체제인 도스를 시작으로 이후 그래픽 기반 운영체제인 윈도즈를 내놓으면서 각 가정의 컴퓨터를 지배해오고 있다. 최근에는 안드로이드에게 자리를 내주긴 했지만 한동안 세계에서 가장 많이 사용되던 운영체제다.

3 그는 10대 때부터 프로그래밍을 시작해 게임을 만들 정도였다. 그가 다니던 학교에서 그의 실력을 인정해 학생들의 스케줄을 짜는 프로그램을 만들도록 했다고. 빌 게이츠는 코드를 살짝 바꿔 학교에서 소문난 퀸카들과 같이 수업을 들었다. 그리고 학교의 중앙컴퓨터를 해킹해 회계장부에서 학교가 지고 있던 빚을 지워버리는 어처구니없는 짓을 하기도 했다. 결국 비상한 머리로 하버드대학에 진학했지만 창업한 마이크로소프트에 집중하기 위해 중퇴를 한다.

4 우리는 백만장자 하면 전용 제트기를 타고 호화롭게 다닐 거라고 생각한다. 하지만 빌 게이츠는 달랐다. 이미 1990년대에 마이크로소프트는 엄청난 성공을 거뒀지만, 빌 게이츠는 당시에 이코노미 클래스를 타고 다녔다. 당시 마이크로소프트는 모든 임직원이 이코노미 클래스를 타는 것으로 정해져 있었기 때문이다. 물론 지금은 전용 비행기를 타고 다닌다.

5 GUIGraphic User Interface라는 말 들어본 적 있는가? 사용자가 한눈에 알아보기 쉽게 아이콘 등으로 표현한 운영체제를 의미한다. 요즘 우리가 쓰는 모든 운영체제는 텍스트가 아닌 아이콘으로 되어 있어 알아보기 쉽고 직관적이다. 이 GUI를 운영체제에 사용해 먼저 대박을 터트린 것은 애플이었다. 1984년에 나온 애플의 매킨토시가 성공을 거뒀고, 빌 게이츠는 이후에 매킨토시를 모방해 윈도즈 운영체제를 개발했다. 이는 그에게 어마어마한 부를 가져다주었다. 역시 모방은 성공의 어머니인가 보다.

6 빌 게이츠는 2017년 기준 한화로 90조가 넘는 어마어마한 재산을 지니고 있음에도 자녀들에게는 각각 1000만 달러(한화로 약 108억 원의 가치)만 상속하기로 했다. 그는 '재산의 극히 일부분만 물려줄 계획이며 각자의 살 길은 알아서 찾으라'는 의미로 1000만 달러를 물려주기로 했다는데, 저 정도면 이미 살 길은 찾은 것 아닐까? 재산의 과반수 이상은 주식이며 나머지 돈은 재단을 설립해 빈곤 해결, 보건 사업 등을 진행하고 있다.

7 빌 게이츠는 인터뷰에서 마이크로소프트가 성공하지 못했다면 인공지능 개발자가 되었을 것이라고 한 적이 있다. 그만큼 그는 인공지능에 관심이 매우 깊다. 그의 인공지능에 대한 의견은? 이후에 인공지능이 발달해 '초지능'이 되면 인류를 위협할 것이라고 했다. 영화 「매트릭스」 같은 사회가 정말 오는 걸까?

016

떡잎부터 남달랐던 투자의 귀재

워런 버핏
미국의 기업인, 투자가

"가격은 우리가 내는 돈이며,
가치는 그것을 통해 얻는 것이다."

---

1 '오마하의 현인'으로 불리는 워런 버핏(1930년~)은 아마도 세계에서 가장 유명한 주식투자자 중 한 명이 아닐까 한다. 그와 먹는 점심 한 끼의 가격이 한화로 수십억 원을 넘어설 만큼 투자 분야에서 버핏은 꽤 독보적인 위치를 차지하고 있다. 그는 '가치투자'와 엄청난 기부로 유명하며 오늘날에도 그를 추종하는 수많은 사람들이 그의 투자법을 따라하려 하고 있다.

2 투자자들은 일찍부터 투자하는 것을 권한다. 그래야 투자로 만들어낸 수익으로 재투자를 할 수 있고 이를 반복하다 보면 눈덩이처럼 돈이 불어나기 때문이다. 워런 버핏도 이 케이스에 속하는데 11세부터 주식투자를 시작했고 이미 16세에 오늘날 5만 3000달러 정도 가치의 돈을 갖고 있었다고 한다. 그리고 이미 10대 때에 매달 학교 선생님 월급보다 더 많은 돈을 벌었다고 한다.

3 그는 100달러, 한화로 10만 원 정도로 주식투자를 시작했는데 지금 그의 재산과 비교해보면 꽤나 수지맞는 장사가 아닐까 싶다.

4 그는 하버드 MBA에 충분히 붙을 수 있을 것이라고 생각해 자신 있게 지원했지만 10분 만에 면접관이 그를 떨어트렸다. 세계 최고의 부자 중 한 사람인 그에게도 좌절은 있었다.

5 그는 당시 최고의 투자자로 이름을 날리던 벤저민 그레이엄의 밑에서 주식투자를 배웠다. 이 시기부터 버핏은 본격적인 주식투자자로 활동한다. 원래 벤저민은 버핏이 유대인이 아니어서 그가 자신의 밑에서 일하는 걸 거절했지만 버핏이 아이디어를 계속 내놓자 그의 재능을 인정하고 일하게 해주었다. 버핏은 가치투자라는 개념을 벤저민에게 배웠다.

6 그는 연 평균 25%의 수익률을 자랑하는 세계 최고의 투자자임에도 불구하고 낯을 가리는 편이다. 이 정도 돈을 벌면 자신감이 넘칠 것 같은데 워런 버핏은 그렇지 않았던 모양이었나 보다. 그는 원래 사람들 앞에서 연설하는 것을 좋아하지 않았다. 그래서 데일 카네기 코스의 스피치 수업을 들었는데 결과로 보면 그의 투자가 옳다는 것이 증명되었다. 사람들 앞에서 연설을 하게 되었을 뿐만 아니라 아내에게 청혼할 때도 매우 유용했다고 한다.

7 그는 스마트폰을 쓰지 않는 것으로도 유명하다. 그가 쓰는 휴대폰은 우리가 소위 '피처폰'이라고 하는 오래된 휴대폰이다. 심지어 그는 살면서 이메일을 딱 한 번 보내봤다고. 최근에는 팀 쿡 애플 CEO로부터 아이폰을 선물 받아 피처폰과 결별했다.

8 워런 버핏은 꽤 소박하다. 그의 자산은 2017년 기준 한화로 81조 정도인데 그의 취미는 절친한 빌 게이츠와 가끔 카드 게임 브리지를 하는 것을 즐기며 ('유유상종'이라는 말이 생각나는 것은 왜일까?) 체리 코크를 '엄청나게 자주' 마시고, 맥도날드의 아침식사 메뉴를 사먹는다. 이런 6살짜리

같은 식습관이 건강의 유지 비결인 걸까? 그는 90대인 현재도 매우 정정한 모습을 보이고 있다.

9 버핏과 함께 자주 등장하는 이름이 바로 버크셔 헤서웨이이다. 버핏은 1962년부터 이 회사의 경영권을 사들이기 시작했고, 현재는 다양한 회사들을 소유한 지주 기업이 되었다. 원래 이 회사는 1839년에 섬유 제조업으로 시작했다. 참고로 그가 맨 처음에 버크셔 헤서웨이를 인수했을 때 주당 가격이 19달러 정도였지만 2020년 9월 기준 주당 가격은 220달러 정도이다(이것도 코로나 바이러스 때문에 좀 내려간 가격). 1962년 당시에 이 회사의 주식을 1000달러만 샀났더라도 현재 억만장자가 될 수 있는 것이다. 타임머신을 타고 이 시기로 돌아갈 수 있다면 미리 좀 사놓으시라.

10 시장은 항상 예측 불가능해서 어떤 때는 투자자들이 과하게 반응해 주가가 폭락하기도 하고 시장이 과열되어 주가가 오르기도 한다. 그가 말하는 '가치투자'는 기업의 주식 가격이 기업의 가치보다 낮게 거래될 때 주식을 사두고, 나중에 다시 가격이 해당 기업의 가치만큼 오르면 매각해 이익을 보는 방식이다.

017

그의 창조적인 능력은 어디에서 나왔을까?

스티브 잡스
애플의 전 CEO이자 공동 창립자

✤

"계속 갈망하고, 우직하게 나아가라."

한 입 베어 먹은 사과를 보면 무슨 생각이 드는가? 유명한 애플의 사과 로고는 1977년에 처음 탄생했는데, 당시 회사의 디자이너였던 롭 제노프가 이 로고를 만들었다. 가장 먼저 만들어진 무지개 색 사과는 당시 출시된 애플Ⅱ가 최초의 컬러 모니터를 포함한 컴퓨터라는 것을 강조하기 위해서였다. 이 사과 로고가 혁신의 아이콘이자 미려한 디자인의 상징으로 자리잡기까지는 한 남자의 공이 가장 컸다. 바로 스티브 잡스(1955~2011년)다. 잡스는 사망한 지 거의 10년이 다 되어가지만 지금까지도 영원한 '사과교'의 교주로 컬트적인 인기를 끌고 있다.

그가 21세가 되던 1976년, 스티브 잡스는 친구 사이였던 스티브 워즈니악과 함께 애플을 창립한다. 이후 애플은 매킨토시를 내놓으면서 개인용 컴퓨터 시장에서 큰 성공을 거두게 되고 그 덕에 1983년 「포춘」이 선정한 세계 500대 기업에 이름을 올렸다. 이후 잡스는 매킨토시뿐만 아니라 아이팟과 아이폰, 아이패드를 내놓으면서 애플을 세계적인 IT기업으로 성장시켰다. 아이팟과 아이폰, 아이패드이 보급되면서 과거 일부 사람들만 썼던 애플의 제품을 대중들이 널리 사용하게 되었는데 이 모든 것은 스티브 잡스가 만들어낸 기적이었다. 매번 신제품을 내놓을 때마다 사람들을 놀라게 만들면서 그는 혁신의 아이콘으로 자리를 잡았다.

하지만 그가 항상 성공만 맛보았던 것은 아니다. 잘나갔던 스티브 잡스도 본인이 만든 회사에서 해고당했던 적이 있다. 심지어 본인이 임명한 CEO의 손에 의해 말이다. 1983년 펩시의 CEO였던 존 스컬리는 잡스의 스카우트로 애플의 CEO로 이직하게 된다. 그런데 혁신적이고 창의적이었던 잡스와 철저히 현실적이었던 스컬리는 경영과 제품 출시 문제로 사사건건 충돌했고 결국 이것이 발단이 되어 애플의 의사회와 스컬리는 1985년 스티브 잡스를 내쫓는다.

하지만 잡스가 떠난 후 애플은 갖은 우여곡절을 겪으며 적자를 면치 못했던 반면 잡스는 만성적자였던 픽사 스튜디오를 인수해 비싼 가격에 되팔았다. 결국 애플은 그의 경영 능력을 인정할 수밖에 없었고 그를 다시 불러들였다. 이후 회사는 다시 날개를 달기 시작했다.

스티브 잡스의 성공비결은 무엇일까? 그는 바로 보편적인 틀에서 한 발자국 물러나 생각했다. 1997년 애플의 CEO로 복귀한 잡스는 진행 중이던 신제품 개발 계획을 대부분 폐기했다. 이에 반발하는 자들의 항의를 '다르게 생각하라Think different'는 말 한마디로 일축한 뒤 아이팟, 아이폰, 아이패드를 개발하기 시작했다.

일각에서는 잡스의 창조적인 능력의 뿌리가 불교라고 주장하기도 한다. 실제로 그는 과거 인도에서 오랜 기간 지내면서 불교와 선 문화에 심취했던 적이 있다. 그가 불교적인 마인드를 가지고 기존의 사고방식에서 탈피해 생각하는 방법을 배웠고, 그래서 아이폰과 아이패드가 등장할 수 있었다는 것이다.

018

전설의 마약왕, 콜롬비아를 코카인 최대 생산지로 만들다

파블로 에스코바르
콜롬비아 마약 카르텔 메데인의 지도자

✤

"검은 돈도
국가 경제의 일부분이다."

Q. 세계 코카인 최대 생산 국가는?

A. 콜롬비아

이미 1980년대부터 콜롬비아는 마약 최대 생산 국가였다. 콜롬비아의 대표적인 마약 카르텔인 메데인이 당시 공급하던 코카인의 양은 전 세계 유통의 80%를 차지했다. 이 메데인을 이끌며 악명을 떨치던 남자가 바로 파블로 에스코바르(1949~1993년)다. 미국 드라마 「나르코스」로도 알려진 인물로, 그의 삶을 들여다보면 이렇게나 영화 같은 삶을 산 사람이 없다.

콜롬비아는 국토의 70%가 밀림이었던 탓에 비밀스런 마약 재배가 매우 쉬운 환경이었다. 비단 콜롬비아뿐만 아니라 중남미의 수많은 나라들이 그랬다. 그래서 많은 중남미 국가에서는 우거진 밀림에 코카인 재배 농장을 세우고 마약을 생산하는 것이 큰돈을 버는 방법이었다. 파블로 에스코바르는 본인의 뛰어난 사업 수완을 바탕으로 22세라는 젊은 나이에 콜롬비아 최고의 마약 밀매업자로 거듭나게 된다. 그리고 그는 사람들에게 '돈 파블로'라는 별명으로 불리게 된다.

코카인은 코카나무에서 채취되는 마약으로 오랫동안 인류의 역사에서 존재해온 마약 중 하나다. 고대까지 거슬러 올라갈 정도로 뿌리 깊은 역

사를 지닌 코카인은 콜롬비아 최대의 수출품으로 떠올랐다. 마약 조직과 반군, 농민들은 서로 결탁해 밀림으로 숨어들어 코카나무를 키웠고 정부는 부정부패로 마약이 유통되는 것을 지켜보고만 있었다. 하루에 미국으로 들어가는 코카인의 양만 해도 15톤이었을 정도로 코카인은 불티나게 팔렸고 파블로 에스코바르는 떼돈을 벌었다. 1990년대 초에 파블로가 모은 개인 자산은 현재 가치로 환산하면 550억 달러, 한화로 약 58조 원 정도의 가치였고, 한때 미국의 「포브스」가 선정한 세계의 부자 순위에 들 정도였다.

재미있는 것은 그가 이후 범죄를 저질러 감옥에 수감되기로 했을 때 본인이 직접 설계하고 만든 개인 감옥에 들어갔다는 점이다. '라 카테드랄', 즉 대성당이라고 불린 이 개인 감옥은 40만 평이 넘었고 카지노, 나이트클럽, 스파까지 갖춘 '럭셔리한 감옥'이었다. 에스코바르는 그 안에서 매일 파티를 즐겼을 뿐만 아니라 심지어 전화로 마약 사업을 운영하기도 했다.

하지만 이 모습을 콜롬비아 정부가 가만둘 리 없었다. 감옥에 가둬도 별 효과가 없다는 걸 알게 된 콜롬비아 정부는 그를 다른 감옥으로 이감하려고 했다. 그는 이때를 노려 탈옥해 도피 생활을 시작했다. 그러던 중 독일로 도망가려다 이민당국에 의해 입국을 거절당한 그는 홧김에 암살자 시카리오들을 고용해 무고한 시민들과 정부 관료, 경찰들을 살해했으며 대통령 후보 암살, 여객기 테러, 공공시설과 백화점 폭탄 테러 등 끔찍한 범죄를 저질렀다.

1급 수배자가 되어 도망다니던 그는 1993년 12월 미국 마약단속국과 콜롬비아 정부에 의해 사살당한다. 콜롬비아의 마약왕이자 세계 최악의 범죄자의 삶은 그렇게 끝을 맺었다.

그라쿠스 형제

로마의 원로원 의원인 아피우스 클라우디우스 풀크루스는 평소 티베리우스 그라쿠스가 꽤 괜찮은 남자라고 생각했다. 어느 날 그는 귀가하여 자신의 아내에게 딸의 약혼자를 정했다는 말을 했다. 그러자 아내는 남편이 약혼자를 마음대로 정했다는 말에 기분이 상해 이렇게 대답한다.

"상대가 티베리우스 그라쿠스가 아니라면 그렇게 서두를 필요는 없을 것 같은데요."

맹자

Q. 다음 중 맹자에 관한 사실 중 옳은 것은?

❶ 맹자는 공자의 제자가 아니다.

❷ 그가 저술한 『논어』는 오늘날에도 동양 철학의 고전으로 인정받고 있다.

❸ 맹모삼천지교는 맹자의 이야기에서 유래되었다.

❹ 순자와 맹자는 공자에게 동시대에 같이 가르침을 받은 사이이다.

A : ❸

맹자의 교육을 위해 그의 어머니가 세 번이나 이사를 갔다는 '맹모삼천지교'는 오늘날에도 유명한 이야기다. 그는 공자의 제자로 가르침을 받아 유교의 대표적인 학자가 되었으며 『맹자』를 저술해 동양 철학의 고전을 남긴 인물로 평가받고 있다. 순자는 맹자보다 이후에 등장해 맹자의 성선설, 즉 인간은 태어날 때부터 선하다는 주장에 반대해 '인간의 본성은 악하다'는 성악설을 제창했다.

프랜시스 드레이크

그가 뛰어난 해적이 될 수 있었던 이유는 어렸을 때부터 선원으로 일하면서 온갖 경험을 다 쌓았기 때문이다. 역시 '짬에서 나오는 바이브'는 이길 수 없나 보다.

에르난 코르테스

우리는 그의 이름을 에르난 코르테스로 알고 있지만, 사실 그가 살아 있던 당시에 그의 이름은 좀 달랐다. 당시에는 에르난도 혹은 페르난도가 그의 이름이었다.

애덤 스미스

애덤 스미스는 혼잣말을 종종 하는 이상한 습관이 있다고 알려져 있다. 어렸을 때 스스로 만들어낸 상상의 친구가 일생동안 그를 따라다녔던 것이다. 경제학의 창시자라고 불리기까지 하는 대학자가 만화에서나 나올 법한 상상 속의 친구와 놀았다니, 경제학 연구도 함께한 걸까?

칼 마르크스

그는 국가가 지배하지 않는 유토피아, 즉 공산주의 국가를 꿈꿨다. 그는 제정 러시아를 비판하는 내용의 논설을 썼다가 신문이 폐간 처리되고 프러시아에서 도망쳤다(자신들을 비판하는 논설이 실린 신문을 본 러시아의 지도층은 프러시아에게 신문을 없애버릴 것을 요청했다). 1845년에는 프랑스에서 추방당했고, 1848년에는 벨기에 입국을 거절당했으며, 또 한 번 프러시아에서 쫓겨났다. 우여곡절 끝에 1849년에 영국으로 가긴 했지만 영국 정부는 그에게 시민권을 내주지 않았다. 왜 그가 전 세계의 국가를 그렇게 없애고 싶어 했는지 조금은 알 것 같다.

밀턴 프리드먼

아마도 그는 매우 '대중적인' 경제학자가 아닐까 싶다. 우리는 학자라고 하면 연구실에 박혀 도수 높은 안경을 쓰고 책에 파묻혀 글을 쓰고 있는 사람들을 떠올린다. 하지만 밀턴 프리드먼은 대중과 친한 인물이었다. 사람들이 많이 읽는 잡지나 TV에도 자주 출연해 자신을 알렸다. 그렇게 해서 그의 주장이 쉽게 이해된 것은 아니지만, 적어도 사람들에게 본인이 어떤 주장을 하는지 정도는 전달할 수 있었다.

조지 3세

미국 독립 전쟁을 이야기할 때 빼놓을 수 없는 국가가 바로 프랑스다. 프랑스는 미국과 동맹을 맺고 무기와 보급품을 지원했다. 영국은 결국 전쟁에서 패배하게 되고 북아메리카 지역의 많은 식민지를 잃었다. 영국과 프랑스, 독일과 프랑스, 그리고 영국과 독일은 꽤나 뿌리 깊은 다툼의 역사를 가지고 있는데 이것도 그중 하나일 뿐이다.

후안 도밍고 페론

Q. 다음 중 후안 페론이 영향을 받은 인물로 알려진 사람은 누구일까?

❶ 아돌프 히틀러

❷ 오사마 빈 라덴

❸ 베니토 무솔리니

❹ 프란시스코 프랑코

A : ❸

아마도 이는 그가 쿠데타에 가담해 권력을 잡은 군인 출신이라는 사실과 연관이 있는 것으로 보인다. 그런데 하필이면 제1차 세계대전 이후 파시즘을 주도한 이탈리아 정치가 무솔리니일까? 더 뛰어난 인물들도 많았는데 말이다.

헨리 포드

포드를 대표하는 모델 T는 1908년에 처음 등장했다. 이 모델은 출시 이후 대륙 횡단 레이스에서 우승했지만 경주 도중에 엔진을 교체했다는 이유로 (당시 대회 규칙에 어긋나는 것이었음) 실격 처리당하게 된다. 그럼에도 불구하고 이 차는 20세기 지구상에서 가장 많이 팔린 차 중 하나가 되었다.

마이어 암셀 로스차일드

로스차일드라는 이름 가진 기린이 있다. 기린에게 부자 가문 로스차일드의 이름이 붙은 것은 월터 로스차일드의 역할이 컸다. 그는 동물학자였는데 자신이 발견한 많은 동물들에게 '로스차일드'라는 이름을 붙여주었다. 이름부터 부티 나는 기린, 부러운 이유는 왜일까?

찰스 폰지

오늘날 우리가 그의 이름을 잊어서는 안 되는 이유는 바로 폰지 사기가 여전히 행해지고 있고 수많은 사람들이 피해를 보고 있기 때문이다. 실제로 투자를 진행하지 않고 투자하는 척 사람들을 속여 돈을 끌어모아 잠적하는 것은 하루이틀 나오는 이야기가 아니다. 말도 안 되는 수익률로 사람들을 꼬드긴다면 일단 의심하고 봐야 한다.

빌 게이츠

빌 게이츠는 맥도날드를 무제한으로 먹을 수 있는 골드카드를 가지고 있다. 세상에나!

스티브 잡스

뛰어난 업적에도 불구하고 잡스는 독단적이고 오만하다는 평을 들었다. 딸인 리사와의 관계부터 공동창립자인 스티브 워즈니악을 아타리에서 일할 때부터 착취했다는 것, 애플을 만드는 데 지대한 공헌을 한 워즈니악을 배신하고 모든 공을 자기에게 돌렸다는 이야기는 유명하다. 그를 비난하는 사람들은 그가 사이코패스이며 직원들을 막 대하는 최악의 상사였다고 이야기한다.

파블로 에스코바르

세계 최고의 마약왕도 자기 자식은 끔찍하게 아꼈다. 미국 마약단속국과 콜롬비아 경찰을 피해 도망다닐 때 그는 딸을 따뜻하게 해주기 위해 200만 달러 정도의 돈을 태웠다.

2장

정치

019

그리스의 민주주의를 융성하다

페리클레스
고대 그리스의 정치가, 장군

✤

"당신이 정치에 관심을 두지 않는다고 해서
정치가 당신을 자유롭게 두진 않는다."

민주주의Democracy
귀족제나 군주제 또는 독재체제에 대응을 의미한다. 민주주의라는 말은
그리스어의 'Demokratia'에서 유래했는데 '국민의 지배'를 뜻한다.

오늘날 많은 국가에 퍼져 있는 민주주의는 과거에는 찾아보기 쉽지 않
은 정치체제였다. 오늘날의 민주주의와는 조금 다른 방식이었지만 그럼
에도 고대 그리스의 아테네에서는 일찍부터 민주주의가 발달해 이후 사
람들은 민주주의 하면 그리스를 떠올린다.

아테네의 민주주의의 발달에 지대한 영향을 미친 인물은 바로 페리클
레스(BC 495~BC 429년)이다. 명문 귀족 출신이었던 그는 페르시아 전쟁
이후 아테네의 황금시대를 열었다고 평가받는 인물인데 한 문장도 글로
적어 남기지 않았지만 중요한 인물로 손꼽히고 있으니 그의 업적이 얼마
나 대단했는지 알 수 있다.

페리클레스 시대는 정치적인 개혁을 통해 말 그대로 '인민이 지배하
는' 국가였다. 시민은 누구나 정치적 의견을 낼 수 있었으며 국가의 정책
결정에 시민의 의견이 반영되었다. 오늘날 우리가 민주주의라고 부르는
것이 그의 머리와 입에서 나왔다는 사실 놀랍지 않은가?

그는 민주주의만 번성하게 한 것이 아니라 그리스의 문화가 꽃필 수 있는 기반을 마련했다. 페리클레스는 천재적인 건축가와 조각가 등 예술가들을 선발하고 후원했다. 그 덕분에 오늘날까지도 전해지는 수많은 고대 그리스의 유산들이 탄생할 수 있었다. 페리클레스 덕분에 아테네가 '세계의 중심'이 될 수 있었다. 오늘날의 미국이 그런 것처럼 당시의 아테네는 '문화적 헤게모니'를 손에 쥐고 있었다고 할 수 있다.

그는 어떻게 시민들의 지지를 받아 아테네를 절정으로 이끌 수 있었을까? 그리스의 1등 시민으로 불렸던 그는 빼어난 용모에 뛰어난 인품, 그리고 웅변술로 아테네인들의 사랑을 한몸에 받았다. 그가 토하는 열변에 사람들은 열광했고 빠져들었다. 또한 형용할 수 없는 묘한 매력을 뿜어내기도 했는데 그가 사람들에게 매력을 발산하기 위해 준비한 것은 꽤나 깊은 지식이었다.

'낭중지추'라는 말처럼 능력과 재주가 뛰어나면 가만히 있어도 주머니의 송곳처럼 존재가 드러나기 마련이다. 이런 그의 웅변술이 부러웠던 것인지 반대파는 페리클레스를 '선동가' 또는 '참주'라고 불렀다. 또한 인기에 영합하는 정치, 즉 포퓰리즘을 한다는 비난도 피할 수 없었다.

하지만 온갖 비난에도 불구하고 페리클레스가 아테네를 다스린 30년이 아테네의 전성기였다는 것은 부정할 수 없는 사실이다. 그 30년간 아테네는 풍요로웠고 부유했다. 델로스 동맹의 중심에서 아테네는 뛰어난 재능을 가진 정치가 덕분에 정치와 문화 번영의 꽃을 피울 수 있었다.

그의 사망 이후 아테네는 스파르타와의 펠로폰네소스 전쟁에서 패배하고 서서히 쇠락의 길을 걷게 된다. 코린토스 전쟁을 통해 다시 한 번 스파르타에 반기를 들었지만 결국 또다시 패배하고 역사의 뒤안길로 사라지게 된다. 그리스 지역을 지배하던 힘은 스파르타에게 넘어갔지만 그들도 그 권력을 오래 유지하지 못했다. 아테네는 페리클레스를 잃었을 때 뛰어난 지도자를 잃었을 뿐만 아니라 나라의 국운까지 모두 잃어버린 것 아니었을까?

020

정복왕인 그가 이집트 최고의 왕이었다고?

람세스 2세
고대 이집트의 파라오

"온 인류가 나를 영원토록 기억할 것이다."

1 고대 이집트의 파라오 중에서 가장 강력하고 위대한 파라오로 칭송 받는 람세스 2세(BC 1303~BC 1213년)는 이집트를 통치하면서 지금의 시리아, 이스라엘, 수단, 리비아 지역까지 영토를 확장했고 이집트를 번영한 제국으로 만들었다. 뛰어난 업적 때문에 서구권에서는 그를 '람세스 대제Ramses The Great'라고 한다. 람세스라는 이름은 할아버지였던 람세스 1세의 이름을 따서 지은 것이다. 원래 그는 형이 있어서 파라오가 될 수 없었지만 형이 갑작스럽게 병사하면서 왕자가 되었다.

2 왕자가 된 이후, 그는 아버지 세티 1세를 따라 수많은 곳으로 원정을 다녔다. 25세가 되던 해 왕이 되었는데 이때의 경험은 그가 수많은 국가와 전쟁을 치르는 데 도움이 된다. 전쟁의 목적은 당연히 영토 확장이었다. 그는 '정복왕'으로 불릴 만큼 치세 동안 활발히 정복 활동을 벌였다.

수많은 전투 중 가장 강력한 라이벌이었던 '철의 제국' 히타이트와 벌인 카데시 전투에서 그는 죽을 고비를 넘겼다. 이 전투 이후 그는 히타이트와 평화 조약을 맺고 히타이트의 왕녀를 아내로 맞아들였는데, 이는 역사상 기록된 세계 최초의 평화 조약이다.

3 이집트의 건축은 람세스 2세가 파라오였던 기간 동안 크게 발전하기

시작했다. 수많은 건축물 중 가장 유명한 것은 본인의 신전인 라메세움과 아부 심벨 신전이다. 아부 심벨 신전은 1950년대 이집트 정부의 댐 건설 계획으로 수몰될 뻔했으나 유네스코 덕분에 보존될 수 있었다. 독자분들이 생각하시는 그 세계문화유산의 유네스코가 맞다.

4 그는 정확히 66년 2개월을 파라오로 살았고, 전 세계의 수많은 독재자들이 해내지 못한 걸 람세스 2세는 이미 수천 년 전에 달성했다. 권력과 장수 두 가지를 동시에 가진 것이다.

5 그는 왕자였을 때 2명의 부인을 맞아들였고, 왕이 된 이후엔 수백 명의 부인을 두었다. 그중 그가 가장 사랑했던 건 '조강지처' 네페르타리였다. 네페르타리에 대한 람세스 2세의 애정은 각별해서 그녀에게 다른 왕비들보다 훨씬 더 큰 무덤을 지어주었다. 네페르타리가 죽고 나서 둘 사이에서 탄생한 딸 메리타멘이 람세스 2세의 왕비가 되었다. 당시 이집트에서는 다른 가문이 왕권을 갖지 못하도록 왕가 혈통 간 근친혼을 적극 장려했다.

6 당시 그는 다른 이집트의 왕들과 마찬가지로 미라가 되어 거대한 무덤에 묻혔는데 훗날 고고학자들은 그의 미라로 미루어보아, 코가 매우 높고 강인한 턱을 가진 '짐승남' 스타일이었을 것으로 추정했다.

7 그는 여권도 있고 비행기도 타본 남자다. 1974년 람세스 2세의 미라는 이집트에 보관되어 있었다. 이를 관찰하던 학자들은 미라에 곰팡이가 피는 문제가 생겼다는 걸 알게 된다. 보관에 문제가 생겨 미라에 손상이 가면 수천 년을 이어져온 문화유산이 사라지는 대참사가 발생할 수 있다. 하지만 당시 이집트는 미라를 보존하는 기술이 충분하지 않아 보존 기술이 뛰어난 프랑스로 미라를 이송해야 했다. 그런데 당시에는 신원이

명확하지 않은 시신을 비행기에 태울 수 없어 이집트 정부는 급하게 람세스 2세를 위한 여권을 발행했다. 심지어 미라의 얼굴 사진도 찍어서 여권에 넣었다. 이는 아마도 세계 최초이자 유일한 미라 여권일 것이다.

021

로마와 카르타고, 두 국가의 대표가 격돌하다

스키피오 아프리카누스·한니발 바르카
고대 로마의 장군·고대 카르타고의 군사 지도자

✤

"눈물 흘릴 눈이 하나뿐이라는 것이 원망스럽구나."

– 자마 전투에서 패배한 직후 한니발

자마 전투Battle of Zama

기원전 202년 카르타고 근처의 자마 지역에서 로마와 카르타고 사이에 발생한 전투. 제2차 포에니 전쟁을 결정지었던 전투로 평가받는다.

한니발(BC 247~BC 183년)의 일생은 로마와의 전쟁으로 점철되었다. 그의 아버지 하밀카르 바르카는 제1차 포에니 전쟁에서 로마에게 패배해 불평등 조약을 체결했다. 이런 모습을 모두 지켜본 한니발은 어린 시절부터 로마에 대한 강한 적대감을 드러내며 카르타고의 신 타니트에게 로마를 파멸시키겠노라고 맹세했다.

분노의 정도가 강했던 것인지 한니발은 제2차 포에니 전쟁을 통해 승승장구하면서 로마를 무찌르고 있었다. 한쪽 눈에 안대를 하고 다녔던 그는 로마군에게는 공포의 대상이었다. 그는 모든 전술을 숙지하고 있었고 카르타고의 명장으로 불렸다.

한편, 로마 측에서는 스키피오 가문에서 태어난 푸블리우스 코르넬리우스 스키피오 아프리카누스(BC 236~BC 184년)가 있었다. 명문가의 후손이었던 그는 한니발에 대해 강한 적개심을 갖게 된다.

그는 이미 한 차례 칸나에 전투에서 카르타고군에 패해 죽을 위기를 맞이했던 적이 있다. 운 좋게 살아남은 20세의 스키피오는 로마를 위협하는 적을 모두 말살하겠다는 맹세하며 복수의 칼날을 갈고 닦는다. 그 사이 로마군은 우세한 해군력을 바탕으로 지중해에서의 패권을 조금씩 꺾어놓고 있었고 전력을 재편성해 카르타고와 맞설 준비를 한다.

카르타고군은 한때 이탈리아 남부의 대부분을 차지하기도 했지만 결과적으로는 로마의 항복을 받아내지 못했다. 로마의 봉쇄 작전에 전선은 교착 상태에 빠지고 스키피오가 본국 카르타고를 공격해 오도 가도 못하는 상황이 되자, 한니발은 16년에 걸친 로마와의 전쟁을 끝맺지 못하고 본국으로 돌아올 수밖에 없었다. 일부 로마와의 강화를 주장하는 인물들도 있었지만 카르타고는 로마군이 내세운 조건을 거절하고 결국 전쟁을 주장한다. 그리고 두 명장은 카르타고 근처의 자마에서 맞서 싸우게 된다. 이것이 그 유명한 자마 전투이다.

서로 전쟁을 벌이는 적국의 장수였지만 둘은 전투가 벌어지기 전날 만났다. 한니발은 전쟁을 멈출 것을 스키피오에게 종용했다. 그러나 스키피오는 멈출 수 없었다. 눈앞에 로마의 승리가 있었기 때문이다. 그는 한때 위기에 빠졌던 로마의 복수를 자신이 쥔 칼로 하고 싶었다. 결국 전투는 시작되었고 스키피오의 생각대로 카르타고는 완벽하게 패배했다. 로마를 대표하는 명장의 전술이 너무나도 뛰어났기 때문에 카르타고가 자랑하던 강력한 군대는 힘도 쓰지 못했다.

스키피오는 패배의 경험으로부터 이기는 방식을 배웠다. 값비싼 대가였지만 결국 로마군은 스키피오 덕분에 위기에서 빠져나올 수 있었다. 카르타고가 자랑했던 강력한 코끼리 부대도 그의 전술 앞에서는 속수무책이었다. 카르타고군은 전멸하다시피 했고 로마군의 피해는 전사자 1500명 정도에 그쳤다. 카르타고의 완벽한 패배였던 것이다.

결국 이 전투로 16년을 이끌어온 로마와 카르타고의 제2차 포에니 전쟁은 끝나게 된다. 카르타고는 로마가 제시한 강화조건을 받아들이고 전쟁을 끝냈다. 이후 휴전 조항에 의해 카르타고는 다시는 지중해에서 군사

강국이 되지 못했고 한니발은 몇 년 뒤 독을 마시고 자살했다. 비참한 끝이었다.

스키피오도 끝은 그닥 좋지 못했다. 전쟁에서 이긴 공로를 인정받아 '아프리카누스'라는 칭호를 얻었고 고국으로 돌아온 이후에는 로마 원로원의 제1인자 자리인 '프린켑스'를 15년 동안 지냈지만 정적의 음모로 원로원에서 쫓겨난 후 다음 해에 52세의 나이로 생을 마감했다. 역사를 바꾼 두 영웅의 끝이 이렇게 허무할 줄이야.

022

제국을 건설한 대왕, 알려진 것처럼 상남자가 아니었다?

알렉산더 대왕
고대 그리스 마케도니아 왕국의 군주

✤

"길고 미천하게 사느니 짧고 영광스럽게 살겠다."

고르디아스의 매듭Gordian Knot
풀기 어려운 문제를 뜻한다. 고대 국가였던 프리기아의 왕 고르디아스와 알렉산더 대왕의 설화에서 비롯된 용어다.

고르디아스라는 남자가 있었다. 마케도니아의 필부였던 그는 자신의 수레에 독수리가 내려앉는 것을 보고 자신이 언젠가 왕이 될 것이라는 뜻으로 해석했다. 실제로 고르디아스는 왕이 되어 신전을 건설한 뒤 밧줄로 복잡한 매듭을 만들어 신전의 기둥에 묶었고 자신이 만든 매듭을 푸는 사람이 왕이 될 것이라는 말을 남겼다. 많은 사람들의 그의 매듭을 풀어 왕이 되고자 했지만 번번이 실패했다.

이 매듭은 450여 년이 지난 후 프리기아의 신전에 도착한 알렉산더 대왕(BC 356~BC 323년)에 의해 풀렸다. 엄밀히 따지면 그는 매듭을 푼 것이 아니긴 하지만 말이다. 알렉산더는 아예 매듭을 칼로 단번에 잘라버렸는데 이로부터 '대담하게 해결해야 풀 수 있는 문제'라는 뜻의 고르디아스의 매듭이라는 말이 유래되었다.

많은 역사가들은 이것이 지어낸 이야기라고 주장하지만, 적어도 '위대한 정복자'라는 별명에 걸맞은 설화임에는 틀림없다. 그는 활발한 정복 활동을 통해 코린토스, 이집트, 페르시아를 모두 점령하면서 마케도니아 왕국의 영토를 넓혀갔고 주춤하던 그리스의 헬레니즘 문화를 다시금 융성하게 만들었다.

매듭 이야기와 그의 업적만 듣는다면 알렉산더는 꽤나 상남자인 것 같다. 세계의 끝을 보겠다고 선포했던 그는 실제로도 상남자였을까? 결론부터 말하면 성격은 상남자였을지 모르지만 우리에게 알려진 것과는 달리 외모는 별로 상남자는 아니었던 듯하다.

키가 작은 편이었고 외모에서 풍겨 나오는 이미지도 남성미가 부족했다. 그가 전체 군대의 4분의 3을 죽이거나 이유 없이 사람을 죽이곤 했을 정도로 매우 잔혹한 왕이라고 알려져 있는데, 후대의 사람들은 이런 잔혹한 모습이 남성미가 부족한 그의 외모에서 나오는 콤플렉스 때문이라고 분석하기도 한다.

이 주장을 뒷받침하는 일화가 하나 있다. 알렉산더 대왕은 조각가 리시포스와 화가 아펠레스를 시켜 자신의 이미지를 영웅적인 모습으로 탈바꿈시키기 위해 조각을 만들게 하고 그림을 그리게 했다. 그래서 현대에 전해지는 그의 모습은 영웅적인 면을 부각시키는 작품밖에 없는데 이미지 메이킹을 정말 잘한 케이스다.

이미지를 탈바꿈해 대중의 지지를 얻었던 경우, 그리고 반대로 이미지의 추락으로 인해 엄청난 비난과 반대 여론에 직면했던 경우는 역사적으로 수도 없이 많다. 존 F. 케네디는 미국 대통령 선거사상 최초로 열린 TV토론에서 헤어, 옷, 스타일, 몸짓 등 본인의 모습이 어떻게 나올지 철저하게 연구하고 고려해 대통령에 당선될 수 있었다.

대중매체가 발달하기 전 이미 알렉산더 대왕은 (이를 알고 있었든 몰랐든 간에) 본인의 이미지를 좋게 바꾸려는 시도를 했다. 이미지 메이킹 덕분에 후대의 사람들에게 완전히 달라진 모습으로 기억되다니, 여러분도 이미지에 신경 쓰셔야 할 것 같다.

023

동쪽으로는 한반도까지, 서쪽으로는 동유럽까지

칭기즈 칸
몽골 제국의 건국자이자 초대 칸

✤

"나는 내게 거추장스러운 것은 깡그리 쓸어버렸다.
나 스스로를 극복하는 순간 나는 왕이 되었다."

오늘날 사람들에게 사랑받는 간식인 육포를 탄생시킨 것은 칭기즈 칸 (1162~1227년)과 그의 군대였다. 당시 몽골군은 보급부대도 없이 말을 타고 이동했다. 뒤따라오는 보급부대도 없으니 하루에 70km라는 당시로써는 엄청난 속도로 이동할 수 있었다. 그래서 중국 대륙과 중앙아시아, 러시아와 유럽 일대를 정복할 수 있었다. 보급부대도 없는데 어떻게 밥을 먹었을까? 몽골군 장병들은 말 안장 밑에 음식을 넣어두고 꺼내 먹으며 끼니를 해결했는데 그 안장 밑의 음식이 육포였다.

육포를 먹어가며 이곳저곳 뛰어다닌 결과, 몽골은 13세기에 전례 없는 대제국을 건설했다. 그리고 그 가운데에는 천재적인 군사전략가 칭기즈 칸이라는 인물이 있었다. 칭기즈 칸의 뜻은 '위대한 왕'이라는 뜻으로 그의 본명은 보르지긴 테무친이다.

안타깝게도 천하를 호령한 지도자치고는 개인적인 삶이나 외모에 대한 기록들이 거의 없다시피하다. 우리가 보는 초상화도 사후에 그려진 그림이며 생존 당시에 그려진 그림이나 조각상은 없다. 페르시아의 정치가이자 역사가인 라시드 알 딘의 기록에 따르면 칭기스 칸은 붉은 머리에 푸른 눈을 가지고 있었다고 하는데, 현재에도 몽골은 다인종 국가이며 몽골인들 중에 이런 외모를 가진 사람들이 있다.

칭기즈 칸은 7년 만에 대제국을 건설했다. 그가 성공할 수 있었던 요인 중 하나는 순전히 능력에 따라 인물을 기용했기 때문이었다. 계급이나 출신 성분에 상관없이 능력만 좋다면 누구든 뽑아서 썼다. 과거의 적이었어도 말이다.

능력을 중시했던 것은 칭기즈 칸뿐만은 아니었던 것 같다. 『삼국지』에 등장하는 난세의 간웅 조조도 능력이 있는 인재라면 수단과 방법을 가리지 않고 뽑아 썼다. 반면 촉나라의 유비 곁을 지킨 것은 제갈량과 관우, 장비, 조운, 마초, 황충뿐이었다. 그 결과 촉나라는 멸망했고 위나라가 전국을 통일하게 된다.

뛰어난 인재들을 뽑아서 쓴 결과였을까? 칭기즈 칸이 이끌었던 몽골 군단은 지금까지도 깨지지 않는 대기록을 두 번이나 세웠다. 바로 겨울에 이루어진 러시아 침공이었다. 나폴레옹과 히틀러도 해내지 못한 것을 칭기즈 칸은 두 번이나 해냈다. 심지어 이 둘은 러시아 원정 실패로 전쟁에서 패배했다. 칭기즈 칸이 이길 수 있었던 이유는 빠른 기동력 덕분이었다.

칭기즈 칸은 정복할 때 누구보다 매섭지만 한 지역을 차지한 이후에는 대부분 평화로운 방식으로 다스리려 했다. 그는 새로이 정복한 구역에 대해 종교적인 관용을 베풀었다. 물론 정치적인 목적이 컸을 것이다. 역사적으로 큰 나라에서 관용을 베풀어서 성공한 사례는 무수히 많다. 그중 가장 대표적인 국가는 미국이다. 인종들이 한데 섞여 '멜팅 팟'을 이루고 '아메리칸 드림'을 실현할 수 있었기 때문에 지금의 미국이 있었다.

정복 이후에도 그는 자신의 제국이 모두 연결되어 있기를 원했던 것 같다. 그는 일정 거리마다 하나씩 역을 만들고 그 사이를 말들이 달리게 하는 역참제를 도입했는데 이는 칸의 명령이나 보고사항들을 역에서 역으로 연결하여 신속하게 광활한 대지를 하나로 묶어주었다.

이 역참제는 최근 현대의 정보통신 전문가들이 많이 연구하는 주제다. 도대체 말 타고 달리는 게 오늘날의 정보통신이랑 무슨 상관이냐고? 당시 원나라의 역참제는 영토 구석구석까지 소식을 전달하기 위해 거미줄 같은 형태로 영토 전체에 널리 퍼져 있었다. 오늘날 우리가 사용하는 인터넷도 이와 비슷한 구조로 구성되어 있어 둘 사이의 연관성을 발견해 더 빠른 인터넷을 만들기 위한 연구가 진행 중이라고 한다.

하지만 이런 칭기즈 칸도 결국에는 죽음을 맞이할 수밖에 없었다. 정확히 어떻게 죽었는지는 미스터리다. 말에서 떨어져 죽었다는 설이 제일 널리 알려져 있지만 이마저도 정확한 것은 아니다. 독 때문에 죽었다거나, 여자에게 중요 부위를 물린 상처가 악화되어 죽었다거나, 벼락에 맞아 죽었다거나 하는 설들이 있으나 정확한 것은 아무도 모른다.

현재 칭기즈 칸은 몽골의 영웅으로 추앙받는다. 하지만 20세기 소련 지배하에서 그의 이름을 언급하는 것은 불가능했다. 몽골 국민들의 민족주의를 없애기 위해 모든 곳에서 칭기즈 칸의 흔적을 없앴다. 1990년대 몽골이 독립하면서 다시금 칭기즈 칸이 나타나기 시작했고 현재는 몽골의 공항 이름과 지폐에서 그의 모습을 찾아볼 수 있다.

성군과 폭군 사이

진시황
고대 진나라의 31대 왕, 중국 최초의 황제

✦

"한 번 끌려가면 대부분 이곳에 뼈를 묻었다.

어쩌면 이곳이 그들의 거대한 무덤이 아니었을까?"

– 만리장성에서 한 중국인의 인터뷰

과거 중국은 전국 7웅이라 불리는 7개 나라가 서로의 힘을 겨루어 세상은 어지러웠다. 하지만 한 남자 덕분에 중국 대륙은 혼란한 춘추전국시대를 지나 하나로 통일된다. 바로 중국 대륙 역사상 최초로 통일이라는 기록을 세운 진나라의 진시황(BC 259~BC 210년)이다. 진시황은 39세의 젊은 나이에 중국을 통일해 중국 역사상 최초로 황제가 되었고 오랜 기간 동안 중국이 하나의 국가로 존재할 수 있는 기틀을 마련했다.

그는 종종 폭군으로 취급받는다. 중국을 통일하고 도량형, 화폐, 문자를 통일하는 등의 업적들은 후대의 사람들에게 매우 긍정적으로 평가받기도 하지만 우리는 진시황을 떠올리면 부정적인 이미지를 먼저 떠올린다. 그가 저지른 3가지 실수 때문이다.

① 만리장성

진시황은 죽지 않고 영원히 살고 싶어 했다. 그래야 본인이 가진 부와 권력을 오랫동안 누릴 수 있었으니까. 그는 신하들에게 불로장생을 할 수 있는 약을 가져오도록 시켰는데, 신하 중 하나가 황산 부근에서 불로초를 찾다가 '오랑캐가 진나라를 망하게 한다'라는 글귀를 발견했다.

그는 글귀에 나오는 오랑캐가 흉노족이라고 생각했고 이를 막기 위해 백성들을 동원해 만리장성을 쌓게 한다. 기존의 성벽을 이어서 연결하고 부족한 성벽은 새로 축조했다. 이 만리장성을 쌓기 위해 수많은 백성들이 동원되었고 성을 쌓다가 죽어나갔다. 그러나 진나라는 진시황의 아들인 황제 영호해에 이르러서 내부의 분열로 결국 멸망했다. 진시황이 그토록 걱정했던 흉노족 때문이 아니라 '안에서 새는 바가지' 때문에 망한 것이다. 그가 죽은 후 진나라가 역사 속으로 사라지는 데 걸린 시간은 단 5년이었다.

② 분서갱유

책을 불태우고 학자들을 생매장했던 분서갱유와 만리장성 축조가 진시황을 희대의 폭군으로 만든 가장 결정적인 사건이 아닐까 한다.

춘추전국시대에는 다양한 사상들이 존재했다. 어지럽고 혼란했을지언정 유가, 법가, 묵가, 도가 등의 사상이 다양하게 꽃피던 시기였다. 하지만 진시황이 중국을 통일한 이후에는 이런 사상적인 자유로움이 사라지기 시작했다. 법치주의에 기반해 다스려지던 진나라의 통치 이념과 이상주의적인 유교는 차이가 있었다.

진시황은 재상이었던 이사의 의견을 받아들여 의약과 농업 서적 같은 실용적인 책들을 제외한 제자백가의 책과 역사서를 모두 불태우게 했는데, 이것이 분서焚書, 즉 책에 불을 지르는 것이었다. 그리고 이듬해에는 진나라의 정치를 비판한 유학자 460여 명을 구덩이에 생매장시켰는데 이를 '갱유坑儒'라고 한다.

③ 진시황릉과 병마용갱

진시황은 황제가 되자마자 자신의 무덤을 짓기 시작했다. 권력의 최고 자리에 올라가 보니 사람은 결국 흙으로 돌아간다는 것을 알게 된 것인지는 모르지만, 진시황릉은 수십만 명의 인부가 동원되었고 공사기간만

38년이 걸렸다고 한다. 이 무덤은 시황제가 거주하던 궁궐과 똑같은 크기로 만들어져 실제로 보면 꽤 규모가 크다.

진시황릉의 근처에는 그를 죽어서도 지킬 '흙으로 된 병사'들이 있는 병마용갱이 있다. 1970년대 한 농부에 의해 우연히 발견된 이 병마용갱은 진시황릉과 마찬가지로 큰 규모를 자랑한다. 지금까지 발견된 흙으로 된 병사들은 그 수가 8000여 점이 넘는데, 재미있게도 제각기 얼굴이 다르다. 수많은 노동력이 투입된 그의 병사들은 과연 지금도 그의 곁을 지키고 있을까? 그들이 진시황을 여전히 지켜주고 있는지는 모르겠지만, 진나라는 이런 무리한 공사 때문에 민심이 떠났고 이는 결국 나라가 빠르게 망하는 원인이 되었다.

025

나라를 망하게 한 패륜아

수 양제
중국 수나라의 제2대 황제

✤

"내가 무슨 죄가 있길래,
목이 잘리지 않으면 안 되는 지경에 이르렀는가?"

수나라를 세운 문제는 성공적인 업적을 남겼다. 세금을 적게 걷고 원성이 자자하던 대운하 사업을 중단해 백성들의 고통을 덜었다. 덕분에 백성들의 삶은 여유로웠다. 그리고 분열되어 있던 중국을 재통일해 사회를 안정시켰다.

하지만 전편보다 뛰어난 속편은 없다고 했던가. 수 문제의 뒤를 이어 집권한 그의 아들 수 양제(569~618년)는 아버지와는 정반대의 행보를 걸었다. 한마디로 실패작이었던 것이다. 수 문제는 확실히 자식 농사를 잘못 지었다. '양煬'이라는 글자는 당나라에서 비하의 의미로 붙여준 단어인데 이 글자가 왕의 칭호에 붙을 땐 대부분 나라를 말아먹은 경우다. 그는 도대체 무엇을 잘못한 걸까?

우선 그는 아버지 수 문제가 검소했던 것과는 다르게 대단한 낭비벽이 있었다. 본인의 안위와 먹고 마시는 데에만 신경을 썼고 백성들에게는 신경 쓰지 않았다. 여색을 탐했고 허세가 심했다고 한다. 수 문제가 쌓아놓은 곳간을 거덜내버린 것이다.

이 뿐만이 아니었다. 심지어 그는 성격도 잔혹했고 패륜아였다. 일설에는 그가 아버지를 죽이고 제위에 올랐다고도 한다. 애초에 자신이 태자가 되기 위해 형과 아버지의 사이를 갈라놓는 등 권모술수를 써서 황제의 자리에 올랐다. 왕위의 시작부터 비도덕적 행위로 점철되어 그 정통성도 위태로웠던 것이다.

그렇게 해서 제위에 올랐다고 해도 민심을 얻을 뛰어난 업적이 있었다면 아마 수 양제는 이 정도까지 악평을 듣지는 않았을 것이다. 하지만 무리한 토목공사와 정복전쟁으로 민심을 잃었다. 대운하, 동경 등의 토목공사로 인해 막대한 인력과 물자를 동원해 백성들의 삶을 피폐하게 만들었다.

그리고 고구려에 대한 무리한 정복전쟁을 감행하기도 했다. 전쟁에 이기고 지는 것에 상관없이 고구려로 수나라의 병사들이 떠나는 순간 이미 수나라는 멸망할 것이라는 것이 정해져 있었다. 전쟁에 동원되는 인력과 물자만 해도 무지막지한 수준이었기 때문에 이미 지쳐버린 백성들이 등을 돌렸던 것이다. 결국 총 세 번에 걸친 원정은 수나라에 상처만 남겼다.

역사가 오래된 기업이나 국가, 왕조를 보면 길게 유지되는 비결이 있다. 창업자 혹은 선대의 왕뿐만 아니라 그 뒤를 잇는 2번째, 3번째 후계자들의 능력도 뛰어나야 한다. 태조와 태종, 세종이 그랬고, 로물루스와 레무스 이후의 로마인들이 그랬다. 오래 살 집은 지어진 이후에도 계속 관리가 되어야 한다. 집 지은 사람이 잘 지었다고 해서 관리가 필요 없는 것은 아니니까. 진나라와 몽골제국 그리고 지금까지 흔적도 없이 사라진 수많은 회사와 국가들이 그랬다. 나라가 세워진 초기에는 뛰어난 능력을 가진 인물이 다스려야 오래 간다. 하지만 수나라는 그러지 못했다.

수 양제는 '나라를 녹여버렸다'는 평가를 받으며 후대 사람들에게도 두고두고 부정적인 평을 받는다. 그러나 당대에 그토록 비난을 받았던 대운하 건설은 이후 중국 문화권이 발전할 수 있는 토대가 되었다. 동서와 남북 간 각종 물자와 인력들이 자유롭게 움직일 수 있는 초석이 되었던 것이다.

026

한글을 만든 왕, 도대체 왜 초가집에서 지냈을까?

세종대왕
조선의 4대 국왕

✦

"나랏말싸미 듕귁에 달아 문자와로 서르 사맛디 아니할쎄."

– 『훈민정음 예의본』

1 만 원 지폐에 그려진 초상화의 주인공이 조선의 4대 국왕 세종(1397~1450년)이라는 것을 모르는 한국인이 있을까? 한글을 창제하고 조선을 태평성대로 이끌었으며 노비 출신이던 장영실을 등용해 물시계 자격루와 해시계 앙부일구 등을 만들어낸 이 왕은 우리에게 '성군'으로 여겨진다. 호칭만 봐도 그의 업적이 매우 중요하다는 것을 알 수 있다. 한반도 역사를 통틀어 '대왕'이라는 칭호가 붙는 것은 딱 2명이다. 세종과 담덕, 우리가 광개토대왕으로 알고 있는 그 남자 말이다.

2 세종은 22세의 젊은 나이에 왕위에 올랐다. 그는 태종 이방원의 셋째 아들이었다. 태종은 영특한 셋째 충녕대군이 자신의 뒤를 이어 나라를 잘 운영할 것이라고 생각했다. 첫째인 양녕대군은 술과 여색을 탐하는 망나니였고, 둘째 효령대군은 술을 못해 중국 사신이 왔을 때 술을 대접할 수 없고 불교를 숭상했기 때문에 배제되었으며, 넷째인 성녕대군은 14세에 사망했다.

3 조공은 과거 조선과 중국 사이에서 빈번하게 행해졌다. 매우 굴욕적일 수 있는 이 행위를 세종은 실리적으로 이용했다. 조공을 바치면 조공

을 받는 '책봉국'에서 관례적으로 답례품을 주어야만 했다. 뿐만 아니라 정치, 군사적으로 문제가 생기면 책봉국에서 조공국으로 군사까지 파견했다. 세종 시기, 조선은 조공을 바치고 각종 고급 서적이나 고급 기술들을 중국으로부터 전수받아 활용했다.

4 조선의 왕들은 대부분 단명했다. 심한 업무 스트레스(사극에서 좌의정, 우의정, 영의정이 한데 엉켜 싸우는 모습을 상상해보자. 하루 종일 보고 있노라면 혈압이 오르지 않겠는가?), 운동 부족, 비위생으로 인한 감염, 낮은 의학 수준 등이 그 원인이었다. 세종도 마찬가지였다. 그는 비만이었으며 고기를 매우 좋아했던 '고기덕후'로 알려져 있다. 오죽하면 아버지인 태종 이방원이 죽기 전에 내 상 중에도 '세종에게 고기를 먹을 수 있도록 하라'는 유언을 남겼을까?

5 세종이 엄청난 독서광이었다는 사실은 잘 알려져 있다. 하지만 그 때문에 눈을 실명했다는 사실은 사람들이 잘 모른다. 정확히는 책을 너무 많이 읽어서 이미 젊은 시절부터 앞이 잘 보이지 않았고 나중에는 당뇨 합병증으로 눈을 아예 실명했을 것으로 추측되고 있다.

6 세종 재위 5년에 강원도에서 대기근이 발생해 백성들이 굶주리기 시작했다. 세종은 백성들과 고통을 같이 나누려고 초가집에서 생활하며 국무를 보았다. 그는 초가집을 꽤 오랫동안 거처로 사용했다고 한다.

7 마냥 어질기만 할 것 같은 성군의 이미지를 가진 세종이지만 수박 앞에서는 가혹했다. 세종은 수박을 훔친 내시에게 곤장 100대 형을 내리고 영해로 귀양까지 보내버렸다. 수박 한 통 훔쳤다고 너무 한 것 아니냐고? 당시 수박 한 통값이 쌀 다섯 말 정도일 정도로 귀했기 때문이다. 현재 시세로 따지면 수박 한 통에 10만 원이 넘는 것이다. 7년 뒤에 다른 내

시가 수박을 또 훔치자 그에게는 곤장 80대 형을 내렸다. 빵을 훔친 장발장을 감옥에 보내는 수준의 형인 것 같다.

8 세종은 능력 있는 상사로 부하들에게 굉장히 피곤한 상사였을 수 있다. 엄청난 책을 읽어 해박한 지식은 기본이요, 그것을 자유자재로 뽑아 쓸 수 있는 능력은 옵션이었다. 훈민정음을 창제할 당시 신하들이 상소를 올리자 조목조목 반박해가며 신하들을 꾸짖었고, 회의를 할 때도 준비를 안 해온 신하들을 조목조목 따져가며 혼냈다. 그중에 제일은 유명한 일화는 황희 정승과 관련된 것인데, 은퇴하려던 황희 정승을 붙잡아놓고 무려 22년 동안이나 사표를 수리하지 않았다고 한다. 필자가 만약 황희 정승이었다면 다른 나라로 밀입국이라도 하고 싶은 심정이었을 것 같다.

027

중국과 대만의 국부로 불리는 남자, 어떻게 가능한 걸까?

쑨원
중국의 정치가, 외과의사

✤

"혁명은 이룩되지 않았다. 중국을 구하라."

대만과 중국, 가깝지만 먼 나라이다. 1927년 이후부터 중국 국민당과 중국 공산당 사이에서 발생한 국공내전부터 시작된 뿌리 깊은 대립은 현재까지도 이어지고 있다. 장제스의 국민당 정부가 마오쩌둥의 공산당에게 패배해 대만으로 도피하면서부터 중국은 두 개로 나뉘어졌다. 흔히 양안관계라고 부르는 협력과 대립이 상존하는 관계를 유지해오고 있는 이 두 국가는 각자 다른 정치 체제로 명맥을 이어오고 있다.

그런데 국공내전 당시 서로 대립했던, 그리고 이념이 달랐던 장제스와 마오쩌둥이 동시에 국부로 추앙했던 인물이 있다. 바로 쑨원(1866~1925년)이다. 그는 중국에서 민주주의 국가의 토대를 세운 인물이다. 장제스는 말 그대로 쑨원의 정신을 이어받아 대만을 세웠고, 마오쩌둥도 쑨원이 주장했던 '삼민주의三民主義'를 계승해 중화인민공화국을 세웠다. 국민당과 공산당의 목표는 다르지만 그 뿌리는 같은 것이다. 대만인들과 중국인들이 모두 쑨원을 중국 근대 역사에서 가장 중요한 인물로 꼽는 이유가 있다. 도대체 그는 무슨 일을 했고 삼민주의는 무엇일까?

근대에 접어들면서 중국은 혼란에 빠졌다. 당시 중국을 지배하고 있던 청나라는 서양 열강이라는 야수들에게 침략당해 뜯어 먹히는 가냘픈 사냥감이었다. 이 시기에 중국의 영토는 찢겨 나가 홍콩은 영국에, 마카오는 포르투갈에 귀속되었다. 거기에 지배층은 부패해 백성들의 안위는 생각하지도 않고 자신들의 허영만 채우며 살았다. 이 시기에 등장한 쑨원은 타락한 중국을 바로잡고 강한 나라로 만들기 위해 노력했다.

그가 중국을 강한 국가로 만들기 위해 내세운 것이 바로 삼민주의였다. 그는 어렸을 때부터 청나라에 새로운 정치 철학과 사상이 필요하다고 생각했다. 더이상 황제가 지배하는 전근대적인 나라가 아닌, 민주주의로 다스려지는 근대적인 국가를 세우고자 했던 것이다.

이 목표를 위해 쑨원은 계속 혁명을 일으켰지만 번번이 실패했다. 혁명의 이념적인 자양분이 부족했던 것이다. '이념이 세상을 바꾼다'는 간단한 명제를 미처 깨닫지 못했던 쑨원은 혁명의 정당성을 뒷받침하기 위해 지식인들과의 토론을 통해 삼민주의를 발전시키게 된다. 쑨원의 삼민주의는 민족, 민생, 민권 이 3가지에 대한 것이다. 민족이라는 깃발 아래 국가의 구성원들이 하나가 되어야 한다는 '민족주의', 토지 분배, 부의 쏠림을 해결하는 정책 등을 통해 경제적으로 국민들이 평등해져야 한다는 '민생주의', 국가의 구성원들에게 자유와 평등 등의 권리를 주어 국가를 만들어야 한다는 '민권주의'로 이루어진 이념이다.

쑨원은 삼민주의를 바탕으로 수많은 혁명을 일으켰다. 그럼에도 그의 혁명은 성공한 적이 없다. 쓰촨 폭동이나 신해혁명 같은 그가 일으킨 수많은 혁명이 모두 실패했다. 성공하지 못한 혁명가가 국부로 사람들에게 추앙받는 이유는 그가 일으켰던 혁명이 삼민주의 이념에 뒷받침이 되어 중국과 대만이 전제 왕권 국가에서 다음 단계의 국가로 바뀌는 데 일조했기 때문이었다. 그리고 그 덕분에 결국 청나라는 역사의 뒤안길로 사라지고 중국과 대만이 세워질 수 있었던 것이다.

쑨원이 사망하고 나서 그의 국민당은 좌와 우로 분리되었다. 국민당 내부에서도 어떻게 중국을 좋은 국가로 만들지에 대한 생각의 차이가 존재했던 것이다. 좌는 공산당이, 우는 국민당이 맡았다. 중국은 두 개로 나뉘었지만 장제스와 마오쩌둥 둘 다 의해 쑨원의 삼민주의를 각 정당의 기본 철학과 이념으로 계승했다. 서로 다른 이념을 가진 두 집단의 뿌리가 같다니 흥미로운 사실이다.

028

제정 러시아를 파국으로 치닫게 한 요승

그리고리 라스푸틴
제정 러시아 말기의 수도자, 예언자

✦

"라스푸틴이 없었다면 레닌도 없었을 것이다."

– 미국의 언론인 로버트 마시

러시아의 그리고리 라스푸틴(1872~1916년)은 까만 장발에 구레나룻을 기르고 상대를 뚫어지게 쳐다보는 눈으로도 유명하다. 그는 무소불위의 권력을 바탕으로 황실의 주요 인물들과 귀족들의 목숨을 쥐고 흔들었고 국가의 주요 정책을 결정했으며, 결국 제정 러시아를 파국으로 이끌었다.

라스푸틴은 시베리아의 소박한 농부 집안에서 태어났다. 원래 이름은 그리고리 예피모비치 노비흐였으나, 학창 시절의 방탕한 삶 때문에 '방탕한 사람'이라는 뜻의 라스푸틴이라는 이름을 갖게 되었다.

사실 그가 제정 러시아를 휘어잡기 전까지 그는 평범한 가장이었다. 18세에 결혼한 후 10년이 지난 28세부터 떠돌이 생활을 시작했다. 떠돌이 생활을 하면서 '편신교'라는 종교에 귀의해 깨달음을 얻고 이후 수많은 도시들을 떠돌며 농민들에게 자신의 교리를 설파했다.

그는 농민들에게 자신의 이미지를 기이하게 포장해 인기를 얻을 수 있었다. 괴상한 옷차림을 했던 그는 다른 성직자들과는 다르게 당당한 말투와 기이한 이론들을 내세웠고 정숙함을 중요하게 여기던 당시의 여인들에게 열정적으로 대하면서 인기를 끌었다.

이후 그는 제정 러시아의 수도인 상트페테르부르크에 나타났다. 그는 유명 인사였고 라스푸틴이라는 이름은 수도에서 빠르게 퍼져나갔다. 그의 이름은 심지어 황제 니콜라이 2세와 그의 황후 알렉산드라의 귀에 들어갔다. 라스푸틴은 처음에 황제 가족의 사냥개를 치료했고, 그 다음에는 황태자 알렉시스의 혈우병을 치료하는 척 사기를 쳐 신임을 얻었다. 실제로 라스푸틴이 한 것이라고는 지혈 정도였다.

황제와 황후의 신임을 얻게 된 라스푸틴은 승승장구하게 된다. 그는 모든 것을 좌지우지할 수 있는 위치에 올라섰다. 1915년 니콜라이 2세가 제1차 세계대전에 참전하면서부터는 제정 러시아는 완전히 라스푸틴의 세상이 되었다. 알렉산드라의 마음을 빼앗은 그는 배후에서 전권을 휘둘렀다. 자기 마음대로 수상과 내무장관을 임명했다 파면했고 사리사욕을 위해 민중들에게 90% 이상의 세율을 매겼는데, 이런 그의 정책들 때문에 민중과 귀족 할 것 없이 그에게 등을 돌렸다.

라스푸틴이 황후의 절대적인 신임을 받았던 결정적인 요인은 바로 '그것'의 사이즈였을 것이라고 추측되고 있다. 평소에 30cm, 밤에는 50cm의 크기였다고 하는데 이 정도면 '호랑이는 가죽을 남기고 라스푸틴은 대물을 남겼다'고 이야기해도 무방할 정도. 많은 영화와 소설, 드라마에서 라스푸틴은 뛰어난 성 관련 기술을 갖고 있었고 황후와 귀족 여인들과 염문을 뿌리며 나라를 망친 사람으로 묘사되는 것은 이런 이유에서다. 현재 그의 '그것'은 러시아 박물관에 보존되어 있다.

라스푸틴이 큰 권력을 쥐게 되면서 그에 대해 반감을 가지는 사람들도 많아졌다. 결국 그는 1916년 반대 세력에 의해 암살당하게 된다. 신비로운 이미지에 걸맞게 그의 죽음에 대해서도 여러 설이 있다. 많은 사람들은 이것이 요승 라스푸틴을 포장하기 위한 소문일 것으로 추측하고 있다.

그는 죽으면서 '자신이 죽으면 러시아 황실도 곧 역사에서 사라질 것이다'라는 예언을 남겼는데 그의 예언대로 1918년 10월 혁명에서 황제 일가가 인민에 의해 참살당하며 300년 로마노프 왕조는 막을 내렸다. 그리고 제정 러시아도 역사의 뒤안길로 사라져 버렸다. 그가 집권했던 짧은 기간 동안의 폭정 때문에 부패한 제정 러시아에 대한 민심이 떠나버렸고 새로운 소련이 들어서게 된 것이다.

029

'견제와 균형, 힘'을 내세우다

오토 폰 비스마르크
프러시아의 외교관, 정치가

✤

"예리한 총알이 조리 있는 연설보다 낫다."

'철의 재상' 오토 폰 비스마르크(1815~1898년)는 1862년부터 1890년까지 프러시아의 재상이었다. 그는 이 기간 동안 의회의 반대를 무릅쓰고 강력한 군사력과 군비 증강을 주장하며 소위 '철혈 정책'을 펼쳤다. 그는 38개의 소국으로 갈라져 있던 독일을 하나로 통일하면서 오늘날 부국으로 인정받는 독일의 근간을 마련했다. 아이러니하게도 그가 군대를 늘렸음에도 유럽에서는 큰 전쟁이 일어나지 않았다. 도대체 어떻게 된 일일까?

그가 철의 재상이라는 별명을 가질 수 있었던 것은 뛰어난 외교적 능력 때문이었다. 그는 국제정치의 현실을 냉정하게 바라보았고 프러시아가 어떤 위치에 있어야 하는지를 정확히 알고 있었다. 통일 과정에서 전쟁을 하긴 했지만 프러시아가 힘을 쥐고 나서부터는 전쟁을 하지 않고 '힘의 균형' 상태가 이루어지도록 손을 썼다. 철저하게 프러시아의 국익을 우선순위에 두었으며 '영원한 적도 친구도 없다'는 국제정치의 현실을 정확히 이해하고 있었다. 얼핏 보면 각국이 첨예하게 대립하고 있는 것처럼 보였지만 사람들이 우려했던 전쟁은 일어나지 않았다.

이러한 그의 외교 정책은 '레알폴리틱Realpolitik', 즉 현실 권력정치라고 일컬어진다. 한마디로 힘의 정치였던 것이다. 현실적으로 국력이 강한 국가가 국제정치에서도 목소리를 낼 수 있으며, 권력이나 군사력 같은 물질적인 요소가 매우 중요하다고 여기는 정치 방식이다.

비스마르크는 이러한 힘의 정치를 통해 최초의 독일 통일을 이뤄냈고 프러시아를 유럽의 강국으로 만들어 국가의 위상을 높였다. 뿐만 아니라 견제와 균형의 정치를 통해 유럽에서 전쟁이 발발하지 않도록 했다. 역사가들은 그를 독일과 유럽의 평화를 만들어낸 탁월한 정치가로 평가한다.

그는 어떻게 외교를 한 걸까. 비스마르크는 자신의 의견을 관철시키는 데에 천부적인 재능이 있었던 듯하다. 그는 재상으로 일하면서 덴마크, 오스트리아, 프랑스와 세 차례 전쟁을 했는데 1866년 오스트리아와의 전쟁에서 승리한 후 당시 프러시아의 황제였던 빌헬름 1세를 협박했다. 본인이 계획한 것 이상의 영토를 빌헬름 1세가 욕심을 부려 차지하려 든다면 자살할 것이라고 말이다. 이는 외교적으로 불필요한 분쟁을 일으키지 않기 위해 비스마르크가 내놓은 계책이었다. 결국 왕은 그의 말을 들을 수밖에 없었다.

프러시아와 프랑스 간에 일어난 보불 전쟁에서 프랑스는 알자스-로렌 지방을 비스마르크에게 빼앗겼다. 독일과 프랑스는 과거부터 수많은 전쟁을 치룬 앙숙 중에 앙숙이었는데 두 나라가 눈에 불을 켜고 항상 가지고 싶어 했던 지역이 바로 알자스-로렌이었다. 이 지방을 놓고 두 국가는 역사적으로 뺏고 빼앗기는 걸 반복했는데 비스마르크 당시에는 프랑스가 프러시아에게 이를 내줄 수밖에 없었다. 이 때문에 프랑스에서는 새로운 민족주의가 등장했으며, 결국 이는 이후 제1차 세계대전의 원인 중 하나가 되었다.

보불 전쟁은 어떻게 일어났을까? 많은 사람들이 독일 통일의 과정에서 두 국가가 경쟁한 것이 전쟁의 원인이라고 알고 있다. 사실 이 두 국가가 경쟁하게 된 것은 비스마르크 때문이었다. 그는 프러시아의 빌헬름 1세와 프랑스의 나폴레옹 3세가 서로에게 보내는 전보를 조작하는 방식으로 모욕감을 느끼도록 했다. 결국 이 전쟁은 비스마르크 혼자 일으킨 것이다. 이 정도면 정말로 자신의 의견을 현실로 바꾸는 데 천부적인 재능이 있는 것 아닌가?

·

그는 외교적으로 뛰어난 업적을 세운 것뿐만 아니라 프러시아를 부유하게 만들었다. 비록 제1차 세계대전에서 패배한 이후 독일은 쑥대밭이 되긴 했지만 그 전까지만 해도 프러시아는 유럽의 강국이었다. 그리고 이는 비스마르크가 활약한 결과였다. 그의 임기 동안 독일의 경제성장률은 급속도로 상승하기 시작했으며 연금제도를 개발하는 등 프러시아를 근대 최초의 복지 국가로 만들기도 했다.

그는 독일의 재상으로 22년간 일했는데, 이는 독일 역사를 통틀어 가장 긴 기간으로 근무한 재상이었다. 그가 재상으로 있었던 동안 유럽의 평화는 유지될 수 있었다. 재미있게도 그가 재상을 지냈을 때 그려지거나 촬영된 초상화와 사진에서 그는 항상 장군의 군복을 입고 있다. 하지만 사실 그는 이등병으로 군대에서의 삶을 마감했다.

그가 재상의 자리에서 물러나고 얼마 지나지 않아 독일은 제1차 세계대전이라는 큰 소용돌이에 휘말려 들게 되고 그로 인해 처절함을 맛보아야만 했다.

030

독일 철학자 헤겔이 말한 역사를 바꾼 인물

나폴레옹
프랑스 제1공화국의 군인, 제1제국의 황제

"인생이란 진정 하나의 소설이다."

1806년 10월 4일 프러시아군은 한 남자가 이끄는 군대에 처참하게 패배했다. 독일의 역사학자 헤겔은 전쟁에서 승리한 이 남자를 '세계정신'이라고 칭하며 이 전투가 역사를 바꾼 대사건이라고 언급하기도 했다. 이 전투는 예나 전투로 승리를 이끈 지휘관은 나폴레옹 보나파르트(1769~1821년)였다. 프랑스 제국의 황제로 우리에게 잘 알려진 나폴레옹은 야심이 강한 사내로 세계사에 등장하는 가장 매력적인 인물 중 한 명이다.

프랑스 육군 포병 장교였던 스무 살의 나폴레옹은 프랑스 대혁명과 왕정 체제의 몰락을 지켜보았다. 자유, 평등, 박애의 가치가 퍼지는 것을 원치 않는 유럽 국가들은 프랑스에 등을 돌리고 전쟁을 선포한다. 혼란스럽고 어지러운 상황에 프랑스 국민들은 평화를 가져다줄 새 인물을 원했고 전쟁영웅 나폴레옹을 떠받들기 시작했다.

나폴레옹은 이집트 원정 후 프랑스로 돌아와 쿠데타를 일으키고 강력한 권력의 제1통령 자리를 스스로에게 위임했다. 최고 권력을 쥐게 된 그는 차례대로 이탈리아와 오스트리아를 굴복시키며 프랑스를 유럽 제1의 대국으로 만들었다. 그리고 나폴레옹 법전 창설 등의 개혁을 통해 프랑스를 근대적인 국가로 탈바꿈시켰다. 사람들은 그와 그의 개혁에 두터운 신망을 보냈다.

1804년 2월 12일 마침내 그는 즉위식을 거행하고 프랑스 제국의 초대 황제가 된다. 프랑스 대혁명으로 루이 16세와 마리 앙투아네트가 처형된 지 10년 만의 일이었다. 프랑스 대혁명을 일으킨 주동자들은 프랑스가 다시 왕정으로 돌아갈 것이라고 생각이나 했을까?

그의 황제 즉위 후 오랜 앙숙인 영국과의 문제가 다시 불거졌다. 영국은 프로이센, 러시아, 오스트리아 등을 끌어들여 다시금 대불동맹을 창설한다. 나폴레옹의 프랑스는 유럽 연합군에 맞서 아우스터리츠 전투와 예나 전투에서 대승을 거두지만 러시아 원정에 두 차례 실패하면서 몰락의 길에 들어서게 된다. 여기에 대륙봉쇄령을 내렸던 프랑스의 결정에 많은 국가들이 반기를 들면서 나폴레옹은 대부분의 유럽 국가를 적으로 돌리게 된다. 결국 나폴레옹은 대불동맹에 무릎을 꿇고 엘바섬으로 귀향을 간다.

나폴레옹은 프랑스를 다시 일으키기 위해 엘바섬에서 탈출해 재기를 노렸지만 워털루 전투에서 패배하면서 그의 꿈은 백일천하로 끝났다. 그리고 유배를 당해 1821년 세인트헬레나섬에서 굴곡 많은 생을 마감한다. 나폴레옹이 실각한 이후 유럽의 연합국들은 1814년부터 빈 회의를 개최했다. 그리고 여기서 나온 베스트팔렌 조약은 근대 국민국가 설립의 기초가 되었다.

많은 사람들이 나폴레옹과 히틀러를 비교한다. 둘은 비슷한 삶을 살아왔기 때문이다. 패배자의 위치에서 한 나라를 대표하는 황제와 총통이 되었으며 강대국 중심의 세력 균형을 파괴해버린 인물들이다. 또한 둘 다 영국을 무너뜨리지 못했고 소수 민족을 학살했으며 러시아 원정에 실패한 이후 비참한 말로를 맞이했다. 그런데 한 명은 역사를 바꾼 영웅으로 평가받고 다른 한 명은 인류 역사에서 지워져야 할 악의 화신으로 평가받는다. 이렇게 다른 평가를 받는 이유는 무엇일까?

많은 사람들이 나폴레옹과 히틀러를 가르는 가장 큰 차이점은 '결과'라고 이야기한다. 나폴레옹은 각종 제도를 개선했고, 법전을 만들었으며, 그가 죽은 후에도 프랑스는 분열되지 않았다. 그러나 히틀러는 단지 독일인의 레벤스라움을 확보하기 위해 전쟁을 일으켰고, 전쟁에서 패배한 뒤 독일은 동독과 서독으로 갈라져 분단의 아픔을 겪어야 했다. 역사는 승자의 것이라고 하지만 비슷하게 반복된 역사에서 두 인물의 평가가 극과 극을 달리는 것은 참으로 아이러니하다.

031

역사상 최악의 독재자

아돌프 히틀러
독일 제3제국의 총통,
국가사회주의 독일 노동자당 나치스의 지도자

✤

"나는 지배자가 아니다. 지도자다!"

"국력은 방어에 있는 것이 아니라 침략에 있는 것이다."

히틀러(1889~1945년)는 그는 본인의 사상에 매우 충실하게 온 유럽을 '침략'해 지배했다. 아리아인의 생활공간, 즉 레벤스라움Lebensraum을 확보해 강국을 만들어야겠다고 믿었던 그는 요즘 말로 하면 '게임 체인저'였다. 제1차 세계대전에 패한 이후 바이마르 공화국 시기 경제적으로 대공황이 오고, 국제정치적으로도 다른 나라들에게 수모를 당했던 게르만인들의 눈에 그는 '강력한 독일'을 다시 만들어낼 인물로 비춰졌는지도 모르겠다. 제2차 세계대전의 장본인이자 최소 수백만 명의 유대인을 학살한 그는 '악의 화신'으로 불리며 오랜 기간 동안 영화와 드라마, 다큐멘터리의 단골 소재가 되어왔다. 하지만 여전히 그에 대해 잘 알려지지 않은 사실은 많다.

1 히틀러는 원래 오스트리아 사람이었다. 1932년에 독일인으로 귀화한 것이다. 그는 자신의 저서 『나의 투쟁』에서 당시 학교 선생님으로부터 큰 영향을 받아 독일 민족주의적 성향이 생기게 되었다고 언급한다. 사실 독일과 오스트리아 역사를 보면 오랜 기간 동안 궤를 같이 해왔기 때문에 사실 두 국가를 구분하는 것 자체가 별 커다란 의미가 없는지도 모른

다. 한중일은 역사적으로나 문화적으로나 뚜렷하게 구별되지만 이 두 나라는 그렇지 않다.

2 그는 평화의 상징이기도 했다. 제2차 세계대전이 일어나기 전까지는 말이다. 1939년에는 노벨평화상 후보로 지목되었으며 미국의 주간지 「타임」이 선정한 올해의 인물이 되기도 했다.

3 히틀러는 투표에서 이겨서 총통이 된 것이 아니다. 1932년 4월 파울 폰 힌덴부르크와 대통령 선거에서 경쟁했는데, 힌덴부르크가 대통령으로 당선되었다. 하지만 그해 6월에 열린 총선거에서 나치당이 독일 의회의 다수당이 되면서 입김이 강해졌다. 정치적인 혼란이 생기자 힌덴부르크는 결국 그를 독일 총리로 임명할 수밖에 없었다. 그리고 이후 그는 독일 총통이 되었다.

4 히틀러가 유럽을 휩쓸 수 있었던 요인은 바로 '블리츠크리그', 빠른 기동과 기습으로 전격전을 펼쳤기 때문이다. 제1차 세계대전 시기에는 참호전이 대세였고 당시 전쟁에 참가한 국가들은 서로 참호에 박혀 길고 지루한 대립을 했다. 하지만 제2차 세계대전 때부터 상황이 바뀌었다. 독일은 빠른 속도로 이동할 수 있는 탱크를 앞세워 프랑스군이 3주나 걸릴 것이라고 예측했던 거리를 단 3일 만에 주파했다. 당연히 방비도 제대로 못했던 프랑스군은 속수무책으로 당할 수밖에 없었다. 그렇게 빨리 도달할 수 있었던 것은 '페르비틴'이라는 약 때문이었다. 병사들은 잠도 안 자고 고양된 상태로 진격했다. 페르비틴의 성분은 메스암페타민, 우리가 필로폰이라고 부르는 오늘날 마약류로 규정된 약물이다.

4 홀로코스트, 즉 유대인 대학살은 인류 역사에서 씻을 수 없는 오점을 남긴 슬픈 사건이었다. 수많은 사람들이 단지 유대인이라는 이유만으로

독가스실에서 죽음을 맞이했다. 그런데 이 아비규환 속에서도 살아남은 유대인이 한 명 있는데 바로 히틀러가 제1차 세계대전에 참전했을 때 직속상관이었던 에른스트 헤스였다. 히틀러는 그를 매우 신뢰했고, 그가 인종 청소에 휘말리게 되자 그를 수용소에서 꺼내기 위해 노력했다.

5 히틀러와 나치당의 전체주의 압박이 더욱 거세지자 결국 많은 과학자들과 예술가들이 고향인 독일을 버리고 떠난다. 이는 국가적인 차원에서 국력의 유출이었는데 당시 유명 화가들과 영화인들, 수많은 과학자들이 독일을 떠나 다른 나라로 갔으며 미국에 간 과학자들 중에는 원자폭탄 개발을 주도한 물리학자도 있었다. 결과적으로 히틀러의 등장이 다른 국가에게는 기회가 되었다고 할 수 있다. 재능 있는 과학자와 예술가들이 자국에 제 발로 왔으니 말이다. 특히 미국의 경우 이 사건으로 인해 '소프트 파워'를 손에 넣을 수 있었다.

6 그가 '실패한 화가 지망생'이었으며 미술품에 대한 욕심이 매우 컸다는 것은 잘 알려져 있는 사실이다. 히틀러는 유럽 각지에서 미술품을 수집하도록 지시했는데 일부는 빼앗기도 했지만 대부분의 미술품을 대가를 주고 구매했다. 도대체 왜 그들은 빼앗지 않고 점령지의 미술품을 사들였던 걸까?

예전에는 침략군이 전쟁에서 이기면 점령지의 보물을 약탈하는 것이 당연했다. 하지만 1874년의 브뤼셀 선언과 1899년, 1907년에 각각 체결된 헤이그 협의에 의해 승전국도 필요한 미술품은 대가를 주고 구매해야 한다는 법이 정해졌다. 그래서 히틀러는 미술품을 사오라고 시켰던 것. 히틀러가 모은 수많은 미술품들을 다시 원상복구하기 위해 연합군에서는 '모뉴먼츠 맨'이라는 문화재를 지키는 부대를 운영하기도 했다. 이 부대의 활약상은 조지 클루니의 영화 「모뉴먼츠 맨」에서도 볼 수 있다.

7 처음에 독일 국민들은 그를 지지했지만 시간이 갈수록 잔혹해지는 그의 만행 때문에 등을 돌리기 시작했다. 그리고 그를 암살하고자 하는 사람들은 계속 생겨났다. 밝혀진 것만 해도 그가 암살에서 살아남은 것은 20번이 넘는다. 심지어 그가 수상이 되기 전에도 몇 번이나 암살 시도가 있었다. 이 수많은 암살시도 중 우리에게 잘 알려진 것이 몇 가지 있는데, 그중에서 독일 육군 장교 클라우스 폰 스타우펜버그가 시도한 발키리 작전은 톰 크루즈 주연의 영화 「작전명 발키리」로 만들어지기도 했다.

8 히틀러는 1945년 제2차 세계대전 종전 직전 자신의 정부였던 에바 브라운과 베를린의 지하 벙커에서 자살한 것으로 알려져 있다. 하지만 그가 워낙 역사적으로 논란이 많았던 인물이기 때문에 그의 사후에도 음모론은 끊임없이 등장했다. 그가 죽은 것이 아니라 아르헨티나로 도망가 나치당의 추종자들과 함께 살아남았다는 주장 혹은 그가 남자가 아니라 분장을 한 여자였다는 주장 등 히틀러에 대한 흥미로운 주장은 엄청나게 많다.

032

학습부진아였으나 명연설과 리더십으로 자유주의의 영웅이 되다

윈스턴 처칠
영국의 전 총리

✤

"결코 양보하지 말아야 한다. 결코 굴복하지 말아야 한다."

전시 내각의 총리로 영국인들을 고양시켜 제2차 세계대전을 승리로 이끌 수 있었던 인물, 바로 윈스턴 처칠(1874~1965년)이다. 보통 우리가 영웅이라고 칭하는 인물들은 우월한 신체조건을 가졌다. 그러나 어릴 적 처칠에게선 딱히 영웅적 지도자의 면모를 찾아볼 수 없었다. 학창 시절 그는 학습부진아였다. 그래도 작문과 역사는 잘했으나 수학과 라틴어에서 항상 낙제점을 받았다. 라틴어 시험을 볼 때는 텅 빈 백지를 내서 선생님을 아연실색하게 만들기도 했다.

처칠을 한심하게 여긴 그의 아버지는 그를 사관학교에 보내려고 했으나 처칠은 사관학교 입학시험에서 두 차례나 떨어졌다. 하마터면 영국 최고의 정치인은 학교도 졸업하지 못할 뻔했던 것이다. 결국 세 번째 입학시험을 통과해 사관학교에 입학할 수 있었다.

성인이 되어서도 처칠은 실패자로 낙인찍혔다. 그는 수많은 작전과 업무에서 실패를 맛보았다. 제1차 세계대전 때 해군장관이었던 그는 수많은 영국 군인을 사지로 몰아넣었다. 제1차 세계대전이 끝나고 재무장관이 되었을 때는 영국에 대공황이라는 악몽을 선사하기도 했다.

그럼에도 불구하고 그가 오늘날 올바른 정치인의 표본으로 기억되는 것은 제2차 세계대전 당시 총리로 일하면서 남긴 업적 때문이 아닐까 한다. 덩케르크의 영국군 구출, 영국 본토에서 발생한 독일과의 항공전에서

포기하지 않고 맞서 싸운 것, 미국을 끌어들여 전쟁을 승리로 이끈 업적 등은 그를 자유주의 진영의 영웅으로 만들기에 충분했다.

처칠은 그의 직전에 총리를 맡았던 네빌 체임벌린과 종종 비교되곤 한다. 나치에 대한 두 사람의 생각은 판이하게 달랐다. 체임벌린은 히틀러가 오스트리아와 체코, 폴란드를 무력으로 침공했을 때도 평화는 가능하리라고 생각했다. 그는 매우 순진한 정치인이었으며 평화 협상을 통해 유럽을 다시금 안정시킬 수 있다고 보았다. 반면 처칠은 히틀러가 유럽을 위험에 빠뜨릴 인물이라는 것을 알았고 총리가 되기 이전부터 일찌감치 나치와의 전쟁을 주장했다. 그래서 그는 당시의 영국 지도자들과 국민들에게 '전쟁광'이라는 비난을 받기도 했다.

하지만 결국 체임벌린은 틀렸고 처칠이 올바른 판단을 했다는 것이 밝혀졌다. 만약 체임벌린이 계속 총리 자리에 있었다면 아마도 제2차 세계대전의 판도는 완전히 달라졌을 것이며 서유럽의 대부분은 지금까지도 독일이 지배하고 있었을지도 모른다. 국가의 이익을 위해서는 전쟁도 불사해야 한다는 처칠의 생각은 오늘날에도 많은 정치인들에게 교훈을 주고 있다.

여기까지는 우리가 많이 들어본 자유주의를 구한 영웅에 대한 이야기이다. 그런데 처칠에게도 알려지지 않은 숨어 있는 사실들이 있다. 재미있게도 처칠은 원래 정치인이 아닌 작가였다. 정치에 입문하기 전 이미 인세와 강연으로 많은 돈을 벌었다. 처칠은 평생 동안 여유로운 생활을 영위했는데 그것은 그가 원래 금수저라서가 아니라 인세로 많은 돈을 벌었기 때문이다. 그는 귀족 출신이긴 했지만 할아버지나 아버지로부터 물려받은 유산은 거의 없었다. 그 스스로도 '평생 먹고살 돈을 혀와 펜으로 벌었다'고 할 정도로 자수성가형 인물이었다.

작문에 뛰어난 소질이 있었기 때문에 연설을 잘하는 것은 어쩌면 당연한 결과가 아니었을까 싶다. 처칠의 연설은 듣는 사람의 심금을 울리는 재주가 있었다. 그의 '포기하지 말라'는 연설은 폭격의 폐허에서 영국인들이 버틸 수 있는 원동력이 되었다. 처칠의 강력한 리더십은 말과 글로부터 나왔다. 그는 뛰어난 언변으로 영국 국민과 병사들을 감화시켰고 의지를 북돋았다. 오늘날 명연설로 꼽히는 것들 중에는 윈스턴 처칠의 연설도 꽤 많이 포함되어 있다.

그가 연설하는 장면을 보면 시가를 물고 있는 것을 쉽게 볼 수 있다. 그는 하루에 시가를 8~10개 정도 태울 만큼 담배를 매우 사랑했다. 또한 보어전쟁 참전 당시 60병의 술을 가져갔으며 평소에도 아침에 스카치 위스키, 점심과 저녁에 샴페인과 와인을 반주로 마실 정도였다고. 한마디로 골초에 주당이었던 것. 그럼에도 그는 90세까지 살았다. 비록 호수에 빠지고 차에 치이는 등 죽을 고비를 여러 번 넘기고 뇌졸중과 우울증을 앓았지만 말이다.

033

소련 붕괴, 그 중심에 섰던 인물

미하일 고르바초프
소련의 정치가, 공산당 서기장

✤

"냉전뿐 아니라 우리가 그려온 이 진로를 계속 가야 한다.
우리는 전쟁을 완전히 막아야 한다."

― 2018년 미국과 러시아의 관계 악화에 대한 인터뷰 중

1991년 12월 26일 소련이 붕괴되었다. 142-H라는 한 장의 성명서와 함께 냉전시대 공산주의의 거대한 축을 담당했던 소련이 사라져 버렸다. 그야말로 역사적인 사건이었다.

소련이 공식적으로 사라지기 전날 밤, 한 남자는 자신이 가진 모든 권력을 보리스 옐친에게 승계하고 역사의 뒤안길로 쓸쓸히 걸어갔다. 바로 고르바초프(1931년~)다.

선언이 발표되기 전부터 소련은 붕괴되고 있었다. 1990년부터 소련에 속한 국가들의 이름에서 '사회주의'라는 글자가 사라지고 있었으며 1991년 8월부터 10월 사이에 소련을 포함한 연방의 공화국들이 소비에트 연합에서 탈퇴했다. 소련의 해체에 불을 붙인 것은 바로 고르바초프의 정책이었다.

고르바초프는 공산당 서기장이 되어 권력을 잡은 후 '페레스트로이카'와 '글라스노스트'를 시작한다. 러시아어로 각각 '재건, 재편'과 '개방, 공개'를 의미하는데, 이 정책은 소련 붕괴의 결정적인 계기가 되었다.

'페레스트로이카'는 한마디로 공산주의, 사회주의였던 소련의 체질을 머리부터 발끝까지 완전히 바꾸는 개혁 정책이었다. 고르바초프는 페레

스트로이카를 통해 헌법, 행정, 경제와 각종 정치제도 등 다방면에서 개혁을 이뤄냈고 군축을 실시해 냉전의 긴장 완화, 즉 '데탕트'를 펼치기도 했다. 한마디로 내부 개혁을 통해 인민에게 자유를 줄 기반을, 외부 개혁을 통해 세계의 평화를 가져온 것이다.

'글라스노스트'는 정책과 국가에 대한 자유로운 비판, 금서 출판 허용, 연극과 영화 검열 완화, 서구 문화에 대한 개방 등이 주요 내용이다. 수동적이고 억압당했던 소련 인민들이 표현의 자유를 얻도록 한 정책이다. 고르바초프의 페레스트로이카와 글라스노스트를 통해 소련은 완전히 바뀔 수 있었고 민주화를 달성할 수 있었다.

혹자는 고르바초프가 사회주의의 배신자이며 그의 정책이 소련을 망하게 만들었다고 주장한다. 하지만 소련은 고르바초프가 없어도 어차피 무너졌을 것이다. 이미 그전부터 소비에트 연방은 극복하기 어려운 몇 가지 모순에 직면해 있었다.

첫째, 소비에트 연방은 계획 경제로 인해 발생하는 노동생산성 저하와 이로 인한 만성적인 경제 위기가 심각해지고 있었다.

둘째, 체제에 대한 인민들의 실망과 불만이 빠르게 커지고 있었다. 당시 구 소련의 특권계급을 지칭하는 노멘클라투라는 공산주의 체제의 모순을 그대로 보여주었고 인민들은 체제를 지지하지 않게 되었다.

셋째, 민족주의에서 비롯된 갈등이 있었다. 공산주의 국가에서는 모두가 같은 '인민'이다. 소련에서는 문화적 관습이나 종교, 민족이라는 개념 등은 버려야 할 것들이었다. 하지만 당시 소련은 지금의 러시아 사람들과 비러시아인들 간의 갈등이 존재했고 이것이 점점 더 심해져 내부분열이 일어나고 있었던 상황이었다. 소련은 민족이라는 개념이 얼마나 힘을 가지는지 제대로 알지 못해 억압했다. 역사적으로 이를 허용하는 국가는 성장해왔고, 이를 불허하는 국가는 분열되었다. 결국 소련은 이를 허용하지 못해 애초에 붕괴될 것이었다. 고르바초프는 그 시기를 조금 앞당겼을 뿐이다.

034

'위대한 혁명가'에 대해 알려지지 않은 사실들

체 게바라
아르헨티나 출신의 혁명가
✤
"나는 해방가가 아니다."

쿠바 혁명Cuban Revolution은 남아메리카의 쿠바에서 피델 카스트로 등의 혁명가들이 무장투쟁을 벌여 정권을 잡은 사건으로, 이 혁명 이후 쿠바는 공산주의 국가가 되었다.

남미의 중심에 위치한 쿠바, 이곳에서 일어난 혁명은 나라의 운명을 바꿔놓았다. 400여 년간 스페인의 식민지였던 쿠바는 독립과 더불어 사실상 미국의 지배하에 놓이게 되었다. 미국과 밀접한 관련을 가지고 있던 풀헨시오 바티스타를 몰아낸 쿠바 혁명은 쿠바 국민들이 자신들의 자주성을 찾기 위한 몸부림이었다. 비록 그 결과가 좋지 않았지만 말이다.

아르헨티나 출신의 쿠바와 전혀 상관없는 한 남자도 당시 이 혁명에 참가했다. 그의 이름은 에르네스토 게바라 데 라 세르나. 후에 체 게바라(1928~1967년)로 불리기도 하는 인물이었다. 체 게바라는 흔히 낭만주의자, 현실을 바꾸는 이상주의자, 휴머니스트로 묘사된다. 그의 베레모와 카키색 군복은 인민을 생각하는 혁명가 그 자체였으며 천재적인 게릴라의 이미지를 고스란히 지니고 있었다. 그렇다면 그는 실제로도 그런 사람이었을까?

답은 '아니오'이다. 그가 게릴라전의 천재라는 이야기는 사실과 무관하다. 피델 카스트로와 체 게바라가 벌인 게릴라 전투는 여러 증언들을 미루어보면 사실 아이들 장난 수준의 형편 없는 전투였다. 단지 서방 언론에 의해 그의 존재가 부풀려지면서 '전설적인 영웅'이 탄생하게 된 것이다.

사실 체 게바라는 전술적으로 실패를 거듭했다. 지휘관으로서 역량이 부족했기 때문이었다. 1965년의 콩고 혁명과 1967년의 볼리비아 혁명에서도 성공적이지 못했다. 이 중 하나는 결국 그를 죽음까지 몰고 갔다. 볼리비아 혁명 당시 이루어졌던 게릴라 작전에서는 작전 지역에 대한 지식도 없었으며 어떻게 전투를 해야 효율적인지도 모르고 있었다. 그의 머릿속에서 나온 것들은 한마디로 어린애들 병정놀이 같은 유치한 수준의 작전이었다.

무엇보다도 체 게바라는 휴머니스트가 아니었다. 잔인한 사람이었다. 목표를 위해서라면 수단과 방법을 가리지 않고 사람들을 죽였다. 그는 정부군 포로들을 무자비하게 죽였으며 쿠바 혁명 이후 '적폐 청산'을 위해 엄청난 학살을 했다. 소위 말하는 '혁명 재판'과 카스트로 혁명정권의 비밀경찰을 통해 군인, 경찰, 지식인, 공무원 등을 무자비하게 처형했다.

또한 그는 '농민들에게 공포심을 심어주지 않으면 게릴라가 생존할 수 없다'는 괴상한 논리로 양민들까지 학살했다. 쿠바 혁명이 성공할 수 있었던 요인 중 하나가 농민과의 연대였는데도 말이다. 심지어 어린 소녀나 임산부 같은 저항할 힘도 없는 사람들을 죽였다는 이야기까지 있다.

그리고 민중의 고통에 공감해 혁명에 가담한 그는 혁명이 성공한 이후에는 부르주아와 다름없는 삶을 살았다. 애초에 출신 성분부터 부르주아였으니 다시 원래의 삶으로 돌아간 것일 수도 있다. 그는 요트 선착장과 커다란 수영장, 사우나와 마사지룸, 욕실이 7개나 있는 대저택에서 살았고 고급 시가를 즐겨 피웠다. 또한 그는 그 비싼 롤렉스 시계만을 고집했다. 호화로운 삶을 살았던 그와는 달리 쿠바의 국민들은 체 게바라 때문에 빈곤한 삶을 살았다. 그의 사치를 혁명을 일으킨 대가로 받은 선물이라고 해야 하는 것일까?

결론은 그가 갖고 있는 혁명적인 이미지는 허구이며 생각만큼 뛰어난 인물이 아닐지도 모른다는 점이다. 인민의 고통에서 깨달음을 얻어 혁명에 참가한 사람이라고 하기에 그는 너무나도 호화롭고 잔인한 삶을 살았다. 거기에 능력도 없어서 제대로 뭔가를 하지도 못했다. 우리가 그리는 휴머니스트의 이상향이 이 사람이라면 지구 역사의 끝은 매우 비관적일 것이다. 잘 포장된 가면 뒤에 숨은 허구성은 얼마나 허탈한 것인가.

쉬어가는 페이지

페리클레스

당시 도시국가였던 아테네는 10명의 국가전략 담당관, 즉 '스트라테고스'가 최고의 권력자였다. 전략을 의미하는 영단어 strategy도 바로 이 스트라테고스라는 단어에서부터 왔다. 이들은 민회에서 1년에 한 번씩 투표를 통해 선출되었는데, 페리클레스는 이 스트라테고스에 30년간이나 집권했다. 막강한 권력을 쥔 관직을 30년간 해왔다는 것은 그의 정치적인 능력이 얼마나 뛰어난 것인지를 잘 보여준다.

람세스 2세

영국의 대영박물관은 세계의 온갖 유물들이 전시되어 있는 역사의 보고다. 그런데 정작 이곳에 영국 문화재는 별로 없다. 대영제국 시기에 약탈한 전리품들이 대부분이다. 물론 이집트에서 약탈해온 것들도 잔뜩 있다. 람세스 2세의 얼굴이 궁금하다면 이곳에서 확인할 수 있다. 이집트가 아닌 영국에서 말이다.

한니발 바르카

명장 한니발은 눈병을 심하게 앓아서 한쪽 눈이 없었다. 그는 자신의 모습을 그림으로 그리고 싶어 화가를 불러 초상화를 그리게 했는데 완성된 그림에 한쪽 눈이 없는 자신의 모습을 보고 머리끝까지 화가 나 화가의 목을 베었다. 한니발은 또 다른 화가를 불렀다. 두 번째로 온 화가는 소문을 듣고 죽음이 두려워 두 눈이 멀쩡한 한니발을 그렸다. 그러자 이번에는 거짓 그림을 그렸다며 두 번째 화가도 죽였다. 한니발은 세 번째 화가를 불렀다. 세 번째 화가는 한니발을 비스듬하게 앉게 해 눈이 없는 쪽이 가려서 보이지 않게 했다. 그 초상화를 본 한니발은 잘 그렸다고 칭찬하며 상을 내렸다.

알렉산더 대왕

그는 유언으로, 자기가 관 속에 들어갔을 때 자신의 빈손을 꺼내놓게 했다. 이를 의아하게 생각한 신하는 그에게 그 이유를 물었는데, 천하를 차지했던 자신도 죽을 때는 빈손으로 간다는 것을 알리기 위해서였다고. 짧고 굵게 살다간 그에게 어찌 보면 저승에 가져갈 노잣돈 따위는 필요하지 않았던 것 같다.

칭기즈 칸

'징기스 칸'과 '칭기즈 칸' 중 올바른 표현은 무엇인가? 영어 표기에 따르면 'Genghis-Khan'이고, 발음은 [ʤiŋgis-kan]이다. 그래서 '징기스 칸'이 옳은 표현이다. 그러나 이 단어는 몽골어 'Chingiz-Khan'에서 온 것이고, 발음은 [ʧiŋgiz-kan]이다. 따라서 '칭기즈 칸'이 옳은 표기이다.

진시황

진시황은 천하를 통일한 것뿐만 아니라 문자도 통일했다. 전국시대에는 각 나라마다 글자의 형태가 달랐다. 은나라의 갑골문자에서 나왔지만 시간이 지나면서 조금씩 변화해간 것이다. 진시황은 진나라의 '소전'이란 글자 형태를 천하의 문자로 정하고 나머지 문자들을 폐지시켰다.

수 양제

수나라 양제가 고구려를 치러 올 때의 병력은 얼마나 되었을까? 전투 병력만 110만에 지원 병력까지 모두 합치면 200~400만 정도였다고 한다. 병사들의 행렬은 장장 480km에 달해 출발에만 40일이 걸렸다. 이 병력을 가지고 고구려 정벌에 실패했으니 '마이너스의 손'이라고 해야 하는 걸까?

세종대왕

Q. 세종대왕 시기 유명한 학자였고 영의정 자리까지 올랐다. 그는 이두문자, 중국어, 몽골어, 여진어, 일본어 등에 능통한 뛰어난 언어학자였다. 한반도 역사 최초로 일본과 관련된 책인『해동제국기』를 저술했다. 이 사람은 누구일까?

❶ 신숙주
❷ 강희안
❸ 박팽년
❹ 성삼문

A : ❶

신숙주는 그 평이 극과 극을 달리는 사람 중 한 명이다. 누군가는 그를 변절자라고 칭하고, 누군가는 세종대왕의 밑에서 한글을 보급하고 외교와 국방 분야에서 뚜렷한 업적을 남긴 위인이라 칭한다. 사후의 평가가 어찌되었든 간에, 신숙주의 능력은 매우 뛰어났음에 틀림없다. 참고로 우리가 즐겨먹는 숙주나물은 바로 신숙주의 이름으로부터 유래되었다고. 그는 단재 신채호와 예관 신규식의 조상이기도 하다.

쑨원

쑨원이 대만은 물론이고 중국에서도 국부인 이유는 무엇일까? 그의 업적이 위대한 것도 그 이유이지만 그가 당시에 공산당과 국민당 중 어느 하나를 확실하게 지지한다는 의견을 밝히지 않았기 때문이다. 그가 생각하던 새로운 중국을 세우기 위해서는 지지자들이 필요했다. 그래서 쑨원은 본인의 입장을 명확히 하지 않고 얼버무렸다. 쑨원이 자신들과 같은 입장이라고 믿은 두 세력은 쑨원을 각자 국부로 섬기기 시작했다.

그리고리 라스푸틴

망해가는 나라를 구하기 위해 귀족들은 라스푸틴을 암살하기로 결심했다. 한 귀족이 그를 독살하기 위해 집으로 초대해 청산가리가 잔뜩 든 음식과 술을 내주었다. 그것을 먹었지만 그는 죽지 않았다. 당황한 그 귀족은 라스푸틴을 지하실로 끌고 가 총을 쏜다. 하지만 라스푸틴은 몇 시간 뒤 지하실에서 올라와 귀족의 목을 졸랐다. 겁에 질린 그 귀족은 친구들과 함께 라스푸틴을 때려눕히고 등에 세 방의 총을 쏜다. 이번에도 그는 죽지 않았다. 귀족은 라스푸틴을 양탄자에 둘둘 말아 강에 던져 넣었다. 그제야 라스푸틴은 생을 마감했다.

오토 폰 비스마르크

비스마르크 전함이라는 배도 있다. 이 배는 제2차 세계대전 당시 나치 해군 최대의 전함으로 독일을 통일한 오토 폰 비스마르크를 기리기 위해 붙여졌다. 독일 함부르크에서 있었던 비스마르크의 진수식에는 히틀러가 와서 연설을 했다.

나폴레옹

나폴레옹은 키가 작다고 알려져 있다. 그의 키는 166cm 정도로 추측되는데 당시의 영양 상태 등을 고려했을 때 이 정도는 그리 작은 키가 아니다. 나폴레옹의 키가 작다는 이야기는 영국과 프랑스가 사용하는 단위가 다르기 때문에 발생한 오해다. 나폴레옹의 키가 적힌 프랑스 문헌을 영국에서 번역하면서 프랑스의 측정 단위를 고려하지 않고 영국에서 사용하는 단위로 그냥 옮겼기 때문이다.

아돌프 히틀러

그렇게 사람을 많이 죽였던 히틀러였지만 반려동물은 끔찍하게 사랑했다고. 그는 평생 동안 여러 마리의 개를 길렀고 자신의 이미지를 위해 이를 선전 선동의 도구로 활용하기도 했다. 1933년 11월, 세계 최초로 독일에서 동물보호법이 제정되었는데 이 법을 제정한 것은 히틀러와 나치당이었다. 이 법은 오늘날 전 세계의 동물보호법의 기초가 되었다.

윈스턴 처칠

미국의 대통령 프랭클린 루즈벨트와 처칠은 국제정치와 관련된 이슈에서 사사건건 충돌했다. 그래서 처칠은 그를 싫어했지만 대놓고 티내진 않았다. 미국은 확실히 좋은 동맹국이었기 때문이다. 대신 그가 죽었을 때 장례식에 조문을 가지 않는 것으로 본인의 마음을 표현했다.

미하일 고르바초프

90년대 붕괴 이후에도 소련의 혼란은 계속 되었다. 러시아 보수 진영에서는 소련의 붕괴와 혼란을 바티칸과 CIA의 공작 탓으로 돌렸다. 재미있는 음모론이 아닐 수 없다. 그들의 주장에 따르면 고르바초프도 CIA 스파이였다.

체 게바라

Q. 체 게바라가 찼던 롤렉스 시계 모델은 무엇일까?

❶ 데이저스트

❷ 서브마리너

❸ 에어킹

❹ 데이토나

A : ❷

많은 사람들이 롤렉스 하면 데이저스트를 떠올린다. 하지만 체 게바라가 찼던 모델은 서브마리너였다. 현재에도 엄청난 인기를 구가하고 있는 이 다이버 시계는 말 그대로 자본주의의 상징인데 혁명을 부르짖던 인간이 이런 시계를 찼다는 것 자체가 좀 아이러니하다. 아참, 혁명의 전선에 같이 섰던 피델 카스트로는 1963년 모스크바 방문 때 GMT와 서브마리너 두 개를 동시에 찼다.

3장

사회

035

인류 역사상 최초의 노예 반란을 일으킨 사나이

스파르타쿠스
로마제국의 노예 검투사

✤

"나는 왕이 아닙니다.
나는 자유인이에요."

영화「글래디에이터」를 보면서 이런 생각을 해본 적이 있다. 만약 노예제가 여전히 합법이라면, 그리고 내가 막시무스 장군처럼 검투사가 된다면 나는 무엇을 할 수 있을 것인가? 우리는 자유민주주의 사회에서 자유로운 개인으로 살아가고 있다. 원하는 곳으로 이동할 수 있으며, 원하는 직업을 가질 수 있고, 자신의 사상을 자유롭게 표현할 수 있다. 인류가 시작된 이래로 이런 경우는 흔치 않았다. 자유의지대로 살아가지 못한다면 역사적으로 많은 사람들이 그랬던 것처럼 나는 저항할 수 있을까?

역사 속에서 수많은 인물들이 모순에 항거하다 죽어갔다. 그중 스파르타쿠스(미상~BC 71년)는 역사에서 기록된 인물 중 가장 오래된 반란가가 아닐까 한다. 그는 검투사 출신이었고 자신이 가장 잘 사용할 수 있는 무기인 칼을 들고 저항했다. 혹자는 그의 인생이 미화되어서 현실과 많이 달랐을 것이라고 하지만 적어도 그가 불합리한 사회 구조에 항거한 역사상 최초의 인물이라는 것은 틀림없는 사실이다.

번영했던 로마제국의 이면에는 타락이 있었다. 황제들은 시민들의 지지를 얻기 위해 빵을 나눠주고 시민들이 좋아할 만한 검투사 대결과 같은 오락을 매번 선보였다. 노예들은 노동력을 제공해 로마제국의 경제적 기반을 만들었고, 검투사가 되어 시민들의 즐거움을 채웠다.

스파르타쿠스는 이런 상황에서 노예의 신분으로 무장 반란을 일으켰다. 그에게 동조해 수많은 노예들은 반란에 가담했고, 역사가들은 이후 이를 '스파르타쿠스 노예전쟁'이라고 부르기까지 했다. 스파르타쿠스의 깃발 아래 모인 노예들은 강력했다. 당시 세계에서 가장 잘나가던 로마군을 쳐부수고 전투에서 연전연승했다. 노예군의 규모는 12만 명 정도였으며 이를 우습게 보았던 로마군은 속수무책으로 당할 수밖에 없었다.

스파르타쿠스에 대한 기록은 많이 남아 있지 않다. 역사는 철저하게 승자의 것이었으며 전쟁에서 결국 이긴 로마인들의 입맛대로 역사는 쓰였을 것이다. 그럼에도 불구하고 존재하는 기록에서 우리는 스파르타쿠스의 목표가 확실했다는 것을 알 수 있다. 그는 로마 정부군과의 어떠한 타협도 하지 않았다. 로마제국을 무너뜨리고 차별 없이 모든 인간이 평등한 사회를 만드는 것이 그가 반란을 일으킨 목표였다. 그것을 위해 수많은 사람이 희생당했지만 개의치 않았다. 당시의 로마는 부패할 대로 부패했고 거기에 신물이 난 많은 농민들과 노예들은 스파르타쿠스에게 모여들었다. 그래서 그가 수만 명이나 되는 거대한 규모의 군대를 얻을 수 있었던 것이다.

시대마다 무언가를 판단하는 기준은 다르다. 로마제국 당시 사람들의 생각에는 노예가 당연한 것이었다. 그리고 그 이후로도 꽤 오랫동안 노예가 같은 인간이 아닌 물건 취급을 받는다.

만약 스파르타쿠스의 반란이 성공했다면, 노예제도가 로마제국 시기에 이미 사라져버렸다면 역사는 과연 어떻게 되었을까? 인간의 자유의지대로 살 수 있는 정치체제가 조금 더 빨리 도달했다면 우리는 더 진일보한 삶을 살 수 있었을까? 로마제국도 그렇게 되었다면 '팍스 로마나'를 더 오래 유지할 수 있었을까?

하지만 '만약'은 가정일 뿐이고 현실은 달랐다. 내부로부터 시작된 문제는 만약이라는 가정이 실현되지 못하도록 만들었다. 스파르타쿠스의 노예군은 어느 순간인가부터 분열되기 시작했다. 스파르타쿠스의 목표가 너무 확고했던 탓인지 그의 의견에 동조하지 않는 사람도 늘어나기 시작했다. 거기에 노예군을 토벌해야만 하는 로마군은 배수의 진을 치고 전투에서 승리하고자 했다.

결국 스파르타쿠스의 군대는 궤멸되게 된다. 그의 시체를 찾을 수도 없을 만큼 많은 병사들이 죽었고 살아남은 6000명은 십자가에 매달려 끔찍하게 처형되었다. 한 남자가 꿈꿨던 이상은 피 냄새가 진동하는 전장에서 결국 허무하게 사라져버렸다.

036

신분은 날 때부터 정해진 것이 아님을 역설하다

진승
중국 전국시대의 반란 주모자

✤

"왕후장상의 씨가
어찌 따로 있겠는가?"

왕후장상 영유종호王侯將相 寧有種乎는 '왕이나 제후, 대장이나 재상이 어찌 씨가 따로 있겠느냐'는 뜻으로 한 번쯤 들어봤을 것이다. 실력만 있다면 누구나 자신의 운명을 개척해나갈 수 있다는 의미다.

이 말을 한 것은 중국 진나라의 진승(미상~BC 209년)이라는 인물이었다. 그는 중국 최초의 농민 반란인 진승·오광의 난을 일으켜 스스로 왕이 되었지만 결국 진나라의 토벌군에 공격받아 생을 마감했다.

진시황이 사망한 후 진시황의 폭정에 쌓인 분노가 터져 각지에 봉기가 일어났다. 이 반란의 신호탄이 되었던 것이 바로 진승이었다. 진시황의 아들 영호해가 황제가 된 해에 농민이었던 진승은 오광이라는 학자와 함께 징발되어 지금의 티베트 지역으로 끌려가게 된다. 하지만 장마철이었던 탓에 홍수로 정해진 날짜까지 가야 하는 곳에 갈 수 없게 되어버렸다. 당시 법은 도착 날짜를 어기면 사형에 처해지게 되어 있었다.

이러나저러나 죽은 목숨이라는 것을 알게 된 진승은 오광과 상의해 반란을 일으키기로 하고 인솔자인 두 장교를 살해한다. 그리고 동행했던 900명의 장정들에게 말한다.

"왕후장상의 씨는 따로 있는 것이 아니다. 이래 죽으나 저래 죽으나 같으니 대의를 위해 목숨을 바치는 것이 더 낫지 않겠는가?"

그 자리에 모인 사람들은 이에 동의해 반란을 일으킨다. 이것이 진승·오광의 난이 일어난 배경이다.

진승의 반란은 크게 성공했다. 세를 불려가면서 병력의 규모를 점점 키웠다. 그리고 그는 그 스스로 왕이 되어 나라의 이름을 '장초'로 정했다. 그의 말대로 씨가 따로 없으니 왕이 되어 부귀를 얻게 된 것이다. 진승이 반란에 성공해 왕이 되었다는 소문이 퍼지자 각지의 사람들이 관리를 죽이고 군사를 일으켰다.

진승은 어지러운 세상에서 살았다. 그리고 그는 자유인이 되고 싶어 했다. 진나라의 수많은 백성들도 마찬가지였다. 그들은 이미 진시황의 폭정에 심하게 지쳐 있었다. 작은 자유라도 누리고 싶어 했던 당시 사람들의 시대정신이 진승에게 투영된 것이다. '왕후장상 영유종호'를 외친 그의 봉기는 머지않아 제압되었지만 그것은 시작일 뿐이었다. 자유를 찾을 수 있다는 희망이 백성들 사이에 퍼지기 시작했고 너도 나도 반란을 일으키기 시작했다.

그가 심은 씨앗은 싹을 틔워 결국 꽃까지 피울 수 있었다. 많은 백성들이 자신도 노력만 한다면 왕이 될 수 있다는 사실에 흥미를 느꼈던 것일까? 철저한 계급 사회였던 당시에 이런 꿈을 꿀 수 있는 사람이 나왔다는 것 자체가 놀라울 따름이다.

037

프랑스 혁명은 왜 시작되었을까?

루이 16세 · 마리 앙투아네트
프랑스 왕국의 왕과 왕비

✦

"실례했습니다. 일부러 그런 것이 아니었어요."

– 단두대에 오를 때 처형 집행인의 발을 밟으며 마리 앙투아네트

지금까지 일어난 혁명 대부분은 지배계급의 부패와 국민들의 빈곤, 불평등 때문에 발생했다. 1789년 발생한 프랑스 대혁명도 그랬다. 프랑스 대혁명이 촉발된 이유 중 하나는 당시 프랑스 왕과 왕비였던 루이 16세(1754~1793년)와 마리 앙투아네트(1755~1793년) 때문이었다.

루이 16세는 고급 교육을 받으며 '온실 속의 화초'처럼 자랐다. 그는 정치에는 별 관심이 없었고 우유부단했으며 소심한 인물이었다. 한마디로 한 나라를 다스릴 인물로는 적합하지 않았다.

마리 앙투아네트는 오스트리아의 공주였다. 프랑스와 오스트리아는 오랜 기간 동안 적대 관계였다. 프러시아의 위협을 막기 위해 두 국가가 동맹을 맺었고 이 때문에 루이 16세와 합스부르크의 공주 마리 앙투아네트는 정략결혼을 하게 된다.

루이 16세가 왕위에 오른 뒤 내놓은 조세 제도는 평민들에게 큰 부담을 주게 되면서 불만이 극에 달한 수많은 사람들이 분노했고, 프랑스라는 나라는 언제 터질지 모르는 화약고와 같은 상황이었다.

여기에 왕비 마리 앙투아네트의 사치도 한몫했다. 고향 오스트리아를 떠난 슬픔을 잊기 위해 호화로운 무도회를 열고 장신구와 보석을 사는 데 많은 비용을 들였으며 베르사유 궁전의 파티장을 보수하느라 막대한

국고를 쏟아붓기도 했다. 어느 순간인가부터 그녀의 이런 행동들은 국민들의 고통과 대비되는 귀족들의 사치와 낭비로 인식되기 시작했다(하지만 일각에서는 왕비의 처형을 정당화하기 위해 부풀려진 사실이라는 주장도 있다).

결국 평민들의 불만은 폭발한다. 그들이 습격한 바스티유 감옥은 각종 무기와 화약이 보관되어 있는 곳이자 정치범들이 수용되어 고문당하는 억압의 상징이었다. 프랑스 시민들이 기득권을 상징하는 이곳을 타깃으로 정한 것은 당연한 결과였다.

그 사건은 시작에 불과했다. 프랑스는 무정부 상태의 혼란이 계속되었다. 자유, 평등, 박애의 기치를 내건 군중들은 자신들을 착취했던 귀족들을 처벌하기 시작했다. 귀족들과 왕족들은 '기요틴'이라는 단두대에서 죽음을 맞이했다.

루이 16세와 마리 앙투아네트도 단두대에서 죽음을 맞이했다. 그들은 단두대에 오르면서 자신에게는 죄가 없다는 독백을 남겼다. 과연 그는 죄가 없었을까? 그는 정치적으로 무능한 왕이었다. 어쩌면 그의 죄는 이미 그가 왕위에 올랐을 때부터 정해진 것인지도 모르겠다.

038

곤경에 굴하지 않고 학문적 업적을 달성한 언더독

정약용
조선 후기의 문신, 실학자

✤

"세상에 지식을 전하려고 책을 펴내는 일은 단 한 명이라도
그 책의 값어치를 알아주는 사람이 있으면 해서다."

유배는 조선 시대 당시 죄인을 귀양 보내던 형벌로 죄의 가볍고 무거움
에 따라 얼마나 멀리 보낼지를 결정했다. 큰 죄를 지을수록 먼 곳으로 유
배를 갔다.

정약용(1762~1836년)은 실학을 집대성한 조선 후기의 학자다. 『흠흠신
서』와 『여유당전서』 등을 저술했고 거중기나 녹로 같은 실용적인 도구들
을 발명했던 그는 평생 동안 세 번의 유배를 갔다. 한때는 조정의 관료로
입신양명했지만 거짓된 모함으로 인해 벌을 받아야만 했던 정약용의 심
정은 얼마나 비참했을까?

그렇다면 그가 유배를 가야만 했던 이유는 무엇이었을까? 바로 천주교
를 믿는다는 이유였다. 정약용을 가장 아끼던 것은 정조였다. 그는 꽤나
진보적인 방식으로 인재를 등용했는데 정약용도 그중 한 명이었고 정조
의 사랑을 독차지했다. 이런 상황에서 정조의 눈 밖에 난 사람들은 호시
탐탐 그를 끌어내리려 기회를 엿봤을 것이다.

정약용은 천주교를 믿지 않았지만(초반에는 천주교에 깊이 관여했으나 제
사를 지내지 않는다는 것 때문에 배교함) 권력에서 멀어진 남인이라는 이유로
천주교도라는 누명을 쓰고 혹독한 탄압을 받아야만 했다. 1801년에 벌어
진 이 사건을 '신유사화辛酉士禍'라고 칭한다. 한순간에 그는 나락으로 떨

어진 것이다.

심지어 유배를 갔을 때도 사람들은 그가 천주교도라는 이유로 말도 걸려 하지 않았다. 당시 조정에서는 외국에서 들어온 종교에 대해 매우 보수적인 입장을 취하고 있었고 그에 맞게 사람들도 천주교라는 종교에 호의적이지 않았다.

하지만 그는 위기를 기회로 삼았다. 어차피 시간이나 남는 거 공부나 열심히 하자는 생각이었던 것이다. 40세부터 57세까지 18년간 경상도 장기에서, 그리고 전라도 강진에서 유배 생활을 하는 동안 정약용은 500권의 책을 저술했다. 그가 평범한 선비가 아닌 역사에 길이 남을 대학자가 될 수 있었던 것은 온전히 저술에 집중할 수 있는 시간이 주어져서였다.『목민심서』,『경세유표』의 책들도 대부분 이 당시에 썼다. 그리고 이후 강진에서 돌아와 그가 실학을 집대성하는 데에도 유배지에서의 경험이 큰 역할을 했다.

하늘이 무너져도 솟아날 구멍은 있다. 정약용도 아마 수백 번 수천 번 이 말을 가슴속에 새겼을 것이다. 인생을 바꾸는 커다란 사건에 휘말려도 의지를 갖고 헤쳐나가는 것은 결국 자기 자신이다.

'루저'와 '언더독'라는 말의 차이를 아는가? 루저는 상황을 해결하고자 하는 의지가 없는 패배자지만, 언더독은 불리한 상황에서도 포기하지 않고 호시탐탐 기회를 엿보며 내실을 다지고 상황을 반전시키는 준비된 승리자다. 그래서 다산 정약용은 언더독이다.

039

흑인 인권 해방의 중심에 선 두 남자, 그 방법은 달랐다

맬컴 엑스·마틴 루터 킹
미국의 흑인 인권 운동가

"진리는 박해 받는 사람의 곁에 머문다."

– 맬컴 엑스

미국의 흑인에 대한 인종차별의 역사는 매우 오래되었다. 17세기부터 노예무역을 통해 미국으로 유입된 흑인들은 각종 차별을 받아왔다. 영화 「노예 12년」이나 「겟 아웃」에서 볼 수 있는 흑인에 대한 미국 주류 계층의 태도가 어떤 것인지를 안다면 미국 흑인의 서러움을 조금이나마 이해할 수 있지 않을까 생각해본다. 조지 플로이드의 죽음으로 촉발된 '블랙 라이브스 매터' 운동이 일어난 것도 뿌리 깊은 인종차별 때문이다.

인종차별에 반기를 들고 흑인들을 해방시키기 위해 등장한 두 명의 인물이 있다. 바로 맬컴 엑스(1925~1965년)와 마틴 루터 킹(1929~1968년)이다. 둘 다 흑인을 위해 싸웠고 암상당했다는 공통점이 있지만, 그 둘이 하나의 문제를 놓고 대처하는 방식은 전혀 달랐다. 서로 다른 환경에서 자랐고 또 이념과 종교도 다르기 때문이 아닐까 한다.

그렇다면 마틴 루터 킹과 맬컴 엑스는 어떤 방식으로 사회운동을 해왔을까? 마틴 루터 킹은 흑인과 백인 모두가 같은 미국인으로서 동등하게 살아가는 '인종 통합'을 자신의 지향점으로 삼았다. 이런 인종 통합 운동에 있어 폭력은 필요치 않은 것이었다. 그래서 그는 비폭력 평화 운동을 지향했다.

그러나 맬컴 엑스는 다른 인종들이 통합되어 사는 삶은 살 수 없다고

생각했다. 아마도 그가 겪은 경험들 때문에 백인들과 흑인들은 물과 기름처럼 섞일 수 없다고 주장했던 것이 아닐까 한다. 그는 흑인들이 자부심과 정체성을 유지하면서 백인들과 떨어져 살 것을 주장했다. 이것이 바로 맬컴 엑스가 내세웠던 '인종 분리주의'인데, 이 주장의 기저에는 흑인이 우월한 종족이라는 사상이 깔려 있다. 또한 그는 흑인들이 스스로를 방어하기 위해 폭력을 사용하는 것은 정당한 것이라고 주장하기도 했다.

맬컴 엑스와 마틴 루터 킹, 이 둘은 똑같이 암살당했지만 조금은 다르게 생을 마감한다. 놀랍게도 그들의 죽음마저 그들이 살아온 방식을 보여주는 지표가 되었다.

미국에서 이슬람교 선교 활동을 하는 네이션 오브 이슬람이라는 단체에서 스캔들 문제로 탈퇴한 맬컴 엑스는 메카에서 인종에 상관없이 평등하게 무슬림으로서 순례하는 것을 본 후 흑인우월주의를 벗어버리고 인종차별주의를 반대하게 된다. 이후 흑인 우월주의자들로부터 변절자로 낙인찍힌 그는 결국 1965년 네이션 오브 이슬람 회원 3명에게 21발의 총알을 맞고 사망하게 된다.

마틴 루터 킹은 1968년 한 모텔에서 백인우월주의자이자 인종차별주의자에 의해 머리에 총을 맞고 생을 마감하게 된다.

같은 목적을 향해 달렸지만 서로 다른 길을 걸었던 마틴 루터 킹과 맬컴 엑스, 똑같이 총을 맞고 죽었지만 전혀 다른 이유 때문에 죽었다. 둘이 만난 적은 단 한 번이었다는 사실이 그들이 걸어온 길이 다르다는 것을 보여주는 단적인 예라고 할 수 있겠다. 폭력과 비폭력, 통합과 분리, 비차별과 차별이라는 장벽이 이들을 만나게 하지 못했던 것은 아닐까?

040

남아공의 '아파르트헤이트'에 맞섰던 세계 최초의 흑인 대통령

넬슨 만델라
남아프리카공화국의 전 대통령

✤

"나는 일생 백인이 지배하는 사회에도
흑인이 지배하는 사회에도 맞서 싸웠다.
모든 사람이 평등한 기회를 갖고
함께 살아가는 사회를 건설하고자 했다."

남아프리카공화국이라고 하면 월드컵과 다이아몬드가 가장 먼저 떠오른다. 그런데 이 나라가 인종차별이 법적으로 정해진 나라였다는 것 알고 있는가? 1948년부터 백인들이 법적으로 공식화한 인종차별 정책, 즉 '아파르트헤이트'가 확립되었다. 각각의 인종이 분리되어 다른 인종 간의 독자성을 유지하고 발전한다는 명분이 있었지만 허울뿐인 핑계고 실질적으로는 백인들이 유색인종에 대한 지배를 확고히 하기 위해 행해진 것이었다. 결혼은 물론이고 통행, 교육, 직업 등 모든 분야에서 각 인종은 분리되어 차별을 받았다. 흑인들은 투표권과 거주 이전의 자유도 없었으며 심지어 강제로 이주당하기도 했다.

이런 상황에서 흑인 넬슨 만델라(1918~2013년)는 인종차별을 없애기 위해 갖은 노력을 다했다. 그가 대학교에 다니던 시절, 우연히 흑인 친구가 백인에게 모욕당하는 것을 보고 처음으로 인종분리정책에 대한 회의감을 갖게 된다. 그때부터 그는 남아공 전반에 만연한 인종차별을 느끼고 이를 해결하기 위해 인권운동을 시작했다.

그는 남아프리카 민족회의인 ANC의 일원으로 소속되어 처음에는 비

폭력 시위를 했다. 하지만 시위대에 총격을 가해 18명이 사망하는 사태가 벌어지면서 무장투쟁을 시작하게 된다. 당시 ANC는 아파르트헤이트와 집권 여당인 남아공 국민당에 저항하는 일종의 지하조직의 형태로 활동했다. 이때부터 만델라는 싸움꾼, 투사의 이미지를 얻게 되지만 폭력운동을 정부에서 그대로 용인해줄 리가 없었다. 결국 당국에 체포된 그는 감옥에 수감된다. 수차례 탈옥 제의를 받았지만 모두 거절하고 감옥에서 자신의 신념을 지켰다.

숫자 '46664'는 그의 죄수번호였다. 1964년에 남아공의 로벤섬에 수감된 466번째 죄수라는 뜻이다. 인권 탄압을 상징했던 이 숫자는 이제 자유와 해방의 상징이 되었다.

만델라는 약 27년간을 교도소에서 보낸 뒤 1990년 2월 73세의 노인이 돼서 자유를 얻었다. 남아공 정부는 흑인들의 굽힘 없는 투쟁과 국제적인 압력에 만델라를 석방했다.

석방 이후 그는 1994년 선거를 통해 남아공은 물론이고 세계에서 첫 흑인 대통령으로 선출됐다. 역사에 길이 남을 순간이었다. 취임식에 참석한 세계 각국의 지도자들과 수많은 대중들 앞에서 만델라는 '앞으로 더 이상은 한 인종이 다른 인종을 탄압하는 일은 일어나지 않을 것'이라고 이야기했다.

남아공에서 럭비는 백인들이 즐기는 스포츠였다. 흑인들은 당연히 럭비를 그닥 좋아하지 않았지만 만델라는 이런 편견을 깨고 직접 럭비 월드컵 결승 경기를 보러 요하네스버그의 럭비 경기장에 방문했다. 이때 뉴질랜드와 남아공의 럭비 경기에서 국민들은 피부색에 상관없이 자국의 팀을 응원하면서 하나가 되었다. 감독 클린트 이스트우드의 영화 「인빅터스」에서 이 이야기를 그려냈다.

041

차티스트 운동을 이끌었던 언론인

퍼거스 오코너
아일랜드 출신의 언론인

✣

"우리가 이런 운동을 하는 것은
시민 사회의 일원으로서 권리를 원하기 때문이다."

- 존 프로스트

차티스트 운동Chartist Movement

19세기 영국에서 일어난 의회개혁 운동이다. 이 운동은 보통선거권을 포함한 6개 항목으로 이루어진 인민헌장을 내세우면서 노동자와 일반 시민들의 권리를 주장했다. 이후에는 선거 문제뿐만 아니라 다양한 문제에 대한 관심을 표출하면서 복합적인 운동으로 발전했다.

투표권은 공짜가 아니다. 세계의 많은 나라들에서 평범한 사람들이 한 표를 행사할 수 있는 것은 많은 투쟁한 결과다. 산업혁명이 일어나 급격하게 발전하고 있던 영국에서 노동자들은 제대로 먹지도 자지도 못하며 일해야 했다. 거기에 투표권도 없어 자신들의 고충을 대변해줄 수 있는 인물을 내세울 수 없었다. 노동자들은 부르주아가 모든 것을 독점하는 것에 불만을 품었고 자신들의 뜻대로 세상을 바꾸고자 했다. 이것이 차티스트 운동의 시작이었다. 인민헌장People's Charter의 이름에서 유래한 이 운동은 들불처럼 번져나갔다.

차티스트 운동을 이끈 대표적인 인물이 퍼거스 오코너(1794~1855년)다. 아일랜드의 지주 출신 하원의원으로 정치 생활을 하던 그는 차티스트 운동의 지도자 중 한 명으로 직접 청원을 내기도 하고 노동자들을 이끌기도 했다. 그가 창간한 신문 「노던 스타」는 노동자들에게 폭발적인 인기를 끌면서 노동자들의 정신적인 뒷받침이 되었다.

오코너 덕분에 노동자들은 결집할 수 있었다. 물론 수많은 지도자들이 있었지만 그중 가장 강력했던 것은 오코너였다. 그는 정치 생활을 하면서 축적된 노하우로 자신의 메시지를 설파했고 사람들은 거기에 불나방처럼 모여들었다. 그를 중심으로 응집된 힘은 매우 강력했다.

한뜻으로 마음을 모은 사람들은 자신들의 의지를 관철하는 데 힘썼다. 남녀 구분할 것 없이 수많은 노동자들이 차티스트 운동을 지지했고 각각의 사람들은 다양한 방식으로 차티스트 운동을 펼쳤다. 선거권 문제로 시작되었던 혁명이 이후에는 다른 사안들도 문제 삼기 시작한 것이다. 청원에 대한 서명이나 집회, 시위, 총파업 등 평화적인 방법뿐만 아니라 폭력적인 방법까지 동원하기도 했다. 비록 정부의 탄압을 받긴 했지만, 점차적으로 노동자들의 요구는 대부분 수용되었으니 차티스트 운동에 참가한 사람들은 결과만 놓고 본다면 꽤 큰 변화를 이뤄냈다고 할 수 있겠다.

042

영국 노예 해방에 앞장서다

윌리엄 윌버포스
영국의 정치인

✤

"대영제국이 황금에 눈이 멀어 노예제도를 계속 고집한다면
진정 위대한 나라는 될 수 없다."

여러분은 '금수저' 집안에서 태어나 스물한 살에 국회의원이 되는 것이
가능하다고 생각하는가? 많은 사람들이 아직도 한참 배워야 할 어린 나
이에 무슨 국회의원을 하겠냐고 핀잔을 줄 것이다. 하지만 실제로 이 나
이에 국회의원이 된 남자가 있다. 심지어 그 남자는 세상을 바꿀 만한 일
을 했다. 바로 영국의 윌리엄 윌버포스(1759~1833년)다. 그의 이야기는
「어메이징 그레이스」라는 영화로도 만들어졌는데 도대체 그가 얼마나
대단한 사람이고 대관절 무슨 일을 했길래 영화로까지 만들어진 걸까?

윌리엄 윌버포스는 어렸을 때 이미 엄청난 재산을 상속받았다. 17세에
명문 케임브리지대학교에 입학해 매일 밤 술을 마시고 도박을 하는 등의
방탕한 생활을 즐겼다. 졸업 이후에는 곧바로 정치에 뛰어들어 20대 초
반의 젊은 나이에 하원의원에 당선된다.

당시 영국이 어떤 상황이었는지 알아보자. 18세기의 영국은 '대영제
국'이었다. 하지만 찬란하게 빛나던 유니언잭의 이면에는 검은 그림자가
숨어 있었다. 영국은 16세기부터 해군력을 바탕으로 노예무역을 해 막대
한 수입을 챙겼다. 분명 비인간적인 처사였지만 어느 누구도 이에 반대하
지 않았다. 국가적인 차원에서 노예무역이 이루어지고 있었기 때문에 노
예무역에 반대하는 것은 바로 국가에 반대하는 것이나 마찬가지였다. 돈

이 자기 주머니로 굴러 들어오는 데 반대할 사람이 누가 있을까?

윌버포스는 노예제도를 폐지해야겠다는 원대한 목표를 세운다. 물론 그가 처음부터 노예제도를 폐지하겠다고 마음먹은 것은 아니다. 하원의 원에 당선된 이후 방탕한 생활을 이어오던 그는 우연한 기회에 한 종교 서적을 읽고 깊은 감명을 받게 된다. 과거의 쾌락을 추구하던 삶에서 벗어나 종교에 귀의해 살아가기로 한다. 그리고 이후에 노예제도의 추악한 실상을 알게 되면서 그것을 폐지하겠다는 목표를 세운다.

의회에서 노예제도 폐지 법안을 상정한 그는 사람들의 손가락질을 받는다. 당연히 의회에서 이 법안을 통과시킬 리가 없었다. 의원들의 대부분은 기득권층이었고 그중에는 노예무역으로 돈을 버는 사람들도 있었기 때문에 반대하는 것은 당연했다. 그가 노예제도 폐지를 주장해서 두 번이나 암살을 당할 뻔했다는 사실은 얼마나 사람들이 그의 의견에 동조하지 않았는지를 보여주는 예시라고 할 수 있겠다.

하지만 그는 포기하지 않았다. 노예제도를 반대하는 사람들과 함께 길고 긴 싸움을 계속해나갔다. 그가 계속 이 문제를 공론화시킨 덕분에 노예제도가 꼭 필요하냐는 의견이 국민들 사이에서 퍼지기 시작했다.

고생 끝에 낙이 온다는 말이 있다. 결국 우여곡절 끝에 윌버포스가 원하던 노예제도 폐지가 1833년에 이루어지게 된다. 자신이 평생 동안 간절히 원하던 바가 이루어지고 그는 눈을 편하게 감을 수 있었다. 윌버포스는 사사로운 이익에 눈먼 사람이 아닌 공동체가 더 나은 방향으로 나아가게 하기 위해 자신의 삶을 바쳤던 사람이다. 현재 우리가 살아가는 이 시대에 이렇게 자신을 희생할 수 있는 사람이 몇이나 될까?

043

68혁명을 이끈 학생운동가

다니엘 콩방디
프랑스 출신의 정치가

✤

"삶의 모든 것을 변화시키려고 했고,
실제로 모든 삶이 바뀌었다."

– 68혁명에 대한 철학자 앙드레 글뤽스만의 평가

68혁명은 1968년 5월에 프랑스에서 발생한 혁명이다. 기존의 사회질서에 반대해 일어났다. 사회 문제에 대한 해결을 촉구하는 이 혁명은 이후 세계 각지로 번져나갔다.

1968년의 지구는 뜨거웠다. 지구온난화 때문이 아니라 변화의 기운이 감지되고 있었다. 젊은이들과 노동자들은 중국의 문화대혁명에서 영향을 받아 반항하기 시작했다. 그들이 보는 세상이 뭔가 잘못되었음을 느낀 것이다. 사회는 개인의 자유를 옭아맸고 전쟁이 일어나 수많은 사람들이 죽어나갔다.

그중에서도 가장 큰 목소리를 냈던 곳은 프랑스였다. 그들은 베트남전에 반대하기 위해 직접 계획을 행동에 옮겼다. 1968년 3월 미국의 베트남 폭격에 항의하여 몇 명의 대학생이 파리 시내의 아메리칸 익스프레스를 습격했다. 불법침입이었으니 당연히 체포되었다.

이때 체포된 학생들의 석방을 요구하며 낭테르대학의 대학생들은 학장실을 점거했다. 다니엘 콩방디(1945년~)라는 학생도 그중 한 명이었다. 더 많은 학생들이 그들의 행동에 동참했고 거리로 나서 자유를 외쳤다.

대학생과 노동자 주도로 사회 변혁을 주장하는 혁명이 일어났다. 젊은 이들은 '금지하는 것을 금지한다' 등의 구호를 외치며 저항했다. 그리고 이 불길은 전 세계로 퍼져나갔다. 이것이 바로 그 유명한 프랑스의 68혁명이었다. 반전 운동을 빼면 그 이유는 국가마다 제각각이었지만 문제를 해결하고자 행동한다는 것은 동일했다.

다니엘 콩방디는 68혁명의 아이콘이자 학생 지도자로 활약했다. 그는 노선이 달랐던 학생 운동의 구성원들을 결집하는 구심점 역할을 했다. 힘을 응집해 권위에 대항하려 했던 것이다.

혁명은 프랑스에서 시작되어 미국, 이탈리아, 서독 같은 서유럽에서 번져나갔고 억압된 동유럽의 청년들을 일어나게 했으며 일본의 대학생들이 봉기하도록 했다. 세계 각지의 젊은이들은 서로 영향을 주고받으며 세상을 바꾸려 했다. 해방과 자유, 권위에 대한 반항이 전 세계의 젊은이들을 한 데 모았던 것이다. 세상은 그들이 원하는 것처럼 완전히 바뀌진 않았지만 그래도 조금씩 변화해가기 시작했다. 민주자유화운동인 '프라하의 봄'으로 체코가 민주화되기도 하고, 68혁명 덕분에 이후 노동 운동, 여성 해방 운동, 환경 운동 등의 생겨날 수 있는 밑거름이 마련되었다.

콩방디는 68년 혁명 직후 독일로 추방됐다. 정부와 집권 세력에게 미운털이 제대로 박힌 것이다. 독일 국적을 얻고 80년대부터 독일 정계에서 활동을 하다 2000년대 프랑스로 돌아가 정치 활동을 시작한다. 추방당했기 때문에 국적은 독일인이지만 유럽연합 회원국이면 어디에서든 유럽의회 선거에 출마할 수 있다는 규정을 근거로 프랑스를 선택한 것이다. 프랑스 출신이지만 추방당해 다른 나라 국적으로 모국의 선거에 출마하는 느낌은 어떨까? 많은 사람들이 정치적 이유 때문에 자국에서 추방당했지만 그중에서 다시 돌아온 사람은 콩방디가 거의 유일하지 않을까 하는 생각이 든다. 그리고 그는 여전히 자신이 옳다고 생각하는 바를 믿으며 싸우고 있다.

044

철권통치의 아이콘에게 사람들이 등을 돌린 이유

올리버 크롬웰
영국의 정치가, 군인

✤

"주여, 저를 주의 백성들을 선하게 하는 일에 배치하시고
지속적으로 사용하여 주시옵소서."

철기군과 청교도 혁명으로 우리에게 잘 알려진 올리버 크롬웰(1599~1658년)
은 영국의 의회 민주주의 체제를 확립한 인물로 긍정적인 평가를 받기도
하고 역사상 가장 잔인한 군사독재자라는 비난도 받는다. 하지만 그가 현
대적인 정치체제를 일찌감치 선보였고 그 기초를 확립했다는 사실만큼
은 부정할 수 없다.

1642년부터 시작된 청교도 혁명이 성공한 이후 크롬웰은 찰스 1세를
왕위에서 내쫓고 호국경으로 취임한다. 이후 그는 사회 개혁을 실시해 내
부와 외부를 골고루 개혁하려 했다. 법률과 교육 등 많은 분야에서 수많
은 업적을 세웠다. 하지만 그의 업적 중 큰 비난을 받는 것은 바로 종교적
인 교리에 따라 사람들의 삶을 제한한 것이다.

크롬웰은 청교도의 교리를 바탕으로 엄격한 종교적 원칙을 적용했다.
그는 신앙이 매우 독실했던 것으로 알려져 있는데, 이런 그의 신앙이 내
부 개혁으로 이어진 것이다. 당시 음주와 춤 같은 활동들은 모조리 금지
되었고 여가시간에는 찬송가를 부르거나 기도를 해야 했다. 심지어 그는
청교도 정신에 근거해 크리스마스 파티도 금지했다.

하지만 사람들은 그의 뜻대로 따라주지 않았다. 크롬웰은 쉬지 않고
옥죄면 자신의 말을 잘 따를 것이라고 생각했지만, 그의 숨 막히는 통치

방식에 사람들은 혀를 내둘렀다. 그들에게는 크롬웰이 내세우는 삶이 철창 속에 갇혀 사는 것이나 마찬가지였다. 사람들은 차라리 왕정 시기가 그래도 나았다며 개혁 이전의 시기를 그리워하기 시작했다.

한편 크롬웰은 사람들의 마음을 돌리기 위해 돌이킬 수 없는 방법을 택했다. 바로 '지위 강화와 탄압'이었다. 빡빡한 사람들의 삶을 풀어주는 것이 아니라 오히려 더 옭아매는 방식을 채택한 것이다. 역사에 등장하는 독재자들이 그랬던 것처럼 그는 '공포 정치'로 통제가 가능할 것이라고 생각했다.

하지만 이는 큰 오산이었다. 역사적으로 봤을 때 사람들의 마음을 돌린 것은 유화책이었지 강경책이 아니었다. '쥐도 구석에 몰리면 문다'는 말이 있듯이 사소한 행복을 잃어버리고 오갈 데 없어진 사람들은 급격히 크롬웰에게 등을 돌리기 시작했다.

1658년 크롬웰은 결국 병으로 사망한다. 혁명을 일으켜 절대적인 권력을 쥐었던 그가 사망한 후, 찰스 2세가 다시 왕이 되어 크롬웰의 공화정은 사라지게 된다. 그리고 크롬웰 세력은 허무하게 몰락해버렸다. 만약 그가 종교적인 원리주의에 근거해 사람들을 눌러대지 않았다면 어떻게 되었을까? 원리와 원칙만을 따지는 고리타분한 사람보다는 유머 감각도 있고 어느 정도 풀어주는 사람이 사랑받기 마련이니까. 우리가 확인할 수 있는 크롬웰 경의 초상화에서 그런 모습은 찾아보기 어렵다. 만약 그가 인생을 덜 빡빡하게 살았다면 역사가 바뀌었겠지?

045

인도인을 자유롭게 하려던 위대한 영혼

마하트마 간디
인도 민족해방운동의 지도자

"눈에는 눈 식의 보복을 고집한다면
모든 세상의 눈이 멀게 될 것이다."

인도를 해방으로 이끈 간디(1869~1948년)는 테레사 수녀나 넬슨 만델라 같은 인물들과 함께 위대한 인물로 평가받는다. 처음으로 인도 민중을 하나로 묶어낸 탁월한 독립운동 지도자였던 그는 차별과 착취가 없는 세상을 꿈꿨던 몽상가로 인도를 지배하던 영국에 비폭력으로 저항했다. 노벨평화상 후보에 5회나 지목되었고 인도에는 그의 이름을 딴 도로가 수도 없이 많을 만큼 큰 역할을 했던 인물이다.

간디의 본명은 모한다스 카람찬드 간디다. 마하트마라는 이름은 '위대한 영혼'이라는 뜻으로 인도의 시인 타고르가 지어준 것이다.

간디가 첫 약혼을 한 것은 7살이었다. 하지만 약혼자들이 계속 죽어 결국 결혼은 다른 사람과 13살에 했다고. 그래도 엄청나게 빠른 나이임에는 틀림없다. 37세가 되어서 그는 고행을 위해 아내와 해혼했다.

영국이 인도를 지배하기 시작했을 때 인도의 젊은이들은 영국이 가지고 온 근대화를 찬양했다. 간디도 그중 하나였는데 그는 근대화의 혜택을 받아 영국에서 법학 교육을 받아 변호사가 될 수 있었다. 인도 독립 이후에도 그는 여러 차례 영국은 우리와 친구이니 사이좋게 지내야 한다고 말했다. 영국으로부터 독립한 이후에도 인도는 영국에 속해왔다. 그리고 간디가 죽자 영국은 그를 기리는 우표를 내놓기도 했다.

엉뚱하게도 간디가 처음 정치 운동을 결심하게 된 것은 남아프리카공화국에서였다. 학업을 마친 후 돌아온 고향에서 변호사 자리를 얻는 것은 쉽지 않았다. 그러던 중 우연한 기회에 남아공에 거주하는 인도인들의 분쟁 소송을 맡게 되었고 이 시점부터 20여 년간 남아공에서 거주하게 된다. 이때 남아공에서 겪은 차별과 열악한 대우, 인종차별의 경험 때문에 그가 정치적인 인물이 될 수 있었다.

간디의 비폭력 투쟁도 남아공에서 시작되었다. 남아공의 백인들은 사회적으로 높은 위치에서 힘을 가지고 있는 경우가 대부분이었다. 그래서 가난한 인도인들이 무작정 대들었다가는 뼈도 못 추릴 가능성이 매우 높았다. 간디는 영리하게도 '비폭력'이라는 방법을 취해 그들에게 맞섰다.

간디는 46세에 고국으로 돌아왔다. 그리고 남아공에서 하던 비폭력 투쟁을 계속해나갔다. 폭력을 쓰지 않고 영국에 저항하면서 인도 국민들을 하나로 통합시켰다. 1930년에 영국이 소금법을 통과시켜 영국의 소금만 쓰라고 강요하자, 그는 소금이 나는 해안에서 직접 소금을 만들기 위해 떠났고 많은 제자들이 간디의 뒤를 이었다. 이 사건 때문에 간디는 체포되었다. 감옥에서도 간디는 단식 등의 방식으로 불복종 운동을 멈추지 않았는데 그의 고집을 꺾을 수 없었던 영국 정부는 결국 그를 석방할 수밖에 없었다.

간디는 종종 그 업적 때문에 '인도의 성인'으로 묘사되지만 오히려 문제가 많은 인물이었다는 상반된 평가도 있다. 자신은 제1차 세계대전에 참가하지 않고 인도의 청년들을 선동해 전쟁의 위험에 노출시켰으며 문란한 성생활을 즐겼다고 한다. 또한 아프리카에 거주할 당시 인종차별을 행했다는 주장도 있다.

046

국민의, 국민에 의한, 국민을 위한

에이브러햄 링컨
미국의 16대 대통령

"우리는 서로 적이 되어서는 안 됩니다."

"일이란 기다리는 사람에게 갈 수도 있으나 끊임없이 찾아나서는 자만이 획득한다."

링컨(1809~1865년)이 했던 이 말처럼 그는 대통령뿐만 아니라 여러 일을 했다. 그는 남북전쟁이라는 내전의 위기를 벗어나게 해 미 연방을 유지했고 노예제를 폐지해 미국의 역사가 자유민의 역사로 길이 남을 수 있도록 했다. 그런데 위대한 대통령이었던 링컨에 대해 우리가 잘 모르는 사실이 하나 있다. 바로 젊은 시절 유명한 레슬러였다는 것이다. 그것도 300번의 경기에서 단 한 번 패배했을 만큼 뛰어난 실력을 갖고 있었다. 그래서 그는 미국 레슬링 명예의 전당에 이름이 올라가 있기도 하다.

또한 그는 본인이 낸 특허를 갖고 있는 대통령이기도 하다. 100달러 지폐에 새겨진 '미국 건국의 아버지' 벤저민 프랭클린도 발명가로 유명하지만 미국 대통령을 통틀어 특허를 낸 사람은 링컨이 유일하다. 대통령을 하기 전, 그는 배와 관련된 특허를 등록했는데 아쉽게도 이 특허대로 배가 만들어진 적은 없다고 한다.

"고난과 역경은 우리에게 용기와 희망과 근면을 가르쳐주려는 하늘의 은총이다."

링컨이 한 이 말은 그가 살면서 깨달은 바일 것이다. 대통령이 되기 전에 매우 힘든 삶을 살았다는 것은 많은 사람들이 잘 알고 있는 사실이다. 어쩌면 앞에서 이야기했던 것처럼 그가 대통령치고는 다양한 경험을 했던 것도 이런 힘든 삶을 겪었다는 반증이 아닐까 한다. 잇따라 사업에 실패했고 여러 번 선거에서 고배를 마셨으며 어머니와 약혼자를 모두 잃었다. 늦은 나이에 대통령이 되었지만 그가 대통령으로 취임했던 기간은 단 5년이었고 암살을 당해 생을 마감했다. 죽음까지 순탄치 않은 삶을 살았음에도 불구하고 그가 오늘날까지도 미국을 대표하는 대통령으로 기억되는 것은 그가 수많은 고난과 역경에 굴하지 않았기 때문이었다.

"노예제도를 찬성하는 사람을 볼 때마다 나는 그 사람에게 노예 생활을 시켜보고 싶다."

도대체 그가 무슨 일을 했길래 단 5년 동안의 대통령 생활만으로 후대에 길이 남게 되었을까? 그가 한 가장 큰 업적은 노예 해방이다. 당시 미국의 노예들은 면화, 담배, 사탕수수 등을 재배하는 농장의 일꾼으로 일했고 그 와중에 폭행과 노동 착취, 강간을 당하는 등 심각한 상황에 놓여있었다. 이렇게 문제가 많은 노예제 존속을 놓고 남부와 북부로 분열되어 대립이 생겼다. 남부는 존속에 찬성했고, 북부는 반대했다. 노예 문제 때문에 남부의 여러 주가 연방에서 탈퇴하면서 남북 극한 대립으로 결국 남북전쟁이 발생하게 된다. 하마터면 나라가 두 동강날 만한 큰 사건이었다.

처음에는 노예 해방이라는 도덕적 명분을 가진 북군이 불리한 위치에 있었다. 하지만 게티스버그 전투를 기점으로 남군이 수세에 몰리기 시작했고 결국 남군은 전쟁에서 패배하게 된다. 그리고 전쟁에서 승리한 북군의 지도자였던 링컨은 1863년 1월 노예 해방을 선언하면서 미국에서 노예제도가 사라지게 만들었다.

"국민의, 국민에 의한, 국민을 위한."

링컨 하면 많은 사람들이 이 문장을 떠올린다. 1863년 11월 링컨은 게티스버그 전투가 끝난 이후 희생자들을 기리기 위해 펜실베니아주 게티스버그에서 짧은 연설에서 인간 평등과 남북전쟁의 의의에 대해 언급했다. 미국 역사상 가장 뛰어난 명연설로 꼽히는 이 게티스버그 연설은 길이가 그닥 길지 않아 '링컨의 2분 연설문'이라고 불리기도 한다. 이 연설문에서 그의 명언이 탄생했다.

참고로 '국민의, 국민에 의한, 국민을 위한'이라는 문구는 링컨이 최초로 한 말이 아니며 이미 그 전에 스코틀랜드에서 누군가가 사용했다.

"우리는 적이 아니라 친구입니다."

링컨은 1865년 존 윌크스 부스에 의해 암살당했다. 5년이라는 짧은 임기 동안 확실한 업적을 남기고 그는 역사의 뒤안길로 사라졌다. 아이러니하게도 그를 암살한 존 윌크스 부스의 형인 에드윈 부스는 링컨의 장남 로버트 링컨이 기차에 치일 뻔한 것을 구해 살려준 적이 있다. 어떻게 보면 링컨가의 대를 이을 수 있게 해주었으니 '적이 아닌 친구'라고 봐야 할까?

047

독립협회와 만민공동회, 백성들의 등불이 되다

서재필
대한제국의 독립운동가, 의사

✤

"독립의 가장 근본적인 요소는 각성한 민중이다.
그러므로 우리는 민중 교양에 온 힘을 다해야 한다."

서재필(1864~1951년)은 조선말의 문신이자 개화기의 독립운동가, 의사이며 언론인이었다. 국사책에서 보긴 한 것 같은데 헷갈린다고? 한국 최초의 민간신문인 「독립신문」을 창간한 사람이 바로 서재필이다. 신문뿐만 아니라 독립협회와 만민공동회 등도 모두 그의 머릿속에서 나온 아이디어다.

급진개화파가 조선의 자주독립과 근대화를 목표로 일으킨 갑신정변甲申政變이라고 하면 우리는 김옥균, 박영효 등의 이름을 가장 많이 배우고 가장 많이 떠올린다. 하지만 서재필도 갑신정변에 참여한 인물이었다는 것을 아는 사람은 별로 없다. 갑신정변이 실패하자 그는 일본을 거쳐 미국으로 망명했고 이후에는 평생 미국 국적으로 살았다.

10년이 지난 1895년, 사건이 좀 잠잠해지자 그는 다시 대한제국으로 돌아왔다. 다시 돌아왔을 때 그의 영어 이름은 '필립 제이슨 서'였고 국적은 미국인이었다. 미국식 민주주의 사상과 제도에 익숙해진 그는 사고방식 또한 바뀌어 있었다.

돌아온 그는 고국이 바람 앞의 등불처럼 위태로운 상황이라는 것을 알게 된다. 이 상황을 타개하기 위해서는 백성들이 깨달아야 했다. 그래서 그가 '계몽'이라는 단어를 중요하게 생각한 것이다. 서재필은 사람들을 깨우치기 위해 정부의 정책과 국민의 여론을 「독립신문」에 실었다. 「독립신문」은 우리나라 역사상 최초로 한글로만 발간된 신문으로 간행되어 3년 후 폐간될 때까지 지대한 공헌을 했다.

「독립신문」의 창간에 성공하자 그는 1896년 독립협회를 창설하고 고문이 되었다. 많은 사람들이 독립협회와 일제강점기가 연관성이 있다고 착각하는데 사실 독립협회는 일제강점기 이전에 세워졌고 해산되었다. 서재필이 말한 독립은 '주권을 가진 국가'로서의 독립이었던 것. 이를 알 수 있는 사례가 독립문이다. 서재필은 원래 명나라 사신을 맞이하던 영은문을 헐고 그 자리에 독립문을 세웠다. 그가 외쳤던 자주독립은 바로 일본이 아니라 중국으로부터의 독립이었던 것이다.

서재필을 중심으로 한 독립협회는 1898년 만민공동회를 개최한다. 당시 자주독립을 외쳤지만 러시아는 계속 조선의 국정에 관여했고 열강의 이권 침탈은 더 심화되고 있었다. 그래서 독립협회는 만민공동회를 열어 종로 광장에서 러시아가 내정에 간섭하려 하는 행위에 대해 비판하고 대한제국의 주권을 지키자는 내용을 결의안으로 채택해 정부에 전달하기도 했다. 독립협회는 이 사건 후에도 수시로 만민공동회를 열고 자주 국권 운동을 전개했다.

그는 독립운동가인 동시에 의사였다. 한국인 중에 미국에서 의학 학위를 받은 1호 서양의학 의사였다. 독립운동 자금으로 돈을 다 써버려서 생활비를 벌기 위해 의사 일을 하기도 했다고 한다. 지금도 미국 필라델피아에는 그를 기념하는 서재필의료원이 운영되고 있다.

048

폭군 진시황을 암살하려던 호걸

형가
중국 전국시대의 자객

"바람은 쓸쓸하고 역수는 차구나.
장사 한 번 가면 돌아오지 못하리."

진시황은 완벽에 가까운 군주였다. 중국 최초의 통일국가를 이룩한 인물이자 중앙집권제를 이뤄낸 그는 두뇌회전이 빨랐고 부하를 통솔하는 데도 탁월했으며 상대의 심리를 꿰뚫어보는 능력까지 겸비했다. 그러나 천하를 통일하고 황제에 오르면서 그는 몰락의 길을 걷게 된다. 과도하게 백성들을 동원해 만리장성을 쌓게 하고, 책을 불태우고 유생들을 산 채로 묻는 분서갱유를 저지르면서 폭군이 된다. 이에 그를 암살하려는 자들은 하나둘씩 늘어만 갔다.

장예모가 감독하고 이연걸과 양조위, 견자단이 나왔던 영화 「영웅」은 진시황을 암살하려는 자객들의 실화를 담고 있다. 협객인 형가(미상~BC 227년)도 진시황의 암살에 나선다.

사마천의 『사기』를 보면 '자객열전'이라는 부분이 있다. 여기에 진시황을 암살하려는 형가와 그의 친구 고점리에 대한 이야기가 나온다. 형가는 연나라의 태자 단의 부탁을 받고 진시황을 암살하려 했고 고점리가 이를 도왔다. 태자 단은 진시황을 개인적인 이유로 싫어했는데 이 때문에 암살을 부탁했다고 한다.

영화에서처럼 진시황은 자객을 두려워해 누군가가 100보 내로 접근하는 것을 엄격히 금지했다. 그에게 다가가기 위해서는 누군가의 목을 가져가 진시황을 방심하게 하는 것밖에는 방법이 없었다. 그래서 형가는 진시황에게 다가가기 위해 번어기라는 사람의 목을 바치려 했다. 형가는 번어기를 설득해 목을 내놓을 것을 요구하고 결국 번어기는 이를 승낙해 형가는 그의 목을 가지고 진시황을 암살하러 떠난다. 하지만 결국 암살은 실패로 돌아가게 되고 여기에 가담했던 인물들은 모두 죽음을 맞이하게 된다. 그리고 태자 단의 연나라는 5년 만에 망하게 된다.

이전부터 암살하려는 시도가 있었기 때문에 진시황은 자신을 호위하는 신하들도 궁궐 안에서 무기를 지니지 못하게 했다. 그래서 형가가 진시황을 암살하려 할 때 신하들은 칼을 든 형가에게 맨손으로 맞섰다고 한다.

형가의 암살 시도는 실패로 돌아갔지만 그럼에도 불구하고 용감하게 자신의 몸을 던진 형가의 용기는 높이 사야 한다고 생각한다. 요즘 세상에 형가처럼 용기 하나만을 가지고 무모한 일에 도전할 수 있는 사람이 얼마나 있겠는가. 때로는 이런 용기가 사회를 바꾸고 패러다임을 바꾸는 기폭제 역할을 하기 마련이다.

049

현대 저널리즘의 아버지, 두 얼굴을 가진 아수라 백작이다?

조셉 퓰리처
미국의 언론인, 신문 경영자

✦

"재미없는 신문은 죄악이다."

황색 언론Yellow Journalism은 독자나 시청자의 시선을 끌기 위해 불건전한 감정을 자극하는 범죄나 추문 등을 보도하는 저널리즘을 말한다. 정보가 범람하는 유튜브에는 좋은 영상들도 많지만 온갖 자극적인 내용을 담은 영상들이 넘쳐난다. 사실 관계가 제대로 확인되지 않은 뜬소문이나 인신공격의 성격을 띠는 비난 영상들이 하루에도 셀 수 없이 업로드 되고 있다. 자극적인 썸네일과 제목에 끌려 사람들은 영상을 클릭하고 정확하지 않은 정보를 보고 비난하고 조롱하기도 한다. 가짜뉴스로 사람 하나 매장하는 것은 일도 아니다. 어쩌면 이것이 황색 언론의 새로운 형태가 아닐까?

이민자 출신으로 뼈를 깎는 노력으로 기자가 된 조셉 퓰리처(1847~1911년)는 1878년 미국 세인트루이스에서 파산 직전의 신문사를 인수해 당시로서는 파격적인 기사들을 뽑아냈다. 사람들이 관심을 가질 만한 제목과 내용 때문에 신문의 발행부수는 늘어갔다. 이 성공으로 그는 뉴욕까지 진출할 수 있었다.

독주하던 퓰리처에게 도전장을 내민 남자가 나타났다. 바로 윌리엄 랜돌프 허스트였다. 그가 운영하던 「뉴욕 저널」은 퓰리처의 「뉴욕 월드」를 이기는 데에 혈안이 되어 있었다. 머지않아 두 신문사는 과도한 경쟁을 하기 시작했다. 계속 자극적인 기사들을 써내려갔고 사람들이 좋아할 만한 내용들만 신문에 실었다. 잘나가는 만화가와 기자를 비싼 돈을 얹어서 서로 모셔가려고 했고 상대 언론사의 기자에게 잘못된 정보를 흘려 고의로 취재를 방해했다. 당시 사람들은 이런 그들의 행보를 보고 퓰리처의 신문에 실린 '황색 옷을 입은 소년'에서 착안해 황색언론이라고 부르기 시작했다.

하지만 머지않아 지나친 두 신문사는 엄청난 타격을 받았다. 경쟁이 너무 과도했던 것이다. 퓰리처는 언론이 과연 어떤 기능을 해야 하는가에 대해 다시 고민해 보게 된다. 이후 퓰리처의 「뉴욕 월드」는 방향을 180도 선회한다. 끈질긴 고집으로 정경유착과 부패에 대한 진실을 밝혀내 사람들에게 알렸다. 독자들의 알 권리를 보장하는 저널리즘을 살려낸 것이다.

또한 그는 언론인들을 위한 상을 만들었다. 바로 '언론계의 노벨상'이라고 불릴 만큼 권위 있는 상인 퓰리처상이다. 1917년 퓰리처의 유언에 따라 만들어진 이 상은 올바른 언론인을 양성하겠다는 취지로 만들었다. 자극적인 내용으로 신문을 채웠던 퓰리처가 올바른 언론인을 뽑는 상을 만들었다니 참 아이러니하다. 그래서 현재 사람들은 그를 칭찬과 악평을 동시에 듣는 양면성이 두드러진 아수라 백작으로 기억한다.

050

세포이의 항쟁에서 도화선이 된 남자

망갈 판데이
인도의 군인

✚

"오늘까지 우리는 당신들에게 충성했다.
이제 당신들에게 우리의 분노를 보여줄 차례다."

세포이의 항쟁 Sepoy Munity

1857년부터 1858년 사이 영국의 식민통치의 강화에 반발하여 일어난 인도 최초의 민족주의 항쟁. 제1차 인도 독립 전쟁으로 불리기도 한다. 델리 근교의 세포이 용병들이 봉기하였으나 영국군이 무력으로 진압했고, 그 결과 영국은 당시 인도를 통치하던 무굴 제국을 멸망시키고 동인도회사를 폐지한 후 인도를 직접 통치하게 되었다.

세계사를 공부하다 보면 아주 짧게 '세포이'라는 이름을 볼 수 있다. 영국은 동인도회사를 기반으로 인도를 침략하여 식민지로 삼았는데, 세포이는 동인도회사에서 고용한 인도인 용병을 지칭하는 말이었다.

1850년대 중반, 세포이들은 동인도회사로부터 새로 소총과 탄약통을 지급받게 된다. 여기까지는 여느 군대와 다를 바 없었다. 하지만 탄약통에서 문제가 발생했다. 당시 군인들이 소총을 장전하려면 탄약통을 이로 뜯어야 했는데 영국인은 탄약통 종이에 방수 처리를 하기 위해 소기름과 돼지기름을 입혔던 것이다.

힌두교 신자는 소를 먹으면 안 되고, 이슬람 신자는 돼지를 먹으면 안 된다. 하다못해 그 동물의 부산물을 입에 대는 것도 금지되어 있다. 힌두교와 이슬람교 신자가 대부분이었던 세포이들은 소와 돼지의 기름으로 코팅된 탄약통이 불편할 수밖에 없었다. 세포이들은 영국인이 일부러 그랬을 거라 의심했다. 요즘 말로 상대방의 문화를 제대로 이해하지 못해 일어난 '문화 충돌'이었던 셈이다.

1857년 3월 29일, 망갈 판데이(1827~1857년)라는 한 세포이가 연병장에 나와 다른 병사들에게 말했다.

"탄약통을 물어뜯는 것은 우리의 신앙에 대한 모독이다."

영국인 장교는 다른 세포이들에게 위계질서를 무너트리려는 그를 처형하라고 명령했다. 하지만 다른 세포이들은 거부했다. 결국 영국인들은 판데이와 직접 총격전을 벌이는데 이후에 일이 커질까 두려워 판데이를 처형하게 된다.

하지만 그를 처형한 것은 영국인들의 큰 실수였다. 판데이를 처형한 것에 반감을 갖는 인도인들이 늘어나면서 그해 5월부터 인도 전역에서 사람들이 들고 일어나기 시작했다. 이것이 우리에게 알려진 세포이의 항쟁이다.

세포이의 항쟁은 이후 인도 각지에 확산되어 계급과 계층을 가리지 않고 인도인들이 영국에 저항하는 형태로 이어졌다. 곳곳에서 인도인들과 영국인들의 전투가 이어졌다. 최신식 대포와 소총 등의 무기로 무장한 영국은 항쟁을 잔혹하게 진압했고 내친 김에 인도 전역을 정복하고 식민지로 만들어버렸다. 만약 역사가 이렇게 흘러갈 것을 알았다면 망갈 판데이는 입으로 탄약통을 뜯지 말라고 이야기했을까?

051

그린피스를 창립한 남자가 그린피스를 떠난 이유

패트릭 무어
영국의 작가, 천문학자, 그린피스의 창립 회원

✦

"이제 환경운동가들을 움직이는 것은 과학이 아니다.
바로 정치적인 신념이다."

그린피스Greenpeace
1971년 설립된 국제 환경보호 단체. 환경을 오염시키는 여러 활동에 반대하면서 지구의 보호를 위한 활동을 펼치고 있다. 본부는 네덜란드 암스테르담에 있다.

그린피스는 미국의 알래스카 핵 실험 등 환경을 오염시키는 각국 정부의 활동에 반대 시위를 벌인 것으로 유명한 세계적인 단체다. 우리에게 그린피스가 알려진 것도 이런 시위들을 통해서였다.

패트릭 무어(1923~2012년)는 그린피스를 창립하는 데 큰 역할을 했고 한때는 대표까지 맡았던 인물이다. 그런데 1986년 갑자기 그는 '그린피스는 틀렸다'라고 선언하며 결별했다. 1971년부터 15년간 무슨 일이 있었길래 그는 그곳에서 나오게 된 것일까?

설립 초기 그린피스의 많은 과학자들은 환경 문제를 해결하기 위해 노력했다. 패트릭 무어도 생태학 박사 학위를 갖고 있었고 자신들이 무슨 일을 하는지, 그리고 본인들의 논리가 왜 맞는지 명쾌하게 설명할 수 있는 사람이었다.

하지만 시간이 지나면서 그린피스에는 정식 과학 교육을 받은 사람들보다는 특정한 목적을 위해 그린피스를 이용하려는 사람들이 많아졌다. 어느 순간부터는 정치적인 목적이 더욱 중요해져 과학적으로 검증하는 과정은 곧잘 생략되었다. 패트릭은 이를 정치적인 목적으로 사용해서는 안 된다고 주장했지만 사람들은 그의 말을 듣지 않았다.

그와 그린피스의 갈등이 극에 달한 것은 에너지 분야에서였다. 그린피스는 수력, 화력, 원자력 발전이 모두 환경에 좋지 않다며 반대했다. 수력 발전은 댐 때문에 주변 환경이 수몰되기 때문에 안 되며, 화력 발전은 대기오염의 주범이므로 쓸 수 없고, 원자력은 체르노빌이나 쓰리마일섬 원자력 발전소 사고 같은 방사능 오염의 문제 때문에 안 된다는 주장이었다. 그러면서도 그린피스는 뚜렷한 대안을 내놓지 못했다. 그린피스의 논리대로라면 우리는 원시시대로 돌아가 부싯돌로 불을 지피고 사냥해서 먹고살아야 한다. 패트릭은 '전기를 포기하는 건 문명을 포기하자는 것'이라고 지적하며 그린피스와 결별하고 말았다.

그린피스는 이후 원래의 목적을 상실했다. 정치적인 의제를 앞세워 지구가 멸망할지도 모른다는 공포의 캠페인을 벌였다. 사실 그린피스가 점점 더 이상하게 변해간 이유 중 하나는 돈 때문이다. 단체를 조직하고 직원들의 생계를 유지하려면 결국 환경단체도 돈이 필요하다. 정치적으로 확실한 위치를 차지하고 사람들을 공포에 몰아넣어야 더 많은 기부금을 얻을 수 있었던 것이다. 기업들이 그린피스를 더욱 두려워할수록 기부금도 늘었다. 이에 대해 관심이 간다면 마이클 크라이튼의 소설 『공포의 제국』을 읽어볼 것을 권한다.

그린피스와 인연을 끊은 패트릭 무어는 이후 환경 컨설턴트로 변신했다. 그는 이제 '환경이 무조건 우선'이 아니라 '최대한 환경을 오염시키지 않으면서 인류도 공생할 수 있는 방안'을 모색하기 위해 노력 중이다. 많은 사람들이 패트릭을 변절자라고 비난하지만 정작 변한 것은 그린피스가 아닐까?

스파르타쿠스

그의 이야기가 꽤나 흥미롭기 때문에 영화와 드라마로 여러 차례 만들기도 했다. 그중 스탠리 큐브릭이 감독, 커크 더글러스 주연의 1960년 영화 「스파르타쿠스」와 2010년 HBO에서 제작한 드라마 「스파르타쿠스」가 대표적이다. 그의 이야기에 집중해 역사에 대해 더 알고 싶다면 영화를, 자극적인 내용과 거침없는 전개를 원한다면 드라마를 추천한다.

루이 16세·마리 앙투아네트

둘의 결혼식을 축하하기 위해 2주간이나 행사가 열렸다고 한다. 이 축하연에는 폭죽놀이도 포함되어 있었는데 잘못된 장소에서 폭죽이 잘못 터져 132명의 사람이 허무하게 죽기도 했다.

정약용

보통 하나의 학문 분야에서도 최고의 자리에 올라가기는 쉽지 않다. 그런데 정약용은 사회과학, 의술, 경제, 과학 등 분야를 가리지 않고 두루 섭렵했을 뿐만 아니라 그 분야에 정통해 높은 경지에 이르렀다고 한다. 혹시 영화 「리미트리스」에 나오는 알약이라도 드셨던 건가?

맬컴 엑스 · 마틴 루터 킹

맬컴 엑스에 비해 상대적으로 온건한 방식을 채택해 흑인들의 인권 신장을 도모했던 마틴 루터 킹이지만 그도 감시 대상이었다. FBI의 국장이었던 존 에드가 후버는 그를 탐탁지 않게 생각했다. 그래서 요원들을 시켜 감시를 붙였고 그의 일거수일투족을 세세히 기록할 정도로 그에게 집착했다. 잔잔한 파도라도 쓰나미가 될 수 있다고 생각해서였을까?

넬슨 만델라

Q. 넬슨 만델라의 별명은 한때 '블랙 핌퍼넬'이었다. 이 별명은 어디서 따온 것일까?

❶ 소설

❷ 영화

❸ 연극

❹ 오페라

A : ❶

그의 별명은 바로네스 오르치의 소설 『스칼렛 핌퍼넬』에서 따왔다. 1905년에 나온 이 소설의 주인공에게서 사람들은 넬슨 만델라의 모습을 보았다. 만델라는 감시망을 통해 ANC에서 해방운동을 했는데, 사람들이 보기에 본모습을 감춘 채 활동하는 소설의 주인공과 넬슨 만델라가 겹쳐졌던 것이다.

퍼거스 오코너

그는 차티스트 운동 당시 매우 독단적이었던 것으로 알려져 있다. 차티스트 운동을 이끌었던 지도자들은 많았지만 그들과 같이 하려 하지 않았다. 자신의 공이 돋보이는 것을 좋아했던 걸까?

윌리엄 윌버포스

그의 친구인 윌리엄 피트는 더 대단한 사람이었다. 1783년 24세라는 역대 최연소의 나이로 영국 총리가 되었다.

마하트마 간디

스티브 잡스는 간디를 매우 존경했다고 한다. 그가 끼고 다니던 동그란 렌즈의 안경은 간디가 썼던 안경과 비슷한데 이는 잡스가 독일 르노사에 특별히 주문한 것이다.

에이브러햄 링컨

그는 수많은 역경을 맞이했음에도 항상 유머감각을 잃지 않았다. 농담을 하기 좋아했던 그는 어쩌면 고달픈 현실을 조금이나마 잊기 위해서 그런 방법을 채택했는지도 모르겠다.

조셉 퓰리처

Q. 퓰리처가 만든 퓰리처 상에서 시상하지 않는 분야는 어느 것일까?
❶ 저널리즘
❷ 문학
❸ 다큐멘터리
❹ 음악

A : ❸

퓰리처 상은 크게 저널리즘, 문학, 드라마, 음악 네 분야로 나누어져 시상을 한다. 저널리즘은 공공 서비스, 국내 보도, 국제 보도, 속보 사진 등의 분야로 나누어져 언론인들에게 수여된다. 문학은 역사, 전기, 소설, 연극 등의 분야에서 활약한 인물들에게 수여된다.

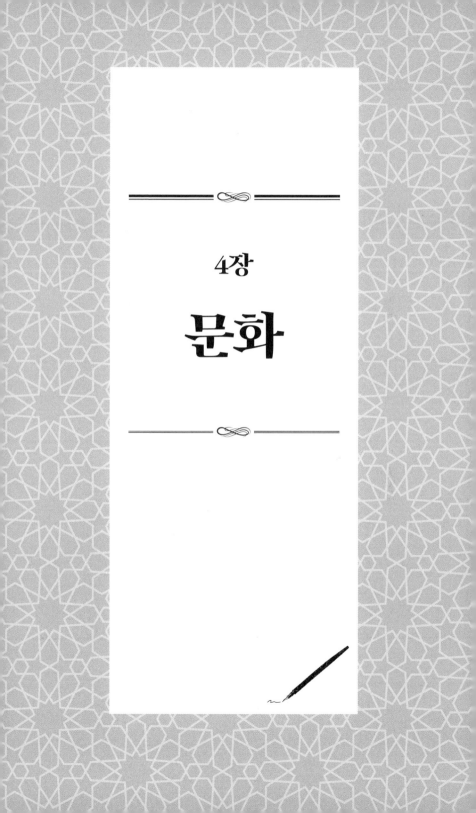

4장

문화

052

전설적인 음유시인, 길이 남을 작품을 만들다

호메로스
고대 그리스의 유랑시인

✤

"사상을 장미 향기처럼 전달하는 것이 진정한 시인이다."

– T.S. 엘리엇

역사상 최초의 시인이자 이야기꾼으로 칭송받는 호메로스.『일리아드』와 『오디세이아』는 수천 년의 시간이 지났어도 여전히 가장 유명한 서사시로 남아 있으며 현대에 들어서도 다양하게 재해석되고 있다. 과연 이 작품들을 만들어낸 호메로스는 어떤 인물일까?

『일리아드』는 10년간의 트로이 전쟁 중 마지막 해에 일어난 사건들을 설명하는 작품으로 유럽인의 정신과 사상의 원류가 되는 고대 그리스 최고의 대서사시다. 스파르타의 왕인 메넬라오스의 왕비이자 절세미인인 헬레네를 트로이의 왕자 파리스가 유혹해 일어나는 일들을 그린 내용인데 15,693행, 24권의 분량으로 구성되어 있다. 서사시를 읽는 것이 어렵다면 브래드 피트와 올랜도 블룸 주연의 영화 「트로이」에 이 이야기가 잘 묘사되어 있으니 쉽고 재밌게 이해할 수 있을 것이다.

『오디세이아』는 '오디세우스의 노래'라는 뜻인데 트로이 전쟁 이후 영웅 오이디푸스가 10년간 온갖 고난을 겪고 고향 이타카로 돌아가면서 벌어지는 일들을 그리고 있다. 외눈박이 사이클롭스나 스타벅스 로고의 모태가 된 세이렌 같은 괴물들도 모두 이『오디세이아』에서 등장했다.『오디세이아』는 서양 문학에서 고전 중의 고전이라 일컬어지는데 실제로 이 서사시에 영향을 받은 작품이 꽤 많다.『피네건의 경야』나『젊은 예술가의 초상』으로 유명한 제임스 조이스도 이에 영감을 받아 소설『율리시즈』를 썼다. 또한 스탠리 큐브릭의 걸작「2001 스페이스 오디세이」도 이 작품으로부터 영향을 받았다.

호메로스는 서양 최초의 문학 작품을 쓴 사람이라서 서양 문화사에서 항상 가장 먼저 언급된다. 또한 그의 작품들에는 무기에 대한 지식부터 의술까지 다양한 내용이 담겨 있어 예부터 일종의 백과사전으로 여겨져 왔다고 한다.

그의 정확한 탄생연도와 출생지는 알려져 있지 않다. 역사가들은 그가 기원전 12세기에서 8세기경에 태어났을 것으로 추정하지만 이도 정확한 것은 아니다. 그는 지금의 터키의 이오니아 지역에서 활동했던 것으로 추정되는데 정확히 언제 죽었는지도 모른다.

호메로스의 생애에 관해 확실히 알려진 것이 없어 실재 인물인지에 대한 논란은 고대부터 있었다. 이를 '호메로스의 문제'라고 하는데 이에 대해 어떤 사람들은 그는 실존 인물이 아니며 누군가 쓴 단편을 끌어모아 장편의 서사시로 만들었고 호메로스는 이때 내세운 가상의 인물이라고 주장하기도 했다.

하지만『일리아드』와『오디세이아』가 보여주는 방대한 스케일과 형태와 플롯의 완벽한 통일성, 주제의식 등이 보여주는 공통점들을 고려하면 호메로스는 실재 인물일 것으로 추정되며 이 두 서사시도 그의 작품이라는 것이 학계에서는 정설이다.

『일리아드』,『오디세이아』 이외에『호메로스의 찬가』라는 작품도 일부 전해지고 있지만 이는 후대 사람들이 내용에 살을 덧붙여 만들어낸 것으로 간주되고 있다.

참고로 호메로스의 영어식 표기는 호머Homer다. 미국 애니메이션「심슨 가족」의 대머리 주인공 호머 심슨의 이름도 호메로스로부터 온 것이다.

053

『삼국지연의』는 어떻게 썼을까?

나관중
원나라 말기 명나라 초기의 작가

✦

"종이 위에 붓을 휘두르면 구름이 흐르고 연기가 피어나듯"

- 중국의 시인 두보의 「음중팔선가」 중

어렸을 때 필자가 가장 많이 읽은 책은 『삼국지』였다. 어렸을 때 만화책으로 된 삼국지를 못해도 열 번은 넘게 읽은 것 같고, 성인이 되어서는 이문열의 『삼국지』도 수차례 읽었다. 수백 년이 지나도 위촉오와 영웅들의 서사시는 질리지 않으며 항상 새로운 교훈을 준다. 공명과 주유, 여포와 동탁, 읍참마속, 난세의 간웅 조조의 이야기는 언제 들어도 설레게 만든다.

삼국지의 이야기는 과연 누구의 손에 의해 탄생했을까? 바로 중국 원말 명초에 살았던 나관중(1330년경~1400년경)이다. 나관중은 민간에 떠도는 영웅들의 이야기와 진수가 쓴 『삼국지』 정사를 합쳐 『삼국지연의』를 내놓았다고 한다. 한마디로 나관중은 이야기들을 잘 섞어 재구성한 '이야기꾼'이었다.

나관중은 원래 장사꾼이었다. 하지만 장사에는 별로 관심이 없었고 찻집에 놀러다니며 이야기 듣기를 좋아했는데 그중에서도 특히 유비와 공명, 주유의 이야기를 즐겨 들었다고 한다.

그렇다면 평범한 장사꾼이던 나관중이 어느 날 갑자기 초능력이 생겨 책을 쓰게 된 걸까? 그렇지 않다. 역사가들은 나관중이 가난한 지식인이었을 것으로 추정한다. 그도 그럴 것이 생활이 넉넉했던 사람은 민간에서 떠도는 이야기, 즉 야사에 관심을 둘 가능성이 적었다. 굳이 그렇게 하지 않아도 정사에 접근할 수 있었기 때문이다. 민간의 이야기에 관심을 가졌고 생업을 계속했던 나관중이 가난했을 것으로 추측하는 것은 바로 이런 이유에서다. 또한 어느 정도의 지식이 있어야 떠도는 이야기를 편집해 재구성할 수 있는데 『삼국지연의』의 내용을 보면 나관중이 이런 능력이 있었다는 것을 알 수 있다.

그는 이곳저곳을 떠돌아다니며 민간에 떠도는 이야기들을 수집하고 『삼국지』정사와 대조해 말도 안 되는 허무맹랑한 부분은 제외하고 신빙성이 있는 부분만 편집해 『삼국지연의』를 만든 것이다.

『삼국지연의』는 중국을 대표하는 문학이다. 이 책에는 중국 역사부터 군사 전술까지 과거의 중국과 관련된 수많은 정보가 들어 있다. 『수호지』나 『금병매』 같은 소설들도 있지만 『삼국지연의』를 뛰어넘지는 못한다. 그 내용이 개인이 작성했다고 보기엔 너무나도 방대하고 완성도가 높기 때문에 일각에서는 나관중이 혼자 『삼국지연의』를 편찬하지는 않았을 것이라고 주장하기도 한다. 그가 혼자 책을 썼건 아니건, 중국 역사에 길이 남을 문화유산을 남겨준 것만은 확실하다.

054

음악의 아버지, 사실은 다혈질에 사고뭉치였다?

요한 제바스티안 바흐
독일의 작곡가, 오르간 연주자

✤

"음악은 나의 생명이며, 나는 연주하기 위해서 살고 있다."

바흐(1685~1750년)의 음악은 어디에나 흐른다. 결혼식장에서는 「G선상의 아리아」가 흐르고, 귀신의 집에서는 「토카타와 푸가」가 울린다. 교회에서도 그의 음악을 들을 수 있다. 그는 '음악의 아버지'이기 이전에 '교회 음악의 아버지'였다. 독일 출신으로 바로크 음악을 작곡했던 그는 1100여 개가 넘는 곡을 만들었고 후대의 음악가에게 많은 영감을 주었다.

바흐가 음악의 아버지가 된 것은 멘델스존 덕분이었다. 당시 바흐는 독일을 벗어난 적도 없고 유럽에 이름이 알려지지 않았었다. 멘델스존은 바흐의 「마태수난 곡」 연주회를 열었는데 이 곡이 폭발적인 인기를 끌면서 바흐가 유럽 전역에서 사랑받게 된다.

그의 집안은 대대로 음악가 집안이었다. 백파이프 연주가부터 바이올린 연주가와 작곡가까지 있으며 바흐의 다섯 형제 중 바흐를 포함한 3명이 음악가의 길을 걸었다.

바흐는 교회 오르간 연주자로 일하며 성가대의 학생들도 가르쳐야 했다. 그러나 그는 가르치는 일을 매우 싫어했다. 그리고 이 일은 원래 바흐가 하는 줄도 몰랐던 일이었다. 어느 날은 학생에게 매우 화가 나 학생을 심하게 모욕했다. 그 학생은 기회를 엿보다 지팡이로 바흐를 후려쳤고 바흐가 단검을 꺼내면서 순식간에 난장판이 되었다.

바흐가 일과 관련해서 문제를 일으켰던 건 이뿐만이 아니었다. 1708년에 새로운 일을 구한 바흐는 공고내용과 본인이 맡은 일이 다르다는 것을 알았다. 하지만 이번 일을 버티면 카펠마이스터(관현악이나 취주악의 지휘자)로 진급할 수 있다는 약속을 받아내고 5년을 버텼다.

그러나 5년이 지난 후에 전임 카펠마이스터의 아들이 그 자리를 물려받게 된 것을 알게 된 바흐는 화가 나서 그 자리에서 일을 때려치웠다. 그를 고용했던 백작은 분노해서 그를 4주 동안 감옥에 보내버렸다.

바흐의 음악을 들으면 졸린 독자가 있는가? 그의 음악 중 「골드베르크 변주곡」 같은 몇 곡은 불면증을 치료하기 위해 작곡되었다. 그러니 졸린 것이 당연하다.

바흐의 젊었을 때 초상화와 나이가 들었을 때의 초상화를 비교해보면 눈이 좀 다르다는 것을 알 수 있다. 바흐는 65세에 백내장 수술을 받았는데 돌팔이 의사에게 잘못된 수술을 받아 실명했다. 이즈음에 그려진 바흐의 초상화를 보면 그의 눈이 과거와는 달리 초점이 없다는 것을 알 수 있다.

055

영화 속 2인자, 알고 보니 1인자였다?

볼프강 아마데우스 모차르트
·안토니오 살리에리
오스트리아의 작곡가와 이탈리아의 작곡가

✤

"욕망을 갖게 했으면 재능도 주셨어야지."

– 영화 「아마데우스」 중 살리에리

아마데우스Amadeus, 1984년

밀로스 포만 감독의 영화이다. 피터 섀퍼의 1979년 동명의 희곡 작품을 모티브로 만들어졌으며 모차르트(1756~1791년)를 시기한 살리에리(1750~1825년)의 이야기를 담고 있다.

작곡가 살리에리의 작품 중 기억나는 것이 있는가? 웬만큼 클래식 음악을 즐겨듣는 사람이더라도 쉽사리 살리에리의 어떤 작품이 유명한지 떠올리긴 어려울 것이다. 그럼에도 불구하고 우리는 이 사람의 이름을 알고 있다. 영화 「아마데우스」 속에서 그가 천재 모차르트를 질투해 죽게 만들었다는 이야기 때문이다. 영화가 개봉한 이후에 천재를 따라잡지 못해 열등감과 시기를 보인다는 뜻의 '살리에리 증후군'이라는 말도 생겨났다.

살리에리는 정말로 능력이 부족한 인물이었을까? 그리고 모차르트와 살리에리는 영화에서처럼 라이벌이었을까? 살리에리는 질투 때문에 모차르트를 정말로 독살했을까?

답은 '아니오'다. 살리에리는 당시 매우 유명한 음악 교육가였다. 그가 가르친 학생들은 베토벤, 슈베르트, 리스트 등이었다. 베토벤이 생전에 남긴 편지를 보면 스승을 매우 존경하고 있다는 사실을 알 수 있다. 또한 일곱 살이라는 어린 나이에 천재성을 가진 슈베르트를 알아보고 그를 키워 낸 것도 살리에리였다. 그는 제자 개개인의 잠재력을 알아보고 한껏 키워 주는 데 탁월한 능력을 가진 스승이었다. 한마디로 잘나가는 음악가였다.

영화에선 둘은 라이벌로 나오지만 이는 다분히 모차르트가 개인적으로 주장한 내용에 근거한 것이다. 당시 살리에리 때문에 일자리를 빼앗기고 자신의 오페라를 공연하지 못했던 적도 있는 모차르트로서는 살리에리가 눈엣가시였을 것이다. 그의 입장에서 살리에리가 모든 것을 빼앗아 가고 있다고 생각했을지도 모르는 일이다. 이런 주장을 바탕으로 알렉산드르 푸시킨의 「모차르트와 살리에리」라는 시극이 탄생했고 이후 살리에리는 모차르트를 질투하는 인물로 묘사되어 왔다. 그러나 잘나가는 음악가였던 살리에리가 과연 모차르트를 질투할 이유나 있었을까?

여기에 2016년에 발견된 한 악보는 이 둘이 라이벌이 아니라는 주장에 힘을 실어주었다. 1785년 모차르트와 살리에리는 공동으로 성악곡을 작곡하기까지 했다. 이 곡은 둘 사이의 관계를 증명해준다. 또한 모차르트와 살리에리는 빈에서 활동하던 시절 각각 피아노 연주와 작곡을 분담해 공동 작업을 하곤 했다. 라이벌과 공동 작업을 하고 싶어 하는 사람도 있을까?

그리고 모차르트는 독살된 것이 아니라 자연사라는 사망 원인을 진단받았다. 살리에리가 모차르트를 독살했다고 하기엔 그에 반하는 증거가 너무나 많아 독살설은 후대에 전해져 내려오면서 부풀려진 것으로 보인다. 모차르트가 죽은 뒤 그의 아들은 살리에리에게 음악을 배웠다. 만약 독살설이 사실이었다면 아버지를 죽인 원수에게 음악을 배우려 했을까?

그렇다면 그가 독살되었다는 이야기는 도대체 어디서 나온 걸까? 모차르트가 말년에 갑자기 죽었다는 점과 살리에리가 말년에 치매에 걸린 뒤 '내가 모차르트를 죽였다'라고 말한 것 때문에 거짓 소문이 퍼지게 된 것이라고. 하지만 전문가들은 모차르트의 햇빛을 잘 쬐지 않았던 생활습관과 그의 죽음에 대한 스트레스가 엄청났던 살리에리의 감정이 치매가 걸린 이후에 드러나게 된 것이라고 평가한다. 결론은 '살리에리가 모차르트를 죽이지 않았다는 것'이다.

056

독일 오페라의 거장, 4일간 연주하는 작품을 만들다

리하르트 바그너
독일의 작곡가, 지휘자

✤

"바그너의 음악은 너무 듣기 힘들다.
자꾸 폴란드를 점령하고 싶은 충동이 생긴다."

– 영화 감독 우디 앨런

프랜시스 포드 코폴라 감독의 영화 「지옥의 묵시록」은 조지프 콘라드의
소설 『어둠의 심연』에서 영감을 받아 만들어졌다. 베트남전을 배경으로
정글 깊숙한 곳에 숨어 있는 미군 특수부대 대령을 암살하라는 명령을
받은 주인공이 임무를 완수하는 과정을 그린 영화이다.

이 영화에서 클래식 음악이 울려 퍼지면서 여러 대의 헬기가 한곳을
향해 날아가는 장대한 광경이 펼쳐진 후 마을을 무차별적으로 폭격하는
장면은 전쟁영화 사상 최고의 명장면으로 유명하다.

이 장면에 등장하는 음악이 바로 바그너(1813~1883년)의 「발키리의 기
행」이다. 그는 독일 오페라를 유명하게 만들었으며 많은 책을 남겨 유럽
지성사에도 큰 영향을 준 인물이다. 그러나 매우 자기중심적인 사람이었
고 반유대주의자였다. 그래서 지금도 이스라엘에서는 그의 음악을 연주
하지 않는다. 또한 그의 사후에 나치의 선전 및 선동에 그의 음악이 이용
되어 오명을 달기도 했다.

그가 활동하던 시기에는 이탈리아 오페라가 큰 인기를 끌고 있었다.
동시대 이탈리아 출신 작곡가 주세페 베르디의 오페라 작품을 살펴보면
사랑이나 이별 같은 대중이 이해하기 쉬운 주제를 주로 소재로 사용했

다. 반면 바그너는 독일과 관련된 신화의 이야기를 주로 소재로 사용했기 때문에 배경지식이 없어 신화에 사용된 상징이나 은유를 이해하지 못한 관객은 공연 내내 꽤나 고통스러운 시간을 보내야만 했다. 그래서 그의 작품은 난해하다거나 어렵다는 평을 듣기도 했다. 「탄호이저」나 「니벨룽겐의 반지」 같은 그의 대표작들은 전부 신화적인 스토리에 그 뿌리를 두고 있다.

또한 이탈리아 오페라의 경우 가수가 부르는 성악 아리아가 오페라의 중심이다. 오케스트라는 성악가의 뒤를 받쳐주는 보조 역할이다. 하지만 바그너의 작품은 오케스트라가 중심이 되어서 계속 음악이 나온다는 특징이 있다. 그래서 사람들은 바그너의 작품에 오페라가 아닌 악극, 즉 '뮤직 드라마'라는 이름을 붙였다. 성악가가 화려한 무대에서 노래를 부르는 전형적인 오페라에서 벗어나 오케스트라가 주연이 되는 무대 예술을 선보였던 것이다.

그의 작품들은 연주 시간이 길다. 「니벨룽겐의 반지」는 총 4개의 오페라가 연작 형태로 작곡되었고 한 작품당 4시간 정도 공연하며 관객들은 중간에 화장실도 가지 못한다. 총 공연은 15시간 이상이며 4일 동안 계속해서 연주한다고. 도대체 그의 작품은 왜 이렇게 긴 걸까?

바그너는 자신의 작품이 연속성을 갖기를 원했다. 그래서 바그너의 작품에서는 음악이 끊기지 않고 계속 이어진다. 그는 음악이 끊기면 감정의 이입도 끊긴다고 생각했다. 그에게 노래는 사람들에게 어떤 감정을 안겨 줄 수 있는 효율적인 도구였다. 이러한 형식은 그때까지의 오페라의 형식을 깨는 것이었다. 이외에도 금관악기 위주로 오케스트라를 구성하거나 극단적인 반음계적 화성을 사용했다는 것도 바그너 작품의 특징이다.

오늘날 바그너의 작품은 자주 공연되지 않는다. 다른 오페라와는 '다르기' 때문이다. 현실적으로 그의 작품에 맞춰서 지휘를 하고 노래를 부를 수 있는 사람은 드물고 시간도 엄청나게 소요되어서 쉽게 공연하기 어렵다고 한다.

그럼에도 불구하고 바그너는 이전과는 다른 새로운 방식으로 음악을 만들어 당대의 사람들을 놀라게 한 작곡가였다. 비록 게르만 후손들에 의해 씻을 수 없는 오명이 남긴 했지만 그가 독일 역사상 '가장 독특하면서도 독일적인 음악'을 작곡해낸 인물이라는 것은 누구도 부정할 수 없는 사실이다.

057

비너스의 어깨를 비대칭으로 만들다

산드로 보티첼리
이탈리아 화가

✤

"보티첼리가 현재까지 살아있었다면
아마 그는 지금 「보그」에서 일하고 있을 것이다."

– 영국의 배우 피터 유스티노프

인류의 역사에서 교회가 모든 것을 차지했던 중세 시대는 소위 말하는 암흑기였다. 길고 어두운 터널을 지난 후 인류는 르네상스를 맞이한다. 이 시기에 등장한 보티첼리(1445~1510년)는 부드러운 곡선과 섬세한 묘사, 왜곡된 인체 비율 등의 특성을 가진 그림을 그렸고 르네상스 시대를 대표하는 화가로 길이 남게 된다. 현대에 들어오면서 보티첼리의 작품은 재조명받았고, 대중문화에 널리 영향을 끼치게 된다.

보티첼리의 본명은 원래 알레산드로 디 마리아노 필리페피이다. 보티첼리라는 단어는 '작은 술통'이라는 뜻인데, 그는 이 이름으로 사람들에게 더 잘 알려져 있다. 그리고 그는 화가를 하기 전에 대장장이를 하기 위해 도제 교육을 받았다. 우연한 기회에 화가가 되어 메디치가의 후원을 받았고 이후 역사에 길이 남을 명작들을 그리게 된다.

그의 작품은 사실 르네상스 시대에 주목받았고 300여 년간 주목받지 못하다가 근대와 현대에 들어와서 다시금 주목받는다. 19세기 중반에 단테이 게이브리얼 로세티나 존 에버렛 밀레이 같은 화가들이 보티첼리의 화풍을 차용해 그림을 그리면서 그는 다시금 유명해지기 시작했는데 이러한 그의 유명세는 현재까지도 이어지고 있다.

보티첼리의 대표작인 「비너스의 탄생」을 보면 비너스가 옷을 입지 않고 있다. 이는 중세 기독교의 그림과 큰 차이가 있다. 과거 종교화에서 여성들은 대부분 단정한 옷을 입고 있으며 예수와 연관이 있는 경우가 많았다. 이 시기에 여성의 누드는 죄악으로 취급받았다.

보티첼리의 작품은 동시대 예술가 레오나르도 다빈치나 라파엘로가 그린 비너스와도 매우 다르다. 보티첼리는 비너스가 손으로 몸을 가리는 '겸손한 비너스Venus Pudica' 자세를 선택했다. 다른 화가들은 바다에서 나체로 걸어오는 '관능적인 비너스Venus Anadyomene'를 선호했다.

보티첼리 작품에서 볼 수 있는 또 다른 특징은 바로 비율이다. 비너스를 잘 보면 목은 비현실적으로 길고 왼쪽 어깨는 심하게 비대칭으로 해부학적으로 불가능한 각도를 하고 있다. 같은 자세를 취해보면 아마 불가능하다는 걸 알게 될 것이다. 요즘 말로 하면 '포토샵'을 과하게 한 것이랄까. 또한 여성들의 팔을 늘리고, 어깨를 좁혀 비율을 파괴했다. 이는 작품의 미를 강조하기 위해 일부러 이렇게 그린 것이라고 한다.

보티첼리가 비너스와 사랑에 빠졌다고 생각하는 사람도 많았다. 그의 그림에서 꾸준히 등장하는 한 여자가 있다. 바로 시모네타 베스푸치이다. 피렌체 가문으로 시집 온 그녀는 피렌체의 미녀로 칭송받았다. 보티첼리는 그녀를 모델로 해 비너스를 포함한 「봄」이나 「비너스와 마르스」 등 다수의 작품을 그렸다. 워낙 많은 작품에서 그녀가 등장했기 때문에 사람들은 그가 사랑에 빠졌을 것이라고 생각했다. 안타깝게도 그녀는 살아 있을 때는 유부녀였던 데다가 일찍 생을 마감해 보티첼리는 그 사랑을 이룰 수 없었다.

그의 작품은 '모방은 가장 훌륭한 칭찬의 형태이다'라는 말을 잘 드러내준다. 보티첼리를 모방하는 예술가들은 수도 없이 많았다. 현대에 다시금 보티첼리가 알려지기 시작한 것도 모방으로부터였다. 그의 그림을 따라한 화가들은 말할 것도 없고 영화, 패션 등의 문화 전반에서 등장한다. 1988년 영화 「바론의 대모험」에서는 우마 서먼이 비너스의 역할을 맡는 장면이 등장하며, 1962년 「007: 살인번호」에서는 여주인공이 해변가에서 등장하는 장면이 「비너스의 탄생」을 연상시키기도 한다. 또한 이탈리아의 명품 브랜드 돌체앤가바나는 90년대에 보티첼리의 작품들로부터 영감을 받은 드레스를 선보이기도 했다.

보티첼리는 심지어 우주로까지 뻗어나갔다. 수성의 크레이터 중 하나는 보티첼리라는 이름이 붙어 있다. 국제천문연맹에 따르면 수성의 크레이터에 유명한 예술가들의 이름을 따서 붙이기 때문에 모차르트, 마티스, 브람스 등 우리에게 익숙한 이름이 붙어 있다고 한다. 아마 보티첼리가 살아 있었다면 금성Venus이 아니라 수성Mercury에서 살게 된 걸 아쉬워하지 않았을까?

르네상스를 빛나게 한 천재 예술가

미켈란젤로 부오나로티
이탈리아의 조각가, 화가, 건축가

✤

"이미 조각상이 대리석 안에 있었고,

필요 없는 부분만 깎아내 원래의 존재를 드러낸 것뿐이다."

미켈란젤로(1475~1564년)는 그의 스승도 질투할 만큼 뛰어난 재능을 지닌 화가였다. 메디치가의 후원을 받으며 「다비드」, 「천지창조」, 「피에타」 등 오늘날에도 손꼽히는 작품들을 만들어냈다. 르네상스의 기초를 다졌다고 해도 과언이 아니다.

스무 살 때 미켈란젤로는 큐피트를 조각하고 골동품으로 둔갑시켰다. 그 큐피트 조각상은 손에 손을 거쳐 추기경에게 팔렸지만 골동품이 가짜라는 것은 얼마 안 가 들통났다. 추기경은 화가 머리끝까지 났지만 가짜임에도 주변 사람들에게 작품에 대한 찬사를 받아서 화를 가라앉힐 수 있었다. 다시 보니 미켈란젤로가 만든 위작은 정말 흠잡을 데가 없었다. 그래서 추기경은 미켈란젤로의 후원자가 되었다. 덕분에 2년 뒤에 미켈란젤로는 「피에타」 조각 작업까지 맡을 수 있었다.

성모마리아가 죽은 예수그리스도를 안고 있는 모습을 표현한 「피에타」는 미켈란젤로가 서명을 남긴 유일한 작품이다. 도대체 왜 그는 「피에타」에만 자신의 서명을 남겼을까? 많은 사람들은 23살의 미켈란젤로가 「피에타」 같은 훌륭한 작품을 조각한 것이라고 믿지 않았다. 그래서 미켈란젤로는 이 작품에만 자신의 서명을 새겨 넣었다.

미켈란젤로와 또 다른 르네상스의 대표적인 화가 레오나르도 다빈치는 서로를 굉장히 싫어했다. 서로 꽤 심각한 경쟁의식을 갖고 있었으며 심지어 레오나르도 다빈치는 미켈란젤로의 재능을 매우 시샘했다.

레오나르도 다빈치와 미켈란젤로는 성격이나 사물을 보는 사고방식이 상당히 대조적이었다. 레오나르도 다빈치는 자신의 재능에 대해 엄청난 오만함을 갖고 있었고 미켈란젤로는 지나치게 겸손했다. 레오나르도 다빈치는 그의 오만한 성격에 맞게 표현이 자유로운 회화를 중요시했지만, 그와 대조적으로 인간적이었던 미켈란젤로는 기술적으로 완벽해야만 하는 조각에 매료되었다.

그는 항상 본인이 화가보다 조각가에 가깝다고 생각했다. 모든 예술 가운데에서 조각이 신이 인간을 빚는 과정과 매우 비슷하다고 생각했기 때문이다. 이러한 그의 조각은 힘의 묘사가 잘 이루어져 있고 거대한 스케일로 제작되었으며 인체의 아름다움을 세밀하게 묘사했다.

이렇게 미켈란젤로가 인체의 아름다움을 잘 묘사한 대표작 중 하나가 바로 「다비드」이다. 한 조각가가 망가뜨려놓은 대리석이 40년 동안 방치되어 있다가 미켈란젤로의 손에 들어갔는데 그는 대리석으로 골리앗을 때려눕힌 다비드를 조각했다.

미켈란젤로 하면 떠오르는 대표작은 몇 개가 더 있다. 그중 「천지창조」 와 「최후의 심판」은 그 웅장함 때문에 다른 작품들보다 훨씬 더 유명하다. 이 중 「천지창조」는 그 규모 때문에 시스티나 성당을 방문하는 사람들에게 큰 감동을 준다. 천장에 그림을 그리기 위해 미켈란젤로는 엄청난 고생을 했고 결국 목과 눈에 심한 이상이 생겼다.

걸작인 「최후의 심판」을 그릴 때, 당시 교황의 의전을 담당했던 비아지오 다 체세나 추기경은 이 그림이 '홍등가에나 어울릴 법한 그림'이라고 비판했다. 비난 받은 것이 화가 났는지 미켈란젤로는 지옥의 판관 미노스의 얼굴을 추기경의 얼굴로 그려놓았다. 추기경은 교황에게 자신의 얼굴을 벽화에서 지워달라고 간청했지만 교황은 자신이 지옥을 다스릴 힘은 없다며 거절했다고 한다.

이렇게 미켈란젤로가 그림부터 조각까지 다양한 예술 활동을 할 수 있었던 것은 경제적으로 부족하지 않아서였다. 이미 살아 있을 때 교회의 요청으로 작품을 만들어 꽤 큰돈을 만졌고 부동산 투자로도 많은 돈을 벌어들인 것으로 알려져 있다. 그가 죽었을 때 그의 자산은 5만 플로린(당시 이탈리아 피렌체 지역의 통화)이었는데 이는 현재 수준으로 5000만 달러의 가치가 있다고 한다. 그리고 그는 엄청나게 장수해 89세까지 살았는데 이는 당시의 기준으로는 꽤나 긴 것이었다.

059

바로크 스타일의 대표 화가, 상업미술의 대가였다?

페테르 파울 루벤스
독일 태생의 화가

✦

"나는 그저 붓을 들고
신에게 영감을 구하는 남자일 뿐이다."

바로크 양식은 17세기 초부터 18세기 전반에 걸쳐 이탈리아를 비롯한 유럽의 여러 가톨릭 국가에서 발전한 미술 양식이다. 원래는 건축에서 시작되었지만 이후 미술, 조각 등의 다양한 분야에서 등장한 사조도 바로크라고 칭하게 되었다.

르네상스 이후에 등장한 바로크 미술은 당시 유럽인들의 삶에 큰 영향을 미쳤다. 어떤 학자들은 바로크 미술 시기에 등장한 작품이 인류의 역사에서 가장 위대한 작품들이라고 주장하기도 한다. 변화하는 환경 속에서 사람들은 새로운 미술을 갈구했고 그 결과 등장한 것이 바로 바로크 미술이었다.

바로크 미술은 이탈리아의 로마에서 시작되어 유럽 각지로 퍼져나가기 시작했다. 각 지역마다 독특한 특성을 보여 한 번에 '이것이 바로크 미술이다'라고 표현하긴 어렵지만 그래도 공통점인 점을 꼽아보자면 강한 명암 대비, 과장, 입체감, 역동성 등의 특징을 지닌다고 할 수 있겠다.

이런 바로크 미술의 대표 화가 중 한 명이 바로 루벤스(1577~1640년)다. 독실한 가톨릭 교도였던 그는 주로 종교화를 그렸는데 그 그림들 대부분은 에너지와 힘이 넘치는 그림이었다. 화려한 색감과 자신만의 구도를 통해 거리낌없이 자신이 표현하고자 하는 바를 표현했다. 지금도 루벤스의 그림을 보면 마치 그림 속에서 인물들이 살아 움직일 것같이 정교하게 그려진 것을 확인할 수 있는데 이것이 바로 루벤스 그림의 특징이다.

루벤스는 어마어마하게 많은 그림을 그려냈다. 오늘날까지 전해지는 그의 그림은 3000여 점에 이른다. 일반적으로 화가들이 평생 100여 점에서 200여 점의 그림을 그린다는 것을 감안하면 그는 마치 그림을 찍어내는 '공장'처럼 그렸던 것이다. 그는 각 부분을 그릴 조수들을 구해 그림을 그리도록 시켰다. 요즘 말로 '공동제작 방식'이라고 불리는 이 방식은 효율적이어서 그가 그렇게 많은 그림을 그릴 수 있었던 것이다. 루벤스가 한 것은 완성된 그림에 자신의 이름을 새겨 넣는 것뿐이었다. 그러면 그 그림은 루벤스의 작품으로 인정받게 되었다.

이런 루벤스가 당시에 꽤나 부자였다는 사실을 알고 있는가? 그는 자신의 작품들로, 부동산으로, 온갖 잡다한 일들로 부와 명예를 누렸다. 그는 가난한 예술가와는 거리가 멀었고 넉넉한 돈을 갖고 수많은 작품을 남긴 덕에 오늘날 우리에게 익숙한 예술가가 되었다.

060

영국의 대문호, 어쩌면 실존 인물이 아닐 수도 있다?

윌리엄 셰익스피어
영국의 극작가

✦

"오늘은 이러고 있지만 내일은 어떻게 될지 알아요?"

---

1 영국의 대문호 셰익스피어(1564~1616년)를 모르는 사람이 있을까? 그는 살아있는 동안 총 36편의 각본과 154편의 소네트를 썼다. 특히 그중에서도 우리에게 잘 알려진 4대 비극과 5대 희극은 오늘날까지도 많은 사람들이 읽는 고전 명작이다. 그가 쓴 『로미오나 줄리엣』, 『햄릿』 같은 작품들은 인간의 내면을 깊게 꿰뚫어 보고 있다. 하지만 어느 누구도 그가 정확히 몇 편의 작품을 썼는지는 모른다. 시간이 지나면서 그의 작품들 중 몇 개는 사라졌고, 다른 사람이 도와줘서 작품을 썼을 것으로 추정되는 것도 있기 때문이다.

2 셰익스피어가 생애의 초기에 어떻게 살았는지 알려진 바는 많지 않다. 어렸을 때는 풍족하게 살았지만 집안이 기울어 대학을 졸업하지 못했다는 정도가 알려져 있다. 그가 8살 연상의 여인을 만나 결혼한 후에 종적이 묘연한 7년간의 시기가 있다. 역사가들은 이 시기를 '잃어버린 시기'라고 칭한다.

3 1592년의 어느 날 갑자기 셰익스피어는 런던에 나타나 연극을 하고 각본도 쓴다. 당시 권위적인 작가였던 로버트 그린은 그를 '벼락출세한 까마귀'라고 비난하기도 했다. 이 사실로 미루어보아 셰익스피어가 런던

연극 무대에서 꽤 이름을 날렸으리라고 추측해볼 수 있다. 도대체 그는 7년 동안 무엇을 했던 걸까? 악마한테 영혼이라도 팔았던 걸까? 역사학자들은 그가 유럽을 여행했고 선생님으로 일했으며 극단에 소속되어 배우로 활동하면서 다양한 경험을 쌓았을 것이라고 추측하고 있다.

4 셰익스피어는 역사에 길이 남을 작품들을 남긴 것뿐만 아니라 현대 영어에서 사용되는 외로운lonely, 우울한gloomy 등과 같은 표현을 처음으로 사용했다. '약한 자여, 그대의 이름은 여자이니라'는 표현 또한 셰익스피어의 작품에서 나왔다. 또한 올리비아, 미란다, 제시카, 코델리아 같은 영어 이름들도 모두 셰익스피어의 작품에서 처음 등장했다. 그만큼 영어라는 언어에 셰익스피어가 기여한 바는 매우 크다고 할 수 있겠다.

5 셰익스피어의 초상화를 살펴보면 귀걸이를 하고 있다. 르네상스 시대 1590년 무렵부터 영국의 성직자와 문인들을 중심으로 꽤 오랜 기간 동안 유행했다. 셰익스피어가 귀걸이를 하고 있는 초상화가 그려진 건 1660년 정도였으니 적어도 70년은 더 유행했지 않을까?

6 셰익스피어라는 이름의 영어 스펠링이 무엇인지 아는가? 꽤 헷갈려서 틀리는 사람이 많다. 만약 모른다고 해도 괜찮다. 셰익스피어 본인도 자신의 이름을 제대로 쓰지 않았으니까. 무슨 이유에서였는지는 모르겠지만 그는 서명할 때 본인의 이름을 80가지의 방법으로 썼다고 한다. 현재 남아 있는 셰익스피어의 서명을 연구한 학자들은 그가 본인의 이름으로 절대 서명하지 않았다는 것을 발견해냈다. 이름이 80개면 무슨 느낌일까?

7 그는 1616년 4월 23일, 52세의 나이로 생을 마감했다. 당시 평균수명이 30~40세 정도였으니 이 정도면 꽤 오래 산 것이라고 할 수 있겠다.

그가 왜 죽었는지는 정확히 알려지지 않았다. 그의 묘비에 '제발 부탁컨대, 여기 묻힌 것을 파지 말아 달라' 적어놨음에도 18세기에 그의 두개골이 도난당하는 사건이 발생했다. 묘비명이 별로 효과는 없었던 모양이다.

8 정규 교육을 제대로 받지도 못한 남자가 역사에 길이 남을 대문호가 될 가능성은 얼마나 될까? 심지어 그가 나이가 많지 않았던 때에 집필한 초기 작품에서도 역사와 정치, 상류 사회에 대한 해박한 지식이 드러나 있다. 그래서 몇몇 학자들은 여러 명이 함께 작품을 집필했고 셰익스피어를 소위 말하는 '바지사장'으로 내세웠을 것이라고 추측하고 있다. 그의 뒤에 숨어서 글을 썼던 사람들 후보는 철학자 프랜시스 베이컨, 옥스퍼드의 백작 에드워드 드 베레, 극작가 크리스토퍼 말로 등이 거론된다. 혹은 그가 실존 인물이 아니었을 것이라고 주장하기까지 하는 학자도 있다. 진실은 무엇일까?

061

입체파의 대표 화가는 어떤 삶을 살았을까?

파블로 피카소
스페인의 화가

✤

"나는 보는 것을 그리는 것이 아니라
생각하는 것을 그린다."

스페인에서 태어났지만 유년 시절 이후 모든 기간을 프랑스 파리에서 보내면서 고향으로 돌아가지 않았던 화가 파블로 피카소(1881~1973년)는 철저한 이방인이었다. 그는 공산주의자였고 본국인 스페인에서는 감시 속에 살았지만 프랑스에서는 사상에 관계없이 그의 예술활동을 적극적으로 지원했다. 그가 외국인에 공산주의자라는 사실이 적어도 파리에서는 아무 문제도 되지 않았던 것이다. 그래서 그는 큐비즘을 통해 새로운 개념과 장르를 개척할 수 있었고 사물의 본질을 꿰뚫어 보는 그림을 그릴 수 있었다.

피카소는 전형적인 예술가 타입은 아니었다. 우리는 예술가 하면 가난하게 삶을 이어가고 질병에 고통받다가 생을 일찍 마감하는 천재를 떠올린다. 하지만 그는 공산주의자였음에도 살아생전에 엄청난 부를 누렸고 93세까지 장수하면서 엄청난 여성 편력을 자랑했다. 천재적인 재능을 가지고 태어나 팔자 좋은 삶을 살다 떠났다.

1881년 태어난 피카소는 어렸을 때부터 뛰어난 그림 실력을 자랑했다. 그의 아버지는 미술 교사였는데, 13살 때부터 아버지보다 그림을 잘 그린다는 평을 들을 정도였다. 이런 실력이 뒷받침되었기에 그는 비교적 어린 나이부터 화가로서 이름을 날릴 수 있었다.

보통 한 화가는 자신만의 고유한 화풍을 가지고 있다. 그래서 일생 동안 작품활동을 하면서 비슷한 그림들을 그린다. 하지만 피카소는 본인의 화풍을 끊임없이 변화시켰다. 10대에는 인물화와 풍경을 사실적으로 그렸고 '청색 시대'와 '장밋빛 시대'를 거쳐 1912년에는 입체주의 화가가 되었다. 그리고 나중에는 신고전주의 그림을 그리기도 했다.

그가 평생에 걸쳐 그린 그림은 3만 점이 넘는다. 꽤 많은 그림을 팔았기 때문에 그는 남부럽지 않은 부를 가질 수 있었다. 젊었을 때 잠깐 가난했던 적도 있었지만 서른 살 무렵엔 파리에서 꽤 풍족한 생활을 유지할 수 있게 되었다.

그런데 이쯤 되면 한 가지 드는 의문이 있다. 아무리 그가 오래 살았다고 해도 그가 그린 3만여 점의 그림은 엄청난 양에 해당한다. 빈센트 반 고흐도 그림들과 습작들을 모두 합쳐 2000여 점의 그림을 그렸고, 피카소와 함께 20세기 최고의 화가로 칭송받는 마르크 샤갈도 대략 1000여 점의 그림을 그렸다. 얼핏 계산해보면 그가 10대 때부터 그림을 그렸다고 해도 거의 하루에 하나 정도는 그려야 된다는 계산이 나온다. 피카소는 도대체 얼마나 그림을 빠르게 그린 것일까?

실제로 피카소는 어렸을 때 하루만에도 그림을 그려낸 적이 있다. '그림을 그렇게 그리면 대충 그리는 것 아닌가?'라는 생각을 할 수도 있는데 작업의 시간과 완성도는 항상 비례하지는 않는다. 피카소는 완전히 몰입해 압축적으로 작업했다.

돈도 많고 예술적 재능도 있는 이런 피카소 주변엔 늘 미인들이 존재했다. 그가 여성 편력이 심했다는 사실은 어쩌면 당연한 것이 아니었을까. 심지어 결혼해서 한 여자와 사는 도중에 다른 여자와 살림을 차리기도 하는 등 상식적으로 이해하기 어려운 행동을 하기도 했다. 그중에서 그가 오랫동안 관계를 가졌던 여성은 7명이다.

062

재즈를 널리 퍼트린 아티스트

루이 암스트롱
미국의 가수, 재즈 음악가

"장르는 중요치 않다.
세상을 멋지게 만드는 것은 음악 그 자체다."

Q. 미국 뉴올리언스의 국제공항의 이름은 무엇인가?
A. 루이 암스트롱 뉴올리언스 국제공항

　미국 루이지애나 남부에 위치한 항구 도시, 뉴올리언스. 17세기 이전에 프랑스령이었고 1803년 미국이 사들여 미국의 영토가 된 이곳은 한 가지가 매우 유명하다. 바로 재즈다. 뉴올리언스에서 탄생한 몇 안 되는 순도 100% 미국 음악인 재즈는 이제 하나의 대표적인 음악 장르로 굳건히 자리 잡았다. 이 재즈의 발전에 큰 기여를 남자가 한 명 있다. 바로 루이 암스트롱(1901~1971년)이다. 이름을 어디서 들어본 것 같긴 한데 누군지 모르겠다고? 당장 「What a wonderful world」라는 노래를 검색해서 들어보시라. 이 노래를 부른 것이 바로 입이 큰 남자, '사치모' 루이 암스트롱이다.

　루이 암스트롱은 재즈 역사에서 빼놓을 수 없는 중요한 인물이다. 그는 재즈에 트럼펫을 도입한 최초의 인물이고 트리오나 쿼텟 등 여러 사람이 같이 연주하는 것이 아닌 독주로 성공을 거둔 최초의 재즈 음악가였다.

　또한 그는 즉흥적으로 의미 없는 멜로디를 지어내는 스캣 보컬을 창시한 사람이기도 하다. 음악은 대중들에게 즐거움을 주기 위해 존재한다고 생각했던 그는 뛰어난 트럼펫 연주자이자 보컬이었으며 대중에게 재즈를 알린 '재즈 전도사'였다. 그의 이름이 재즈의 본고장인 뉴올리언스의 공항 이름이라는 것은 그가 재즈 역사에서 얼마나 큰 발자국을 남긴 인물인가를 보여주는 예시라고 할 수 있겠다.

그가 등장하기 전의 재즈는 볼품없는 음악이었다. 흑인들의 민요나 행진곡 등에 영향을 받아 뉴올리언스에서 탄생한 원시적인 음악이었을 뿐이었다. 우리가 재즈 하면 떠올리는 세련된 느낌은 원래 처음엔 전혀 존재하지 않았다. 루이 암스트롱은 이 음악에 특유의 리듬을 넣었고 자유로운 방식으로 노래하면서 재즈를 재즈답게 만들었다. 재즈를 좋아하는 사람들에게 역사상 가장 중요한 재즈 아티스트를 꼽으라고 한다면 찰리 파커나 마일스 데이비스, 존 콜트레인을 고르겠지만 사실 진짜 중요한 사람은 바로 루이 암스트롱이다.

그의 인생은 전화위복이라는 말이 잘 어울린다. 불우했던 어린 시절, 그는 가난해서 학교도 그만두어야 했고 심지어 길거리에서 총을 쏜 죄로 18개월 동안 소년원에서 복역하게 된다. 소년원에서 우연히 접한 코넷에 푹 빠진 그는 미친듯이 연습했다. 이 덕분에 시카고와 뉴욕으로 진출해 재즈 뮤지션의 길을 걸을 수 있었다.

그가 재즈 역사에서 길이 이름을 남길 수 있었던 이유는 바로 엄청난 노력이었다. 암스트롱은 재즈와 관련된 모든 것을 독학으로 배웠다. 어느 누구도 그에게 음악에 대해 가르쳐주지 않았고 트럼펫과 노래를 거의 혼자서 익혔다. 그가 트럼펫을 더 잘 불고 싶어 스스로 칼로 입술을 찢었다는 이야기는 너무나도 거짓말처럼 들린다. 그만큼 그는 노력의 중요성을 알았고 피나는 노력만이 자신을 성공으로 데려다줄 수 있다는 사실을 알고 있었다.

이후 그의 활약으로 재즈가 미국을 대표하는 음악이 되고 많은 사람들이 재즈를 듣기 시작하면서 수많은 아티스트들이 나타났다. 그리고 규모가 점점 커지면서 재즈라는 음악도 발달하기 시작했다. 곳곳에 재즈 학교가 설립되었고 뛰어난 프로듀서가 활동했으며 음반회사들은 재즈 음반을 쏟아내기 시작했다. 루이 암스트롱의 활약 덕분에 이후의 재즈 연주자들이 더 갈고 닦아 오늘날 재즈가 세련되고 자유로운 음악으로 이어질 수 있었다.

팝아트를 대표하는 예술가, 영화도 만들었다고?

앤디 워홀
미국의 예술가

"예술은 비즈니스다.
나는 돈이 되는 예술을 하겠다."

1 팝아트의 선구자이자 현대 미술의 대표 예술가로 일컬어지는 앤디 워홀(1928~1987년)에 대한 평가는 극과 극으로 갈린다. 그럼에도 불구하고 그가 미국과 세계의 현대 미술에 큰 영향을 미쳤다는 것은 부정할 수 없는 사실이다.

2 그는 피츠버그의 작은 마을에서 '앤드류 워홀라'라는 이름으로 태어나 슬로바키아 출신의 이민자 부모 밑에서 자랐다. 이후 그는 미국 뉴욕에서 살았고 '잠들지 않는 도시'에 영감을 주기도 혹은 받기도 했다. 그래서 그를 뉴욕을 대표하는 아티스트로 추앙한다.

3 앤디 워홀은 카네기 멜런 대학에서 정식 미술 교육을 통해 미술 학사 학위를 받았다. 대학교에 다닐 때부터 교수와 의견 충돌이 있기도 했던 반항적인 인물이었다.

4 앤디 워홀은 기존의 미술을 거부했다. 「마릴린」과 「마오」, 「캠벨수프캔」, 「바나나」 같은 그림들은 복제되고 재생산되었다. 과거 미술이라는 것은 소수의 돈 있는 사람들만 즐길 수 있었던 고급 취미였다. 하지만 앤

디 워홀은 팝아트를 통해 대중문화의 이미지를 말 그대로 '찍어내기' 시작했다. 그는 자신의 아틀리에를 '공장factory'이라고 부르며 스스로 복제 작품을 찍어냈다. 그가 만들어낸 예술은 특정 계층의 전유물이 아닌, 누구나 쉽게 즐길 수 있는 문화였던 것이다. 누군가는 그를 새로운 미술 분야를 개척한 선구자로 평가했고, 다른 누군가는 그를 그저 상업적인 작품만을 찍어내는 인간이라고 악평하기도 했다. 사람들의 평가야 어찌 되었건, 그는 '공장에서 찍어낸' 작품들로 유명세를 탔고 떼돈을 벌었다.

5 화가들마다 각자 좋아하는 색이 있고 작품에 그 색깔을 자주 사용하는 경우를 쉽게 볼 수 있다. 앤디 워홀도 마찬가지였다. 그의 작품을 보면 밝은 색들과 원색이 주로 쓰이는 것을 알 수 있다. 그는 빨간색과 노란색, 파란색을 매우 좋아했고 이 색들을 섞어 그림을 그려냈다. 아니, 찍어냈다고 하는 게 더 정확할까.

6 그는 동성애자였다. 차이코프스키, 레너드 번스타인, 엘튼 존, 레오나르도 다빈치, 영화 『티파니에서 아침을』의 원작 소설을 집필한 작가 트루먼 카포티 등 예술적으로 이름을 날린 많은 사람들이 동성애자였다. 그들에게는 뭔가 특별한 게 있는 걸까?

7 앤디 워홀은 그림뿐만 아니라 영화도 제작했다. 그가 1960년대에 만든 영화만 합쳐도 60편이 넘는다. 다양한 방식으로 자신의 창작 욕구를 충족한 것이었다. 그가 처음으로 만든 영화 제목은 「잠」이었고 6시간 길이의 작품이었다. 영화 내용은 자기 친구인 시인 존 조르노가 자는 걸 찍은 것인데 이 영화 시사회 때 온 9명 중 2명이 영화가 끝나기 전에 나갔다고 한다. 남이 자는 걸 보고 싶어 하는 사람이 있을지는 모르겠는데 잠이 안 온다면 한 번 틀어놓아 보자. 마법같이 잠에 빠지게 될 것이다.

8 앤디 워홀은 '미래에는 모두가 15분 동안 세계적으로 유명해질 것이다'라고 했다. 그는 기술의 발달로 유튜브나 인스타그램 같은 플랫폼이 등장할 것을 미리 예측했던 걸까?

064

여성들의 옷차림을 바꾼 샤넬의 창립자

가브리엘 샤넬
프랑스의 패션 디자이너

✚

"초라하게 입으면 사람들은 그 옷만 기억한다.
완벽하게 입으면 사람들은 그 여자를 기억한다."

카바레에서 노래하던 가수가 이후 많은 사람들에게 사랑받는 샤넬이라는 브랜드를 만들었다. 바로 코코 샤넬로 유명한 가브리엘 샤넬(1883~1971년)이다. 샤넬이라는 브랜드는 패션의 혁명이었다. 그녀는 여성들을 해방시켰다.

당시의 여성들은 불편한 옷을 입었다. 가브리엘이 처음 샤넬을 창립한 1910년만 하더라도 여성들은 대부분 꽉 끼고 불편한 옷을 입었다. 특히 몸매 보정속옷인 코르셋을 착용했는데 이는 허리 건강에 치명적이었다.

여성들이 이런 불편한 옷에서 벗어나 편하면서도 스타일리쉬한 옷들을 처음으로 만들기 시작한 게 바로 코코 샤넬이다. 그녀는 우아하면서도 편안함을 잃지 않은, 단순하면서 실용적인 옷들을 만들기 위해 노력했다. 그중에서도 샤넬 수트는 1925년에 탄생한 이래로 큰 사랑을 받아왔다. 당시에는 칼라가 없는 재킷은 어디에서도 볼 수 없는 특이한 디자인이라 이후 존 F. 케네디의 아내 재클린 케네디도 이 핑크색 수트를 자주 입었다고 한다. 현재까지도 샤넬 수트는 인기 품목이다. 그녀는 또한 치마 일색이던 여성복에 바지를 도입했다.

샤넬이 만든 옷 중 빼놓고 설명할 수 없는 것이 바로 1926년에 등장한 리틀블랙드레스LBD라 불리는 옷이다. 원래 서양에서는 검은색이 상복 또는 점원들이 입는 옷의 색이었는데 코코 샤넬은 이 색을 일상 패션에 도입해 드레스를 디자인했다. 깔끔한 실루엣으로 시크함을 살리는 것은 물론이고, 무릎길이의 미니멀한 디자인 때문에 누가 입더라도 멋지게 보일 수 있는 옷이었기 때문에 당시 여성들의 옷장에서 필수품으로 자리 잡았다. 그녀가 아니었다면 많은 여성들은 지금까지 불편한 옷을 입고 엄청난 고통을 겪었을지도 모른다.

이후 코코 샤넬은 칼 라거펠트라는 인물 덕택에 재평가받기 시작했다. 그는 30년이 넘는 기간 동안 샤넬의 수석 디자이너로 일하면서 특유의 감각을 통해 패션계에 지대한 영향을 미친 남자다. 그의 노력으로 코코 샤넬은 브랜드의 상징으로 다시 태어나게 되었다. 라거펠트는 그녀에 관한 다큐멘터리를 직접 만들기도 하고 코코 샤넬의 이름을 딴 상품을 내놓으면서 여성들에게 코코 샤넬의 이미지를 다시 각인시켰다. 여성들을 해방시킨 젊은 디자이너 코코 샤넬의 이야기는 사람들을 매료시켰고, 지금까지도 코코 샤넬은 사람들의 마음속에 여성을 해방시킨, 여성의 아름다움을 부각시킨 디자이너로 사람들에게 기억되고 있다.

065

서스펜스의 거장이라고 부르는 이유

알프레드 히치콕
영국, 미국의 영화감독

"영화에서 '쾅' 소리 자체는 별로 두렵지 않지만
그 소리로 인해 벌어질 일이 예상될 때 두려움을 느낀다."

Q. 내용 전개에 필요 없는 사물 혹은 사람을 중요한 것처럼 표현해 관객
의 시선을 돌리도록 하는 영화 용어는 무엇인가?

A. 맥거핀MacGuffin

두 명의 명감독 프랑수와 트뤼포와 알프레드 히치콕(1899~1980년)이
나눈 긴 대화를 담은 『히치콕과의 대화』에서 히치콕은 본인이 발명한 맥
거핀이라는 개념을 '아무것도 아닌 것'으로 설명한다. 맥거핀은 히치콕
영화의 핵심이자 현대 영화에 지대한 영향을 끼친 영화 장치 중 하나이
다. 어떤 사물일 수도, 인물일 수도, 영화에 등장하는 서류일 수도 있다.
한마디로 관객들을 낚기 위해 던지는 감독의 '떡밥'이라고 할 수 있을까?

그의 이름 자체가 하나의 장르가 된 것은 그가 영화 분야에서 큰 영향
을 미쳤기 때문일 것이다. 히치콕은 맥거핀을 만들어냈을 뿐만 아니라 현
대 영화에 등장하는 각종 연출과 촬영, 편집 기법에 큰 영향을 주어 오늘
날에도 영화계의 거장으로 추앙받고 있다. 수많은 후배 영화감독들은 그
의 영화에서 영감을 얻고, 아예 그의 영화를 따라 만들기도 한다.

그는 스릴러라는 단일 장르에 주력했던 감독이다. 히치콕의 영화는
'살인'과 '성적 욕망'이라는 소재를 서스펜스로 버무려 관객들을 빨아들

인다. 그는 이를 통해 우리의 깊은 곳에 감춰진 내면을 날것 그대로 보여준다. 히치콕은 시각적으로 극의 흐름을 묘사하고 긴장감을 유지시키며 그가 만든 규칙들이 이후 등장하는 스릴러 영화의 법칙이 될 정도로 독특한 스타일과 뛰어난 연출력을 보여준다. 영화가 엔딩에 이를 때까지 어떤 결말로 끝날지 전혀 알 수 없다. 그리고 어떤 기법으로 우리를 가지고 놀지도 알 수 없다. 서스펜스의 거장인 히치콕의 영화에는 특유의 힘이 존재한다. 그렇다면 그가 어떤 작품들을 만들었는지 그의 대표작들을 알아보자.

「사이코」, 1960년

한 비서가 사장의 돈 4만 달러를 들고 도망가는 길에 들린 베이츠 모텔에서 일어나는 이야기를 담고 있다. 스릴러 영화의 교과서로 불리며 흑백으로 만들어졌다. 이 영화가 흑백으로 만들어진 데에는 이유가 있다. 히치콕은 먼저 파라마운트 픽처스에 시나리오를 건넸지만 스토리가 너무나도 파격적이어서 거절당했다. 어느 정도였냐면 영화에 변기가 등장하는 것조차 사람들이 매우 놀랄 정도였다고. 그래서 히치콕은 신생 제작사였던 유니버설 스튜디오와 손을 잡고 자비를 들여서 영화를 만들었다. 그래서 예산을 줄이기 위해 흑백으로 만들었다고 한다. 「사이코」로 히치콕은 엄청난 돈을 벌어들였고 파라마운트 픽처스는 땅을 치고 후회해야만 했다.

「새」, 1963년

평화로운 한 마을에 새 떼가 몰려와 사람들을 공격한다. 일상에서 흔히 볼 수 있는 새가 공포의 대상이 될 수 있음을 보여주는 영화다. 이 영화에는 특이하게도 영화음악이 등장하지 않는다. 영화에서 배우들의 대사를 제외하면 들을 수 있는 것은 대부분 새 소리다. 히치콕은 관객들의 공포를 극대화시키기 위해 의도적으로 새 소리를 제외한 다른 소리들은 집어넣지 않았다 한다. 영화 마지막 엔딩 타이틀에 'The End'라는 자막을 넣지 않았는데 관객들에게 끝나지 않는 공포를 선사하고 싶어서였다고 한다.

「이창」, 1954년

　다리를 다친 사진작가가 창문으로 건너편의 아파트에서 살인사건이 일어나는 것을 목격한 뒤 벌어지는 이야기를 담고 있다. 히치콕 영화에 자주 등장했던 제임스 스튜어트라는 배우와 모나코의 왕비가 된 그레이스 켈리가 출연했다. 이 영화 「이창」을 포함해 「현기증」, 「로프」, 「나는 비밀을 알고 있다」, 「해리의 소동」 5개 작품은 개봉 이후 히치콕이 판권을 다시 사들여 갖고 있었고 꽤 오랜 기간 동안 묻혀 있었다. 그러나 1983년에 다시 유니버셜 스튜디오에서 판권을 가지면서 대중에게 공개되었다.

066

10억이 넘는 자신의 작품을 파쇄기에 갈아버리다

뱅크시
영국의 미술가, 그래피티 아티스트

"우리는 새로운 생각을 해야 한다.
그리고 기존의 생각을 무너트리고 과거의 것에 칼을 대야 한다."

2018년 10월 5일 영국에서 열린 한 경매에서 희대의 사건이 발생했다. 한 작가의 미술 작품이 대중 앞에서 분쇄기에 갈려 조각나버린 것이다. 이는 작품을 그린 영국의 미술가이자 그래피티 아티스트 뱅크시의 소행이었다. 이 제품은 자그마치 15억 원의 가치를 지닌 작품이었다. 도대체 그는 누구이며 왜 그런 짓을 한 것일까?

그의 신상정보는 알려져 있지 않다. 무수한 추측이 있지만 사실 그의 얼굴과 신상은 공식적으로는 공개되지 않았다. 그가 지금까지 했던 그래피티부터 미술관 난입 후 괴상한 작품을 전시하는 일 등을 생각해보면, 그의 신상이 밝혀졌을 경우 처벌을 피하는 것은 불가능하다. 기물 파손, 허가받지 않은 침입 등 법을 어긴 경우가 무수히 많기 때문이다.

뱅크시는 그래피티라는 거리의 미술로 커리어를 시작했다. 정규 미술 교육을 받지 않은 채로 그는 과거의 유물이 되어가던 그래피티를 본인만의 예술로 승화시켰다. 기존의 엘리트 예술에 반발하기 위해 그래피티를 자신의 표현의 도구로 사용하고, 자신만의 확고한 메시지를 담은 그림을 거리 곳곳에 그려 넣었다. 서명도, 저작권도, 작품에 붙은 비싼 가격도 없이 말이다.

뱅크시는 자신의 작품들에서 사람들을 조롱한다. 그가 보는 대중은 진정으로 예술을 이해하지도 못하면서 미술관에 갔다 온 자신과 남들은 다른 사람이라고 생각한다. 한 남자가 사람들이 밟고 지나간 평범한 비니를 액자에 넣은 후 이베이에 올려 판매했더니 한화로 2억 원에 낙찰되었다는 이야기는 비현실적이지만 우리가 얼마나 예술에 대해 무지하며 피상적인 부분만 보고 있는지를 잘 알려주는 예시라고 할 수 있겠다.

어쨌든 그는 이런 대중을 비웃기 위해 영국박물관에 쇼핑하는 원시인이 그려진 돌을 전시한다거나 미국 자연사박물관에 미사일이 그려진 딱정벌레를 놓는 등의 기행을 벌였다. 많은 사람들은 오랜 기간 동안, 박물관에서 원래 의도한 것인지 아니면 뱅크시가 몰래 둔 것인지 알아채지 못했다. 그만큼 대중이 예술작품에 숨은 의미보다는 예술이 보여주는 겉모습에 더 신경을 쓴다는 이야기일 것이다.

하지만 아이러니하게도 뱅크시의 그림은 비싼 가격에 팔려나갔다. 본인은 스스로를 예술가라고 칭하지 않았지만 뱅크시도 어쩔 수 없이 예술가였고, 사람들은 어떻게든 유명한 예술가의 작품을 사고 싶어하니까 말이다.

언더독이었던 뱅크시는 이제 기성 예술계에서 떠오르는 스타로 추앙받는다. 더군다나 인스타그램과 페이스북 같은 SNS에서 엄청난 인기를 끌었던 인물이라면 작품의 가격은 천정부지로 치솟는다. 처음에 뱅크시의 그래피티에 신경도 쓰지 않던 사람들이 뱅크시가 유명세를 얻고 난 후에는 그의 그래피티를 보존하기 위해 갖은 노력을 다했다는 것은 어불성설로 들린다.

하지만 반골 기질이 강한 그는 결국 사고를 치게 된다. 자신의 작품을 판매하겠다고 하고 파쇄기로 갈아버린 것이다. 자, 이제 그가 왜 파쇄기에 자신의 비싼 작품을 갈았는지 이해가 가는가?

067

가난한 흑인에서 자수성가 억만장자가 되다

제이 지
미국의 래퍼, 사업가

✤

"나는 사업가가 아니야. 내가 바로 사업 그 자체지."

– 칸예 웨스트와의 협업곡 「Diamonds From Sierra Leone」 중

힙합은 1970년대 가난한 흑인들의 음악으로 출발했지만 90년대 갱스터 랩이 나타난 이후 흑인들이 부와 명예를 가질 수 있는 수단으로 자리 잡았다. 어찌 보면 힙합은 대중매체에서 흑인에게 이루어진 차별을 없앤 음악이 아닐까 한다. 흑인에 대한 차별과 핍박이 오히려 '새로운 종류의 흑인'을 탄생하게 했고 그 흑인들이 만든 힙합이라는 음악이 역사상 최초로 흑인들에게 성공을 가져다주었다.

그렇다면 가장 성공한 래퍼는 누구일까? 바로 가수 비욘세의 남편으로 잘 알려져 있는 제이 지(1969년~)다. 2019년 「포브스」가 내놓은 기사에 따르면 못해도 제이 지의 재산이 10억 달러, 한화로 1조가 넘는 수준이라고 한다. 빈민가 출신이지만 현재는 최고의 래퍼이자 성공한 사업가가 되었다.

그의 본명은 숀 코리 카터, 1969년 미국 뉴욕의 브루클린에서 태어났다. 고등학교도 졸업하지 못했고 한때 마약을 팔다가 총을 맞기도 할 정도로 절망적이고 가난한 삶을 살았다. 외지인들도 방문을 꺼릴 만큼 음울하고 낙후된 곳에서 그의 삶을 위로해준 것은 당시 태동하고 있던 흑인들의 음악, 힙합이었다.

그는 힙합을 통해 새로운 삶을 발견하게 된다. 그의 데뷔 앨범은 평단

의 관심을 받으며 유명한 가수들의 앨범을 제치고 판매량 1위를 기록했다. 「Empire State of Mind」, 「Hard Knock Life」, 「Dead President」 등 많은 명곡을 발표했으며 힙합의 아이콘이 되었다.

그는 음악만 한 것이 아니다. 래퍼로 성공한 이후에는 다양한 사업도 시작했다. 2019년 6월에 제이 지는 힙합 아티스트 최초로 억만장자가 되었다. 제이 지는 본인을 '블랙 워런 버핏'이라고 칭하는데 그가 벌어들이는 돈을 보면 이 별명이 맞는 것 같다. 워런 버핏도 그의 사업적 재능을 인정했을 정도이니 말 다했다.

현재 제이 지는 의류, 음악, 스포츠 에이전시 사업 등 다양한 사업을 통해 떼돈을 벌어들이고 있다. 그중에서도 그에게 가장 많은 돈을 벌어다주는 것은 '아르망 드 브리냑'이라는 샴페인이라고 하는데 한 병에 180만 원을 호가하는 최고급 샴페인이다. 이 샴페인 브랜드의 기업 가치만 해도 우리 돈으로 3700억 원 상당이라고 한다.

물론 제이 지가 음악이든 사업이든 항상 성공만 한 것은 아닐 것이다. 분명 그도 실패를 맛본 적이 있을 것이다. 그러나 지금까지 그가 보여준 모습은 분명 누구나 철저히 준비하고 노력만 한다면 실패를 딛고 충분히 성공할 수 있다는 지극히 잘 알려진 사실을 다시금 우리에게 상기시켜준다. 빈민가의 흑인으로 암울한 삶을 살던 그가 온갖 역경과 실패를 딛고 최고의 래퍼이자 비즈니스맨으로 일어서게 된 원동력은 바로 끊임없는 노력이었다. 그리고 새로운 아이디어와 도전 정신을 갖고 모르는 분야에 대해 철저히 예습하며 미리 준비한 것이 그를 성공으로 이끈 비결이었던 것이다. 여러분은 노력을 통해 성공할 준비가 되었는가?

호메로스

그리스어 호메로스Homeros는 '장님'을 의미한다. 실제로 호메로스는 장님이었다. 대장장이가 스미스Smith라는 성을 갖고, 제빵사가 베이커Baker라는 성을 갖는 것과 비슷하다.

나관중

『삼국지』와 함께 중국 고전소설의 대표로 꼽히는 작품 중 하나가 『수호지』이다. 저자가 시내암이라고 알려졌는데 일생을 확인할 수 없는 방법이 없어 미궁으로 남아 있다. 단 하나 확실한 것은 이 책을 감수한 것이 나관중이라는 사실이다. 어쩌면 『삼국지』뿐만 아니라 『수호지』도 그가 쓴 것은 아닐까?

요한 제바스티안 바흐

그는 커피에 대한 노래도 썼다. 「조용히 하세요, 그만 떠들고」라는 제목의 칸타타는 커피를 너무나도 사랑하는 한 여인에 대한 이야기다. 오늘날 직장인들의 애환을 묘사한 것 같은 가사 중 일부 내용은 다음과 같다.

혼례식은 못 올릴망정,

바깥출입은 못할망정,

커피만은 끊을 수가 없구나.

볼프강 아마데우스 모차르트 · 안토니오 살리에리

모차르트가 살리에리와 척을 지지 않았다는 사실을 증명해주는 증거는 또 있다. 모차르트의 대표 작품인 「마술 피리」에 관해 살리에리는 호의적인 평가를 남겼다. 정말 둘이 악연이었고 서로 싫어했다면 상대의 작품을 칭찬하는 행동 따위는 하지 않았을 것이다.

리하르트 바그너

Q. 영화 「지옥의 묵시록」에도 나오는 「발키리의 기행」은 어떤 오페라 작품에서 등장했을까?

❶ 탄호이저

❷ 니벨룽겐의 반지

❸ 카르멘

❹ 피가로의 결혼

정답 : ❷

발키리의 기행은 「니벨룽겐의 반지」에 등장한다. 「탄호이저」도 바그너의 작품이다. 「카르멘」은 프랑스의 작곡가 조르주 비제의 오페라이며 「피가로의 결혼」은 모차르트의 작품이다.

미켈란젤로 부오나로티

바티칸 교황청 근위병의 알록달록한 복장은 미켈란젤로가 디자인한 것이다.

윌리엄 셰익스피어

그가 결혼을 했던 연상녀의 이름은 할리우드 유명 배우의 이름과 같은 앤 해서웨이다.

앤디 워홀

그는 원래 잡지와 광고의 일러스트레이션을 그리는 일을 했다. 그가 상업적인 미술에 대해 관대했던 이유도 이런 경험에서 자신의 예술에 대한 신념을 그려냈기 때문이 아니었을까? 「캠벨수프 캔」과 「마릴린」, 「달러」와 「바나나」는 그냥 나온 것이 아니었다.

가브리엘 샤넬

패션계에서 역사에 길이 남을 업적을 갖고 있음에도 그녀는 씻지 못할 오명을 남겼다. 바로 조국인 프랑스에 맞서 나치의 스파이를 자처했기 때문이다. 그녀는 독일군 장교와 연인 관계였으며 각종 정보를 수집하고 나치 독일을 위해 여러 임무를 수행했다. 과연 그녀의 업적만 따로 떼어서 뛰어나다고 평가해야 할지, 아니면 나라를 팔아먹은 매국노로 생각해야 할지는 모르겠다.

알프레드 히치콕

본인의 영화에서 대부분 카메오로 출연했다. 보통은 지나가는 행인 역할로 출연하는데 간혹 알 수 없는 곳에서 튀어나오는 경우도 있어서 영화를 보면서 그의 모습을 찾는 것도 하나의 재미다. 필자가 관찰해본 바로는 정말 얼핏 지나가는 경우도 있으니 주의 깊게 잘 관찰해야 한다.

뱅크시

2011년에 미국 아카데미 영화상을 탈 뻔한 적이 있다. 그가 다큐멘터리 「선물 가게를 지나야 출구」를 감독해 후보에 올랐으나 주최 측에서 '시상식에서는 복면을 쓸 수 없다'고 하자 시상식에 가지 않았다.

제이 지

그의 수많은 곡 중 다음을 추천해본다.

- Empire State Of Mind (feat. Alicia Keys)
- Run This Town (feat. Kanye West, Rihanna)
- Umbrella (feat. Rihanna)
- Hard Knock Life
- Izzo (H.O.V.A)
- Dirt Off Your Shoulder
- Feelin' It (feat. Mecca)
- Otis (feat. Otis Redding)
- No Church In the Wild (feat. Frank Ocean, The-Dream)
- 린킨 파크와 작업한 「Collision Course」 앨범 전곡

5장

과학

068

기하학으로 후대까지 영향을 미친 남자

유클리드
고대 그리스의 수학자

"기하학에는 왕도가 없다."

우리에겐 영어식 이름인 유클리드로 더 잘 알려져 있는 에우클레이데스(BC 330년경~BC 275년경)는 '기하학의 아버지'로 알려진 고대 그리스의 수학자이다. 그의 그리스식 이름인 에우클레이데스는 '많이 좋음, 유명함'이라는 뜻을 갖고 있다.

오늘날에도 각종 수업에서 사용되는 유클리드 기하학을 구축한 것으로 알려져 있는데 그가 사망한 후 19세기까지 2000년이 넘는 기간 동안 기하학 하면 '유클리드 기하학'을 의미했을 만큼 매우 넓게 사용된 학문이었다. 그가 집필한 『원론』은 역사상 가장 위대한 수학책으로 평가받으며 『성경』에 이어 두 번째로 많이 읽힌 책으로 기록되어 있다.

유클리드는 학문적인 업적에도 불구하고 그의 삶에 대해서는 알려진 바가 거의 없다. 또한 이집트의 알렉산드리아에서 주로 활동한 것으로 알려져 있음에도 알렉산드리아의 유적이나 사료에서 그의 존재를 찾아볼 수 있는 것은 많지 않다. 고대 7대 불가사의로 꼽히는 알렉산드리아의 파로스 등대에도 그의 기하학이 적용되었지만 1349년의 대지진으로 흔적도 없이 사라졌다. 그의 사후 프로클로스와 파로스가 그에 대해 기록해두긴 했지만 부족한 수준이다.

기하학은 고대 그리스에서 시작되었다. 탈레스와 아르키메데스, 피타고라스 등에 의해 체계적인 학문으로 발전하기 시작했다. 그리고 이 기하학이 꽃피기 시작한 것이 바로 유클리드의 『원론』에 이르러서다.

그는 철학자 플라톤에게 가르침을 받았다. 당시 이집트의 왕이었던 프톨레마이오스 1세는 유클리드를 초청해 알렉산드리아로 데려왔다. 그를 스카우트한 프톨레마이오스 1세도 그에게 기하학을 배웠다. 유클리드의 설명이 어려웠던 것인지 프톨레마이오스 1세는 좀 더 쉽게 배울 수 있는 방법이 없는지를 물었고 이에 대해 유클리드는 '기하학에는 왕도가 없다'고 말했다.

물론 유클리드가 모든 수학 이론을 발견해낸 것은 아니다. 그는 당시 떠돌아다니던 기하학의 모든 지식을 수집하고, 자신이 알아낸 지식을 모아서 논리적인 체계로 정리하는 일을 했다. 과거의 명제들을 논리적으로 증명해 사람들이 이해하기 쉽고 사용하기 쉽도록 만들었던 것이다. 여러분이 중학교 때 배우는 '피타고라스의 정리'도 유클리드가 증명한 명제 중 하나다.

유클리드는 수학과 관련된 책뿐만 아니라 광학, 음악, 천문학 등에 관한 책도 썼다. 재미있게도 고대 그리스 당시에는 이것들도 모두 수학으로 인정받았다. 지금과 같은 학문의 세분화가 이루어진 것은 근대에 들어서였다.

069

의학의 기반을 다진 의술의 아버지

히포크라테스
고대 그리스의 의사

✢

"내가 이 맹세를 깨트리지 않고 지낸다면

그 어떤 때라도 모든 이에게 존경 받으며 즐겁게 의술을 펼칠 것이요,

인생을 즐길 수 있을 것이다."

히포크라테스(BC 460년경~BC 370년경)는 고대 그리스가 가장 융성했던 페리클레스 시대의 의사이다. 고대 의학을 집대성해 '의학의 아버지'로 불리며 의사의 본분과 의료윤리를 밝힌 '히포크라테스 선서'로 유명하다. 동서고금을 막론하고 가장 유명한 의사 중 한 명이지만, 그에 대해 알려진 바는 많지 않다. 알려진 이야기는 많지만 워낙 기록들이 오래되다 보니 그 진위를 확인하기 어렵다.

그는 고대 그리스의 코스라는 곳에서 태어났다. 당시 의학이 매우 발달한 곳으로 알려져 있었는데 히포크라테스는 이곳에서 나고 자라면서 의학을 공부했다. 그의 할아버지와 아버지도 모두 의사였기 때문에 의학을 쉽게 접할 수 있었다.

히포크라테스는 왜 의학의 아버지라고 불릴까? 그가 나타난 이후에 사람들이 질병을 대하는 태도가 달라졌기 때문이다. 당시 그리스인들은 질병은 신이 내린 벌이라고 생각했다. 그래서 병을 치료하기 위해서는 신의 노여움을 풀기 위해 신전에서 기도를 해야 한다고 믿었다. 신전이 병원이었던 셈이다.

히포크라테스는 질병이 신의 노여움이 아니라, 인체의 내부와 외부 환

경이 변화해 발생하는 것으로 이를 올바르게 관리하면 병도 낫게 할 수 있다고 생각했다. 질병에 대한 생각 자체를 완전히 바꾼 것이다. 그가 아니었다면 어쩌면 우리는 여전히 신에게 병을 낫게 해달라고 기도하고 있었을지도 모른다.

그가 남긴 의학적 지식은 구전과 저술로 전해졌다. 우리는 이제 『히포크라테스 전집』이라는 책을 통해 그의 지식들을 전수받을 수 있다. 질병을 증상에 따라 자세히 구분한 것뿐만 아니라 각 질병의 치료 방법 및 의료윤리의 기초 등이 담겨 있어 오늘날에도 높게 평가되고 있다.

재미있게도 책 제목에 그의 이름이 있지만 이 책은 그가 쓴 것이 아니다. 72권에 달하는 방대한 분량의 이 저작은 히포크라테스가 남긴 지식에 당대에 알려진 모든 의학 관련 지식을 덧붙여 만들어낸 것이다.

그는 자신의 연구뿐만 아니라 잘못 진찰한 것까지 모두 남겨 후세에 큰 도움을 주었다. 자신의 잘못을 숨기지 않는 것은 참 어려운 일인데 말이다. 그래서 히포크라테스가 역사에 길이 남을 의사가 된 것이 아닐까?

의사의 자격을 갓 얻은 사람들이 하는 '히포크라테스 선서'를 히포크라테스가 만들었다는 증거는 없다. 내용에 모순이 있으며, 제각기 다른 선서의 내용이 전해지고 있기 때문이다. 원래의 히포크라테스 선서는 기원전 5세기 즈음에 처음 탄생했는데 현재의 히포크라테스 선서는 당시의 것과는 조금 다르다. 이는 1948년 세계의사협회에서 수정해 내놓은 것으로 '제네바 선언'이라고 부르기도 한다.

070

다양한 분야에서 업적을 남긴 지동설의 주창자

갈릴레오 갈릴레이
이탈리아의 물리학자, 천문학자, 수학자

✦

"그래도 지구는 돈다."

---

1 이탈리아의 피사 지방에서 태어난 갈릴레이(1564~1642년)는 원래 수도 승이 되려 했었다. 그가 수도원 근처에서 살면서 종교에 빠져들었는데 아버지의 반대로 결국 그 꿈을 이룰 순 없었다.

2 16세가 되었을 때 그는 아버지의 뜻대로 약학을 공부했지만 수학에 더 흥미를 느끼고 수학을 공부하기 시작한다. 그러나 그는 학위도 따지 못하고 대학을 중퇴해야만 했다.

3 네덜란드의 한스 리퍼세이가 1608년에 최초로 망원경을 발명한 1년 뒤 갈릴레이는 이를 개량해 천체 관측에 사용했다. 당시 사람들은 달의 표면이 평평할 것이라고 생각했는데 갈릴레이는 달에 크레이터가 있다는 사실을 알아냈고, 목성의 4개 주요 위성들과 금성의 모양이 변화하는 것도 발견해냈다.

4 그가 발견한 이 업적들이 지동설의 근거로 사용되었다. 지구에서 바라보는 금성의 모습이 보름달 모양으로 변화한다는 것을 근거로 금성이 태양을 중심으로 돌고 있다는 것을 알 수 있었는데, 만약 지구를 중심으로 금성이 돌게 된다면 금성의 모습이 초승달이나 그믐달로만 관측된다.

보름달은 아예 볼 수 없는 것이다. 또한 목성의 4개 위성들이 목성을 중심으로 돌고 있다는 것도 모든 천체가 지구를 중심으로 돌고 있지 않다는 것을 증명해주는 사례였다.

5 갈릴레이는 결혼해서 1남 2녀를 두었는데, 두 딸은 모두 수녀가 되었다. 아버지의 직업을 물려받는 경우도 있는데 갈릴레이의 딸들은 그게 싫었나 보다. 심지어 갈릴레이는 지동설과 천동설 문제로 가톨릭 교회와 마찰이 있었는데 말이다.

6 과거 이집트의 프톨레마이오스 시기부터 천동설, 즉 지구를 중심으로 모든 천체가 돈다는 이론은 널리 받아들여져 왔다. 하지만 코페르니쿠스가 지동설, 즉 태양을 중심으로 천체들이 돈다는 이론을 내놓으면서 근대의 과학은 변화하기 시작했다. 이는 추후에 '코페르니쿠스 혁명'이라고 불릴 만큼 역사에서 큰 의미를 지닌다.

1616년 가톨릭교회는 이 지동설을 『성경』의 내용에 어긋난다는 이유로 이단으로 간주했다. 그들은 인간이 하느님의 모습과 닮은 형태로 만들어졌으며 그런 인간이 우주의 중앙을 차지하고 사는 것이 당연하다고 믿었다. 인간은 하느님의 선택을 받은 존재이니 당연히 세계의 중심을 차지해야 한다는 것이었다. 그래서 당시 교회는 갈릴레이에게 이에 대해 조사할 것을 지시했는데, 그의 책에서 교회의 의견과는 다르게 지동설을 지지하는 내용이 발견되었다. 이 때문에 그는 재판을 받고 이단으로 간주되어 감옥에 갇혀야만 했다. 그리고 마지막 생애를 로마 교황청의 명령에 따라 가택에서 구류되어 보냈다.

7 바티칸 교황청은 1992년이 되어서야 갈릴레이의 의견이 맞았음을 공식적으로 인정했다. 정확히 그가 종교 재판을 받은지 359년 만의 일이었다. 오해를 풀기까지 정말 긴 시간이 걸렸다.

8 수학에도 일가견이 있었던 그가 한 실험 중 가장 유명한 것은 피사의 사탑에서 쇠공 2개를 떨어트리는 물체 낙하실험이다. 학자 중에는 이에 대한 정확한 기록이 없어 이를 허구라고 생각하는 사람도 있다.

071

서양의 활자 인쇄, 역사를 바꾸다

요하네스 구텐베르크
독일의 활판 인쇄 발명자

✤

"나는 구텐베르크 덕분에 지식을 쌓을 수 있었다."

– 극작가 메멧 무란 일단의 인터뷰 중

한 번 생각해보자. 인류는 오랜 기간 동안 모아진 수많은 지식들을 보관하고 있다. 이 지식들은 여전히 우리에게 전해지고 있다. 이것은 어떻게 가능했던 걸까?

먼저 사람들은 동굴벽화를 그려 감정과 사건에 대한 기록을 남겼다. 하지만 발생하는 모든 일을 벽화로 그리긴 힘들었을 것이다. 그래서 일어난 일들을 좀 더 간단하게 기록할 수 있는 문자가 등장했다.

문자의 등장 이후 점토판, 파피루스, 갑골문자, 죽간 등의 기록매체가 나타났다. 하지만 이 기록매체들은 무겁고, 만들기 힘들며, 부피가 커 보관하기 불편하다는 단점이 있었다.

그래서 사람들은 종이를 발명했다. 이번엔 종이에 글자를 새기는 방식이 문제였다. 매번 사람이 글을 쓰자니 시간도 오래 걸리고 팔도 아팠을 것이다. 책을 만드는 것은 매우 힘든 일이었으므로 가격도 매우 비쌌다. 책을 가질 수 있는 것은 소수의 특권층뿐이었다.

그래서 구텐베르크(1398년경~1468년)는 금속활자를 발명했다. 물론 그가 세계 최초로 금속활자를 발명한 것은 아니었지만 그 파급력은 매우 컸다. 인쇄소를 세운 뒤 그가 활자로 찍어낸 『성경』은 역사를 바꿨다. 그가 만들어낸 금속활자는 이후 약 500여 년간 거의 변하지 않고 같은 방식으로 사용되었다. 처음에는 그가 살던 독일에서 이탈리아의 로마로, 그리고 이후 유럽 전역과 멕시코, 미국, 인도 등 세계 각지로 퍼져나갔다.

그의 기술이 전래된 이후에 『성경』 등을 포함해 수십만 부의 책이 인쇄되고 도서관도 생겼다. 책의 공급이 많아지면서 누구나 손쉽게 책을 접할 수 있는 시대가 온 것이다. 과거에 일반인들은 책을 보기 매우 힘들었던 것과는 대조되는 상황이다.

구텐베르크가 역사에 끼친 가장 큰 영향은 바로 '지식의 대중화'이다. '아는 것이 힘이다'라는 말이 바로 여기에 적용되는 것이 아닐까? 축적된 지식을 접할 수 있었던 소수는 더 강한 권력을 가질 수 있었고 백성들은 지식에서 더욱 멀어질 수밖에 없었다. 하지만 구텐베르크의 발명은 대중들도 쉽게 지식을 접할 수 있게 해 글과 말, 생각이 급속히 전파되는 계기를 만들었다.

이렇게 구텐베르크가 인쇄술의 발달로 이뤄낸 지식의 대중화는 이후의 역사에도 큰 영향을 미쳤다. 우선 '고대 그리스 문화의 부활'이 이루어진 르네상스 시기에 매우 큰 영향을 끼쳤다. 인쇄술의 발달로 대량생산된 책 중에는 그리스와 로마의 고전작품도 있었다. 많은 사람들이 이 책을 읽고 고대의 인간 중심적인 사상을 부활시켰다.

또한 지식의 대중화는 종교개혁이 등장하는 데에도 큰 영향을 미쳤다. 종교 개혁의 역사에서 매우 중요한 인물로 평가받는 마틴 루터가 가톨릭 교회의 면죄부를 비판하기 위해 반박문을 썼는데, 구텐베르크가 발명한 활판 인쇄술을 통해 두 달 만에 유럽 전역에 퍼질 수 있었고, 이것이 종교개혁에 영향을 미치기도 했다.

만약 구텐베르크가 없었다면 여러분들은 이 책에 담긴 지식들을 포함한 수많은 이야기들을 들을 수 없었을지도 모른다. 아니면 다른 나라에서 만들어진 활자 덕분에 가능했으려나?

072

글을 쓸 수 있는 종이를 만들다

채륜
중국 후한 후기의 환관

✦

"그가 종이를 발명하면서
인류의 기록은 일대 전환점을 맞게 된다."

– 한 역사가의 평가

인류의 역사에서 가장 중요한 발명품 중 하나는 종이다. 생활 어디에서나 만날 수 있는 종이는 문화와 지식을 기록해 보존하고 발전시키는 데 큰 역할을 했다. 최근 개인용 컴퓨터나 스마트폰이 보급되면서 중요성이 줄 어드는 것처럼 보이지만, 여전히 종이는 우리 삶에서 없어서는 안 될 존 재이다. 물론 과거 종이가 발명되기 전에도 인류는 기록 도구를 갖고 있 었지만 그 기록 도구를 발전시켜 널리 보급한 것은 중국의 역할이 컸다.

무언가를 기록할 수 있도록 종이를 개량한 인물은 바로 중국의 채륜 (50년경~121년경)이다. 그는 후한의 환관으로 권력을 얻어 높은 자리까지 올라간 인물이었다. 중국 역사에서 권력을 차지한 환관에 대한 선입견은 그다지 좋지 않다. 『삼국지』의 십상시나 진시황의 환관이었던 조고 같은 인물들 때문이다. 하지만 채륜은 적어도 그런 악한 인물은 아니었던 듯하 다. 그는 성실하고 학문을 좋아하며 손재주가 있었다고 한다. 그는 황실 에서 필요로 하는 물건이나 칼, 무기 등을 제작 및 감독하는 상방령 직위 까지 올랐는데, 어쩌면 본인이 좋아하는 것을 잘 알고 본인에게 맞는 자 리를 택했던 것이 아닐까?

이렇게 뛰어난 손재주를 바탕으로 그는 인류 역사상 길이 남을 발명품을 만든다. 바로 종이다. 많은 사람들이 그가 최초로 종이를 만들어냈다고 알고 있는데 사실 그 이전에 종이가 존재하긴 했다. 하지만 당시에는 우리가 지금 쓰는 것처럼 종이에 글을 쓰거나 하지는 않았고 물건을 포장하는 용도 정도로만 사용했다. 엄밀히 말하면 오늘날처럼 글을 쓸 수 있는 종이를 만들어낸 것은 채륜이었다. 과거의 종이가 문자를 기록하기에 부적합한 수준의 조악한 것이었다면, 채륜은 재료의 배합 등을 개선해 글을 쓸 수 있는 종이를 만들어낸 것이다.

그가 만든 종이는 인류의 역사에서 일대의 혁명과도 같은 것이었다. 과거에는 문자를 기록하려면 무겁고 부피가 큰 대나무나 나무판자, 고가의 비단을 이용해야만 했다. 대나무 혹은 나무판자에 적힌 글을 보관하려면 넓은 장소가 필요했고, 비단을 이용하기에는 돈이 너무나도 많이 들었다. 하지만 채륜이 가볍고 저렴한 종이를 개발함으로써 역사와 문화의 기록 및 보전은 이전과 완전히 달라지게 된다. 이는 오늘날과 비교하자면 컴퓨터가 발명된 것 혹은 스마트폰의 등장 이상의 충격을 가져다주었을 것이다.

채륜이 '글을 쓸 수 있는 종이'를 만든 이후, 사람들은 어디서나 생각나는 것을 자유롭게 기록할 수 있게 되어 학문이 발달하게 되었다. 심지어 이 종이는 고구려를 거쳐 바다 건너 일본에까지 전해지면서 주변 국가들에게도 긍정적인 영향을 미쳤다. 우리와 일본은 중국과의 거리가 가까워 비교적 이른 시기부터 신상품을 써볼 수 있었다. 8세기에는 이슬람을 거쳐 서양에도 전해지게 된다. 채륜은 현재 중국에서도 종이를 발명해 인류 발전에 기여한 인물로 중국에서 숭상 받고 있다. 그를 기리는 박물관에 그의 종이제조기술을 보기 위해 많은 사람들이 방문하고 있다.

073

의사도 아닌데 수많은 사람을 살려낸 과학자

파스퇴르
프랑스의 화학자, 세균학자

✤

"루이 파스퇴르는 보편적 중요성을 지닌 인물로
지역적·학문적·지적·사회적 경계를 초월하였다."

– 유네스코의 세계기록유산 설명 중

19세기만 하더라도 사람들은 세균이 질병을 일으키고 악화시키는 주범이라는 것을 알지 못했다. 요즘은 손을 깨끗이 씻는 것이 질병을 예방하는 방법이라는 것을 모두가 알고 있지만 파스퇴르(1822~1895년)가 살아 있던 당시에는 알려지지 않았다.

세균이 질병을 유발한다는 이론은 중세시대부터 꾸준히 제기되어 왔지만 인정받지는 못했다. 심지어 천연두 백신이 당시에 존재해 많은 사람들이 나았는데도 과학자들이나 의사들은 이게 어떤 원리로 치료되는 것인지도 알지 못했다.

파스퇴르는 1860년에 시작한 연구를 통해 모든 것을 바꿔놓았다. 질병과 세균의 상관관계를 깊게 연구했고 특정 미생물이 동물이나 인간을 감염시켜 사망에 이르게 할 수도 있다는 것을 발견했다.

질병과 세균의 연관성을 찾아낸 그는 세균을 죽일 수 있는 저온살균 방법도 찾아냈다. 사람에게 해로운 균만 사멸시킬 수 있는 63도의 온도를 30분 동안 일정하게 유지해 열처리하는 방법이다. 이 방법은 1865년 파스퇴르가 특허를 냈다. 최근에는 우유나 막걸리, 맥주, 와인에도 이 저온살균이 이용되는데 저온살균의 영어 표기법은 파스퇴르의 이름을 따

'패스처라제이션pasteurization'으로 지어졌다.

파스퇴르가 남긴 또 다른 업적 하나는 바로 백신을 만들었다는 것이다. 그는 정말 우연한 기회에 병균의 독소를 약하게 한 뒤에 그것을 예방주사하면 병에 걸리지 않는다는 사실을 발견했다. 이것이 백신이 탄생한 배경이다. 이 백신 때문에 파스퇴르는 (의사가 아니었음에도) 의사보다 더 많은 사람을 살려낸 인물이 되었다.

그는 광견병 백신도 만들었다. 주로 광견병에 감염된 개나 고양이에게 물리면 발병하는데 당시에는 치료 방법이 딱히 없어 사람들은 공포에 떨었다. 파스퇴르가 백신을 만든 이후 사람들은 광견병을 두려워할 이유가 없어졌다. 재미있는 이야기가 있는데 파스퇴르는 백신 개발 후, 동물을 대상으로 하는 임상실험 과정을 대수롭지 않게 생각하고 바로 사람에게 임상실험을 하려고 했다. 놀란 그의 조수가 반대했지만, 그는 결국 광견병 백신을 접종했고 다행히도 백신은 효과가 있었다.

그는 매우 성공한 과학자였지만 본인의 연구 결과가 세상에 드러나는 것은 원하지 않았던 것 같다. 그는 가족들을 시켜 자신의 공책을 숨기게 했고 어느 누구도 자신의 연구 결과를 훔치지 못하도록 했다. 도대체 왜 그랬던 걸까?

파스퇴르가 사망하고 나서 몇 십 년이 지난 이후에 그 이유가 밝혀졌다. 파스퇴르의 손자가 1946년 기증한 그의 노트에는 다른 과학자들의 아이디어가 적혀 있었다. 다른 사람들의 아이디어를 빌려와 자신의 것으로 만든 것. 예를 들면 그의 가장 위대한 연구인 백신도 프랑스의 수의사장 조셉 앙리 투생이 개발한 제조법을 도용한 것이다. 정확히는 파스퇴르가 연구했던 최초의 백신은 앙리 투생이 주장한 백신을 만드는 방법과는 조금 달랐는데, 파스퇴르는 앙리 투생의 방법으로 백신을 만들어 떼돈을 벌었다.

074

인간이 하늘을 나는 꿈

라이트 형제
미국의 비행기 제작자

✦

"꿈이 그만한 가치가 있다고 믿는다면
설령 꿈만 좇는 바보가 된다고 해도 좋다."

현대의 인류는 과거의 왕족들보다 더 나은 삶을 누린다. 연락 수단이 편지였던 과거와는 달리 우리는 오늘날 스마트폰과 태블릿으로 사람들에게 언제든지 연락할 수 있으며, 향상된 위생 환경 때문에 더 건강하고 안전하게 진료를 받을 수 있다. 그리고 느려터진 마차나 배를 타고 고생하지 않아도 된다.

결정적으로 오늘날의 세계가 '지구촌'이 된 것은 비행기의 역할이 매우 컸다. 과거부터 인류는 푸른 하늘을 나는 꿈을 꿔왔다. 다빈치의 스케치, 몽골피에 형제의 열기구 등 인류는 하늘을 나는 방법에 대해 지속적으로 연구해왔다. 그리고 1903년 라이트 형제가 최초의 동력 비행기를 발명하면서 그 꿈을 실현했다. 이후 비행기의 기술은 진일보해왔고, 오늘날 우리는 하루 만에 세계 어디든지 갈 수 있게 되었다.

사실 라이트 형제 이전에 이미 하늘을 나는 꿈은 실현되었다. 열기구나 글라이더 같은 발명품들이 인간이 하늘을 날 수 있게 했지만, 열기구나 글라이더는 자유롭게 조정하기에 한계가 있었다. 라이트 형제는 더 강력한 걸 원했다. 바로 엔진으로 비행하는 동력비행이었다.

라이트 형제는 밤낮을 가리지 않고 노력했다. 자신들이 구할 수 있는 문헌들을 조사해 탐독했고, 설계에 반영했다. 과거 릴리엔탈의 연구 결과를 바탕으로 잘못된 부분을 찾아내고 끊임없이 수정했다. 어느 정도로 일에 몰두했냐고? 둘 다 결혼도 안 하고 비행기를 만들기 위해 노력할 정도였다. 평생의 배우자를 찾아 행복하게 사는 것보다 자신들의 발명이 더욱 중요했던 건지 아니면 아내의 잔소리를 듣기 싫어서 안 한 건지는 모르겠지만.

본인들의 꿈을 좇아 열심히 노력한 결과일까? 결국 라이트 형제는 1903년에 첫 동력비행을 성공하게 된다. 이 실험의 성공으로 라이트 형제는 최초로 비행기를 발명한 인물이 되었을 뿐만 아니라 인류 최초로 비행기에 탑승한 기록까지 보유하게 되었다. 이후 윌버 라이트(1867~1912년)와 오빌 라이트(1871~1948년)는 꾸준히 문제점을 개선해나가면서 비행 역사에 한 획을 긋게 된다.

라이트 형제의 비행은 큰 의미를 갖는다. 지상에서만 생활하던 인류가 이제 하늘에서도 움직일 수 있게 된 것이다. 이후 비행 기술은 계속 발전해 비행기의 속도는 점점 더 빨라졌고 이로 인해 거리는 훨씬 더 짧아져 인류의 삶을 완전히 바꿔놓았다. 인간이 하늘을 넘어서 우주로 향할 수 있게 된 것도 어찌 보면 라이트 형제의 업적이 아닐까? 본인들의 꿈을 위해 다른 것을 포기하면서까지 노력했던 윌버와 오빌 덕분에 지금의 우리는 먼 거리를 편안하게 날아갈 수 있다.

075

떨어지는 사과에서 중력을 발견한 것이 아니라고?

아이작 뉴턴
영국의 물리학자, 수학자, 천문학자

✤

"내가 다른 사람보다 더 멀리 내다볼 수 있다면
그것은 거인의 어깨 위에 서 있었기 때문이다."

아이작 뉴턴(1643~1727년)은 근대 과학사에서 빼놓을 수 없는 업적을 남긴 영국의 과학자이다. 만유인력의 법칙, 반사망원경 제작, 미적분법 창시 등 수많은 업적을 남긴 뉴턴은 학계에서 가장 영향력 있는 과학자로 손꼽히고 있다.

1 뉴턴은 미숙아로 태어났다. 그의 어머니는 나중에 '그의 몸집이 매우 작아 컵에 들어갈 정도'였다고 이야기했다.

2 그는 19세가 될 때까지 '범죄 리스트'를 작성해 두었다. 그가 저지른 모든 범죄를 기록해 두었던 것. 그중 하나는 새아버지와 어머니에게 집을 모두 불태워 버릴 거라고 협박한 것이었다. 그는 그의 의붓아버지를 별로 좋아하지 않았다.

3 그는 영국의 명문인 케임브리지 대학교의 트리니티 칼리지를 졸업했다. 인도의 독립운동가 네루, 『롤리타』의 작가 블라디미르 나보코프, 영국의 철학자 프랜시스 베이컨, 배우 에디 레드메인도 그와 같은 트리니티 칼리지 출신이다.

4 우리는 뉴턴 하면 '만유인력과 사과'를 가장 먼저 떠올린다. 1660년 대 당시 대학생이었던 뉴턴은 흑사병 때문에 집에 머물러 있을 수밖에 없었다. 이 기간 동안 그는 정원에서 사과가 떨어지는 것을 보고 중력의 법칙을 발견하게 되었다고 한다.

그러나 이 이야기는 오랜 기간 진실 여부 때문에 논쟁을 불러일으켰 다. 그러던 중 뉴턴과 동시대를 살았던 한 과학자의 회고록이 발견된다. 결론부터 말하면 그는 중력, 즉 만유인력의 법칙을 설명하기 위해 사과를 예를 들어 언급한 것뿐이며 실제로 그가 떨어지는 사과를 보고 중력의 법칙을 발견한 것은 아니라는 것이다.

5 그는 말을 더듬었다. 뉴턴과 같이 말을 더듬었지만 역사에 길이 남을 업적을 남긴 인물이 몇 명 있는데 아리스토텔레스, 윈스턴 처칠과 찰스 다윈이 바로 그렇다.

6 말하는 것이 능숙하지 않아서였을까? 그는 정치에 재능이 있었던 것 은 아닌 듯하다. 외교와 정치라는 것은 필연적으로 뛰어난 언변이 뒷받침 되어야 성공 가능성이 높아지기 때문이다. 그가 영국의회의 하원의원으 로 재직하는 동안 한 말은 '창문 좀 닫아 주세요'뿐이었다고 한다.

7 그는 원래 1642년 12월 25일, 크리스마스에 태어났지만 생일은 1월 4일로 되어 있다. 어찌된 일일까? 뉴턴이 탄생했던 당시 영국은 율리우 스력을 사용하고 있었다. 이후 1752년에 그레고리안력이 채택되면서 기 존의 역법이었던 율리우스력에서 11일 정도가 조정되었다.

8 『해리 포터』 1편에는 인간에게 영생을 준다는 '마법사의 돌'이 나온 다. 소설 속의 허무맹랑한 이야기 같지만 뉴턴은 그렇게 생각하지 않았던 것 같다. 그의 사후부터 1936년까지 출판되지 않은 뉴턴의 저작이 있었

는데 이 저작에 마법사의 돌과 비슷한 영생의 묘약과 관련된 내용이 담겨 있다고 한다. 소더비 경매에 등장한 이 문서는 유명한 경제학자 케인즈가 대부분 사들였다고 한다.

9 한때 세기말적인 분위기에서 곧 지구가 멸망할 것이라는 종말론이 들끓었다. 하지만 뉴턴의 연구에 따르면 일단 당분간은 걱정하지 않아도 될 것 같다. 그는 서기 2060년까지는 지구 멸망 따위는 없을 것이라고 예언했다. 뉴턴은 물리학이나 수학보다『성경』과 신비주의, 연금술 등의 연구에 더 몰입했던 것으로 전해지고 있다. 다만 그가 말한 2060년이라는 기간은 과학적으로 연구한 것인지, 신비주의적인 예언의 결과인지는 알 수 없다.

076

창조론에 맞선 진화론의 시작

찰스 다윈
영국의 생물학자, 지질학자

✦

"최후까지 살아남는 사람은 가장 힘이 센 사람이나
영리한 사람이 아니라 변화에 가장 민감한 사람이다."

과거의 사람들은 '신이 인간을 창조했다'는 이야기를 믿었다. 물론 이는 지금도 오래된 논쟁거리 중 하나이긴 하지만, 당시에는 많은 사람들이 전적으로 창조론을 신봉하고 있었다. 종교의 지배가 오랫동안 이어졌던 유럽에서 어쩌면 이는 당연한 인과가 아니었을까?

이런 창조론에 반기를 들고 자신만의 주장을 제기해 세상을 놀라게 만든 학자가 있다. 바로 영국의 찰스 다윈(1809~1882년)이다.

다윈은 어렸을 때부터 생물에 매우 관심이 많았다. 그는 항상 주변에서 볼 수 있는 생물의 가짓수가 무수히 많은 것을 신비롭게 생각했다. 대학 졸업 이후에 세계 여행을 하면서 많은 동식물들을 연구했고 '생물은 창조된 것이 아니라 진화해왔다'는 결론을 내리게 된다. 특히 갈라파고스섬의 독특한 생물들을 보면서 그는 진화에 대해 강한 확신을 가졌고 연구 결과를 바탕으로 『종의 기원』을 쓰게 된다. 이 책은 1859년에 출판되었는데, 판매된 첫날에 모든 책이 다 팔릴 정도였다니 당시 다윈의 이론에 사람들의 관심이 얼마나 대단했는지 알 수 있다.

진화론을 발표하자 많은 사람들은 반대 의견을 내비쳤다. 한동안 유럽은 진화와 창조에 대한 논쟁으로 시끄러웠다. 사실 다윈은 『종의 기원』에서 인간의 진화에 대해 직접적으로 논하지는 않았다. 그리고 진화론을 주장한 학자도 그가 최초는 아니었다. 그러나 그가 진화론의 발전에 큰 기여를 했다는 것은 부정할 수 없는 사실이다. 그는 1871년에 낸『인류의 계통』을 통해 인류는 원숭이와 같은 조상을 갖고 있다고 주장했다. 이 책역시 종교계의 엄청난 비난을 받으며 논란을 일으키게 된다. 지금까지 사람들이 알고 있던 것을 모두 부정하는 주장이었기 때문이다.

그렇다면 다윈의 진화론은 어떤 내용일까? 요약하자면 지금 우리가 볼수 있는 생물들은 오랜 시간 동안 계속 변화해왔고 과거의 생물과는 다르다는 것, 그리고 과거에 생존해 있던 많은 생물들 중에는 도태되어 지금 사라지고 없는 종도 있다는 것이다.

찰스 다윈이 그 내용을 발표한 이후부터 진화론은 계속 '진화'를 거듭해왔다. 재미있게도 다윈이 진화론을 주장한지 꽤 오랜 시간이 흘렀고, 이미 그 전부터 몇몇 학자들이 진화론을 주장해왔지만 아직까지도 명확하게 진화론이 옳다 그르다를 구분할 수 있는 증거는 존재하지 않는다고 한다. 단지 진화론이 더 신빙성 있을 것이라고 믿는 것뿐이다. 그리고 종교를 가진 많은 사람들은 여전히 창조론을 믿고 있다. 그러나 지구상의 생물이 다양한 이유가 누군가가 미리 만들어놓은 것이 아니라, 오랜 시간 동안 생물들이 환경에 적응해 변화하면서 생겨났다는 주장은 시간이 지나면서 사람들에게 받아들여졌다. 그래서 오늘날에는 진화론에 입각해 연구들이 진행되고 있다.

077

최고의 발명왕에 대해 잘 알려지지 않은 사실들

토머스 에디슨
미국의 발명가

"사람들이 원하지 않는 것을 발명하지 마라."

1 토머스 에디슨(1847~1931년)은 자신의 이름으로 1039개의 특허를 등록한 명실상부 세계 최고의 발명왕이다. 보통 어떤 분야에서 남다른 사람들은 일반인들과 다른 생각 그리고 독특한 생활방식을 갖고 있는 경우가 많다. 에디슨도 그러했는데 그는 두 번째 부인과 비밀스러운 대화를 하기 위해 모스부호를 이용했다고 한다. 만약 그가 지금 태어났다면 '텔레그램'을 사용했을까?

2 저작권이 있는 영화를 인터넷상에서 무단으로 다운받는 것은 불법이다. 이렇게 영화를 불법 배포하는 행위, 누가 가장 먼저 시작했을까? 정답은 바로 토머스 에디슨이다. 그는 세계 최초의 과학 영화인 조르주 멜리에스의 「달나라 여행」의 복사본을 미국 전역에 풀었다. 결국 이 때문에 조르주 멜리에스는 파산했다.

3 에디슨은 축음기, 영사기, 촬영장치인 키네토그래프, 장거리 전화, 전기냉장고 등 수많은 발명품을 만들었다. 그중에서도 축음기를 발명한 이유가 특별하다. 에디슨은 죽어가는 사람의 마지막 유언과 소망을 녹음하기 위해 축음기를 발명했다고 한다. 그 덕분에 많은 사람들이 노래를 들을 수 있었으니 죽음으로부터 새로운 유희가 나왔다고 할 수 있겠다.

4 에디슨의 마지막 발명품은 바로 귀신을 찾아내는 탐지 장비였다. 학계의 엄청난 비판을 받고 그는 유령 탐지기의 설계도 및 자료를 일체 폐기해버렸다. 소문에 따르면, FBI가 이와 관련된 모든 자료들을 수거해갔다고 한다. 이 발명품을 테스트하는 동안 그의 조수가 죽었다고 하는데 이 탐지기는 진짜였을까? 에디슨은 자신의 발명품으로 세상을 떠난 조수를 발견할 수 있었을까?

5 천재 과학자 니콜라 테슬라는 에디슨의 라이벌로 종종 언급된다. 에디슨과 테슬라는 1915년에 노벨 물리학상을 공동수상할 뻔했지만 결국 수상하지 못했다. 테슬라는 한때 에디슨의 연구소에서 일한 적도 있는데, 테슬라의 획기적인 발명품에 5만 달러라는 당시로서는 거액의 보상금을 지불하기로 했던 에디슨이 이를 농담이라고 하고 약속을 어기면서 두 사람의 악연이 시작되었다.

6 과거에는 사람이 일일이 한땀 한땀 손으로 타투를 그려 넣었다. 그래서 타투는 손이 많이 가는 작업이었다. 하지만 1891년 최초의 타투 기계를 새뮤얼 오레일리가 발명한 이후 시술 시간과 통증이 획기적으로 줄어들었다. 재미있게도 이 발명에 에디슨이 큰 기여를 했는데, 그가 만들었던 전기펜이 오늘날 타투 기계의 원형이 되었기 때문이다.

7 '에디슨이 전구를 가장 먼저 발명했는가'는 해묵은 논쟁거리이다. 결론만 말하면 그는 전구를 가장 먼저 발명한 사람이 아니다. 이미 1874년에 캐나다의 매튜 에반스가 전구 특허를 등록했다. 에디슨이 특허를 등록하기 5년 전에 말이다. 나중에 그는 단돈 5000달러에 전구 특허를 에디슨에게 팔았다. 눈앞의 이익에 멀면 기필코 후회한다는 대표적인 예시가 아닐까 한다.

8 19세기 말 미국에서는 전기의 송전 방식 중 직류와 교류 둘 중에 어떤 것이 더 효율적인 것이냐를 놓고 논쟁이 있었다. 에디슨은 직류가, 테슬라와 웨스팅하우스 같은 그의 경쟁자들은 교류가 훨씬 더 효율적이라고 주장했다. 당시 직류를 이용한 송전사업에서 선두주자였던 에디슨은 교류 송전방식에 위기를 느껴 교류는 위험한 송전방식이라는 일종의 '네거티브 마케팅'을 펼치기 시작한다. 그는 사람들을 모아놓고 개와 고양이 등의 동물을 고압의 교류 전류를 통해 태워 죽였으며 심지어 교류전류를 이용한 사형집행 의자까지 만들었다. 이 정도면 괴벨스도 울고 갈 선동 방식이 아닌가?

9 에디슨의 마지막 순간을 지킨 것은 미국 자동차 산업의 거물 헨리 포드였다. 무엇 때문이었는지는 모르겠지만 그는 진공관에 에디슨의 마지막 숨결을 담았고, 이는 현재 미국의 헨리 포드 박물관에 전시되어 있다.

078

희대의 과학 천재, 단두대의 이슬로 사라지다

라부아지에
프랑스의 화학자, 세금징수원

"이 머리를 베는 것은 한순간이지만,
프랑스에서 같은 두뇌를 만들려면 100년도 넘게 걸릴 것이다."

– 수학자 조제프 루이 라그랑주가 라부아지에 사형 이후에 한 말

라부아지에(1743~1794년)는 '근대 화학의 아버지'로 불린다. 그가 화학 분야에서 남긴 업적은 오늘날에도 높게 평가되고 있다. 라부아지에는 소위 말하는 '금수저'였다. 그의 아버지는 유명한 변호사였고 집안은 부유했다. 아버지의 영향을 받아 법학 공부를 했지만 자연과학에도 관심이 많았다. 세금징수원으로 일하며 화학 연구를 계속 해나가면서 업적을 남겼다.

그의 이론 중 널리 알려진 것이 '질량보존의 법칙'이다. 화학반응이 일어나기 전의 물질과 일어난 후의 물질의 성질은 변했을지 몰라도 질량은 그대로 유지된다는 이론이다. 이렇게 역사에 길이 남을 업적을 세울 수 있던 비결은 바로 '정확함'이었다. 이전의 과학자들이 주먹구구식으로 실험을 진행했던 것과는 달리 라부아지에는 정확하게 재료를 계량해서 실험을 진행했기 때문에 신빙성 있는 결과를 얻을 수 있었다. 역시 작은 디테일이 큰 차이를 가져온다.

물질이 빛이나 열 또는 불꽃을 내면서 빠르게 산소와 결합하는 반응을 연소라고 한다. 초가 타거나, 초가삼간이 타는 것 모두 연소이다. 그는 연소가 일어날 때 산소가 필요하다는 것을 발견해냈다. 그리고 산소를 '산소'라고 명명했다. 또한 물을 산소와 수소로 분리해 물이 화합물이라는

것을 발견하기도 했다.

그의 발명은 여기에서 멈추지 않는다. 반도체와 공업 분야에서 자주 사용되는 실리콘이 처음 등장한 것은 19세기였다. 1823년 스웨덴의 화학자 베르셀리우스가 최초로 실리콘을 정제해낸 것이다. 그런데 실리콘이 정제되고 널리 사용되기 이전에 라부아지에는 이미 그 존재를 예측하고 있었다. 그는 1789년 실리콘의 재료인 이산화규소는 산소와 어떤 화학원소가 결합한 물질일 수 있다고 기록하였다.

또한 그는 오늘날 널리 사용되는 도량법인 미터법의 개념화에도 핵심적인 역할을 했다. 170cm를 5피트 6인치로 표기하고 말하는 것은 꽤나 헷갈리고 귀찮은 일이니까.

'아내가 내조를 잘하면 남편이 큰일을 할 수 있다'는 옛말이 있다. 라부아지에의 아내는 남편의 연구를 돕기 위해 영어 논문들을 불어로 번역하고 그의 논문에 필요한 각종 그림을 그려주면서 남편의 연구를 보조했다. 라부아지에는 전생에 나라를 구한 게 틀림없다.

엄청난 업적에도 불구하고 라부아지에는 50세의 나이에 단두대에서 처형을 당해 생을 마감했다. 당시 그는 국민들로부터 세금을 거둬 정부에 납부하는 세금징수원이었는데 세금징수원들이 납세자들을 착취했다는 것이 이유였다. 그래서 세금징수원 대부분이 프랑스 혁명 때 처형당했고 라부아지에도 단두대는 피해갈 수 없었다. 그는 국민들을 착취한 돈으로 자신의 화학실험을 하는 데 사용했다고 한다. 많은 사람들이 그의 사형을 반대했지만 공화국의 판사는 일언지하에 거절하고 결국 사형을 집행시켰다.

079

현대 건축을 정립해 시대의 문제를 해결한 위대한 건축가

르 코르뷔지에
스위스 태생의 건축가, 작가

✤

"건축은 르 코르뷔지에 이전과
르 코르뷔지에 이후로 나뉜다."

20세기 초에 세계는 급격한 변화를 겪게 된다. 제2차 산업혁명이라 불리는 이 시기에 세계는 현대적으로 변해갔다. 건축 분야도 예외는 아니었다. 이 변화의 중심에는 세계적인 건축가 르 코르뷔지에(1887~1965년)가 있었다. 그는 20세기 건축의 포문을 열었다는 평을 받으며 현대 건축에서 중요한 인물로 자리매김하게 된다. 오늘날 우리가 보는 건물들이 대부분 그의 영향을 받았다고 볼 수 있다.

샤를에두아르 잔레그리라는 본명을 가진 르 코르뷔지에는 '도미노 이론'과 '현대 건축의 5원칙'을 주창했다. 도미노 이론이란, 최소한의 철근 콘크리트가 기둥이 되어 건물의 각 귀퉁이를 지지하고 한 층에서 각 층으로 가는 계단을 만드는 개방적이고 단순한 구조를 말한다. 이 도미노 시스템은 유럽의 건축을 완전히 바꿔놓았다. 당시의 건축 방식과는 완전히 다른 르 코르뷔지에의 새로운 도미노 시스템은 창문이나 벽의 위치를 마음대로 할 수 있어 호평을 받았다. 점점 더 많은 사람들이 그의 건축 방식을 이용해 건물을 짓기 시작했다.

여기에서 더 나아가 르 코르뷔지에는 '현대 건축의 5원칙'을 세워 건축에 적용했는데 이는 현대 건축 구조의 기초가 된다. 과거 건물을 짓던 방식은 돌이나 벽돌을 쌓아올리는 조적식 방식이 대부분이었다. 하지만 이

방식은 건물을 높게 쌓아올리지 못한다는 단점이 있었다. 산업혁명이 시작되면서 노동자들은 도시로 이주하기 시작했고, 더 좁은 공간에 더 많은 노동자들이 거주할 수 있도록 하는 것은 시대적인 과제였다. 르 코르뷔지에는 여기에 당시 전쟁으로 집을 잃은 사람들에게 빠르게 주거 공간을 제공해야 할 책임을 느끼고 있었다. 그래서 그는 새로운 건축 방식과 원칙을 도입해 건물을 더 높게 쌓아올렸고 사람들의 집 문제를 해결했다. 이것은 당시 굉장히 혁명적이었다.

〈르 코르뷔지에의 현대 건축 5원칙〉
① 옥상정원 ② 자유로운 평면 ③ 수평창 ④ 필로티 구조 ⑤ 자유로운 입면

전공자가 아니라면 이해하기 어려울 수도 있지만 필로티나 옥상정원은 누구나 쉽게 이해할 수 있고, 최근 지어지는 건물들에서 쉽게 볼 수 있는 요소이다. 이러한 건물의 구조 및 요소들은 모두 르 코르뷔지에의 머릿속에서 나온 것이다.

건축 5원칙을 가장 잘 보여주는 '빌라 사보아'나 지금의 아파트의 시초인 '유니테 다비타시옹', '롱샹 성당' 등 그가 남긴 업적은 수도 없이 많다. 그가 남긴 유산이 오늘날의 우리에게도 큰 의미를 지녀서일까? 그가 남긴 17개의 건축물은 2016년 7월, 유네스코 세계문화유산에 등재되었다. 오래된 건축물이 아닌, 비교적 현대에 들어서 지어진 건축물 중 세계문화유산에 등재된 경우는 그의 작품이 처음이라고 한다. 그만큼 르 코르뷔지에가 남긴 업적이 크기 때문이 아닐까?

080

인류 최대의 과학자를 FBI에서 감시한 이유

알버트 아인슈타인
독일 출신의 물리학자

✤

"제3차 세계대전이 어떤 무기로 치러질지는 아무도 모른다.
하지만 제4차 세계대전은 아마 몽둥이와 돌로 싸우게 될 것이다."

1 천재 과학자 아인슈타인(1879~1955년)의 이름을 딴 우유가 있다. 그 우유를 먹는다고 해서 아인슈타인처럼 되진 않는다. 오랜 기간 동안 필자가 직접 임상실험을 해보고 내린 결론이다.

2 독일계 유대인으로 태어난 아인슈타인은 세계시민이 되고 싶어 했다. 그는 민족에 따라 국민을 정의하는 민족주의라는 개념을 매우 싫어했다. 근대 국민국가가 등장하면서 널리 퍼지기 시작한 이 사상을 홍역에 빗대기도 할 만큼 그는 민족주의에 대해 부정적이었다. 독일에서 태어난 그는 16세라는 어린 나이에 독일 국적을 포기하고 무국적인 상태로 살았다. 그런 그가 1901년에 스위스 국적을 취득했다는 사실은 조금 아이러니하다.

3 그는 취리히 폴리테크닉 대학에서 공부를 했다. 그가 듣던 물리학 수업에서 유일한 여학생이었던 밀레바 마리치는 이후 그의 아내가 되었다.

4 그는 제2차 세계대전 발발과 함께 미국으로 망명했는데 FBI에서는 그를 좋아하지 않았다. 1955년 아이슈타인이 생을 마감할 때까지 FBI는

그를 혹독하게 감시했다. 집의 전화를 도청하거나 우편물을 검색하고 심지어 쓰레기통을 뒤지기까지 했다. 1933년에 FBI가 작성한 아인슈타인에 대한 보고서는 무려 1427페이지에 달했다. FBI가 그토록 감시한 이유는 그가 사회주의 이념을 지지했으며 미국의 정책을 비판했기 때문이다.

5 그가 사회와 국가에 대해 가진 사상이 어찌 되었든 과학 분야에서 남긴 업적은 매우 컸다. 아인슈타인은 상대성 이론과 광양자설 등을 발표했다.

현대 물리학에서 제일 중요하고 가장 높게 평가받는 상대성이론에 따라 우리는 시간과 공간의 개념을 명확히 할 수 있었고, 이는 이후 철학, 천문학, 물리학, 미술에도 많은 영향을 끼쳤다. 또한 아이슈타인의 이론을 바탕으로 영화 「인터스텔라」에 등장하는 블랙홀의 존재를 파악할 수 있었다고 한다.

그리고 전통적으로 빛을 파동으로 보았던 관점 대신 입자의 성질도 있는 것으로 보는 광양자설은 양자역학의 발전에 중요한 역할을 했는데, 만약 그의 광양자설이 없었다면 오늘날 우리가 쓰는 반도체와 스마트폰, 노트북 등은 존재하지도 않을 뻔했다. 이 광양자설 때문에 그는 노벨 물리학상을 받을 수 있었다.

6 노벨 물리학상을 받을 당시 아이슈타인은 첫 번째 아내인 밀레바와 여자 문제 때문에 이혼 직전의 상태였는데 그녀에게 노벨상 상금을 모두 주기로 하고 이혼을 했다. 노벨상 상금을 연구비가 아닌 다른 용도에 쓰는 경우는 또 있다. 1965년에 노벨 물리학상을 수상한 리처드 파인만은 '내년에 이 돈으로 세금을 내겠다'고 했고, 2001년 노벨 생리의학상을 받은 폴 너스는 고급 오토바이를 구입했다.

밀레바와 이혼 후 그는 이종사촌인 엘자와 재혼한 뒤 미국으로 망명했다. 밀레바는 이혼한 뒤 정신질환이 있는 둘째 아들 테테를 돌보느라 온갖 고생을 다하다가 생을 마감했다.

7 그는 과학에도 열심이었지만 평화도 사랑하는 남자였다. 자신의 상대성 이론이 핵폭탄 제작의 기초가 된 것을 알고 매우 고통스러워했다는 이야기는 유명하다. 또한 그는 인종차별도 반대했다. 아인슈타인은 인종차별을 '백인들의 질병'이라고 비판했을 만큼 인종차별에 반대 입장을 보였다. 그런데 그가 여행을 하다 만난 중국인을 '근면하지만 더럽고 우둔하다'고 적어놓은 기록이 있다고 한다. 중국 여행 경험이 꽤 좋지 않았던 모양이다.

인터넷 결제 시스템에서 우주로 가는 로켓까지

일론 머스크
미국의 기업가, 엔지니어

✦

"그는 본인의 재산을 없애버리는
가장 빠른 방법을 생각하고 있다."

– 스페이스X 계획이 발표되었을 때 일론 머스크를 비난했던 사람이 한 말

영화 「아이언맨」의 주인공 토니 스타크의 실제 모델, 남들이 모두 손가락질했지만 전기 자동차 회사와 우주 로켓 회사를 세운 인물, 터무니없는 발상을 현실로 만드는 남자. 바로 테슬라와 스페이스X를 소유한 일론 머스크(1971년~)다. 그에 대한 평가는 역사적인 인물들 중 대다수가 그랬던 것처럼 극과 극이다. 사람들은 그를 희대의 천재 혹은 희대의 사기꾼으로 생각한다. 하지만 그가 더 나은 현실을 위해 앞으로 나아가며 꿈을 현실로 만드는 인물이라는 것에 대해 부정할 수는 없을 것 같다.

대학 졸업 이후 집2zip2라는 회사를 창업해 한 차례 성공을 맛본 일론 머스크는 뒤이어 엑스닷컴x.com이라는 온라인 결제 플랫폼 회사를 창업한다. 1999년 당시에 온라인 결제 시스템이 중요해질 것이라고 예측했던 것이니 미래를 내다보는 안목이 얼마나 뛰어난지 알 수 있다. 이후 1년 뒤에 이 회사는 이름을 페이팔로 바꾸게 된다. 페이팔 서비스는 크게 성공하여 이베이에 매각된다. 이 매각으로 그는 1억 6500억 달러, 한화로 1100억 원이 넘는 돈을 챙겼다. 그리고 이 돈은 이후 그가 세상을 바꾸는 원동력이 된다.

이후에 그가 만들었거나 초기 자금을 투자했던 회사에는 스페이스X, 테슬라, 솔라시티, 오픈AI, 뉴럴링크, 더 보링 컴퍼니가 있다. 이 회사들의

공통점은 더 나은 세상을 만들기 위해 무언가를 개발하는 것이다.

이 중 가장 먼저 세상에 등장한 것은 2002년 창립된 스페이스X다. 일론 머스크가 기존에 성공한 분야가 아닌 전혀 다른 분야의 사업, 그것도 우주로 로켓을 쏘아 올리는 일을 한다고 했을 때 엄청난 비난이 쏟아졌다. 사람들의 눈에는 성공 가능성도 높지 않은, 불가능해 보이는 짓을 하는 것으로 보였기 때문이다.

그러나 일론 머스크와 스페이스X의 직원들은 애초에 공표했던 대로 우주에 로켓을 쏘아 올렸다. 연구 개발을 진행하면서 각종 사고와 잡음이 끊이지 않아 좌절을 맛보기도 했지만 굴하지 않았다. 팰컨이라는 이름의 로켓들은 우주과학 분야에서 한 획을 그었으며 이제 사람들은 그의 로켓 프로그램에 큰 기대를 걸고 있다.

원래 로켓 하나를 우주로 쏘아 올릴 때 꽤나 부담스러운 돈이 든다. 냉전 시기 활발했던 미국과 소련 간에 우주 탐사 경쟁이 급격히 줄어들기 시작한 이유도 여기에 있다. 하지만 스페이스X의 로켓을 쏘아 올리는데 드는 비용은 NASA에서 우주로 쏘아 보내는 일반적인 로켓 발사 비용의 3분의 1이다.

왜 그럴까? 바로 로켓을 재활용하기 때문이다. 과거에는 로켓을 쏘아 올릴 때마다 모든 부분을 새로 만들어야 했다. 하지만 스페이스X의 로켓은 우주로 올라가는 코어 로켓을 제외한 부품들을 재활용한다. 당연히 제작비도 절감되고 발사 비용도 낮아진다. 같은 돈이면 두 번 더 로켓을 쏘아 올릴 수 있는 것이다.

이제 일론 머스크는 더 큰 꿈을 꾸고 있다. 화성 이주, 달 화물 운송 등 거창한 목표를 세우고 있다. 지금까지 이룬 업적들이 있지만 여전히 몇몇 사람들은 그를 사기꾼으로 몰아세우며 허무맹랑한 계획을 세우지 말라고 비난한다. 하지만 그를 긍정적으로 바라보는 사람들은 그가 또 한 번 자신을 싫어하는 사람들을 비웃으면서 성공적으로 자신의 계획을 달성할 것이라고 믿어 의심치 않는다.

유클리드

어느 날 유클리드에게 가르침을 받던 한 학생이 물었다.

"기하학을 배워서 도대체 어디에 씁니까?"

그 말을 들은 유클리드는 금화 세 닢을 주고 학생을 내쫓았다. 공부가 어렵다고 생각하는 학생이나 그런 학생을 싫어하는 선생님은 예나 지금이나 존재하는 것 같다.

히포크라테스

그는 우리의 감정과 생각이 심장이 아닌 뇌에서 나온다고 생각했다. 당시에 이는 매우 혁신적인 생각이었다.

갈릴레오 갈릴레이

꽤 오래전에 발견된 그의 오른손 가운데 손가락은 현재 이탈리아에 있는 갈릴레오 박물관에 전시되어 있다.

요하네스 구텐베르크

구텐베르크보다 훨씬 더 앞서 활자를 만들어 사용한 나라가 바로 우리나라다. 고려시대, 1251년에 이미 나무 활자로 만들어진 팔만대장경이 탄생했고, 금속활자로 책을 찍어낸 것도 1377년이었다. 이는 구텐베르크가 태어나기도 전이다.

파스퇴르

실크를 생산하는 농장들도 파스퇴르의 덕을 보았다. 19세기에 프랑스에서 누에들이 병에 걸려서 죽어나가는 사태가 발생했다. 파스퇴르는 연구를 통해 누에가 '노제마병' 혹은 '무름병'의 영향을 받는다는 것을 알게 되었다. 그는 이 질병이 유전성과 전염성이 있다는 것, 그리고 이 질병에 감염된 애벌레가 반짝이는 소체를 생산한다는 것을 알게 되었다. 이를 바탕으로 반짝이는 소체가 있다면 알을 모두 폐기하고, 그렇지 않은 경우에만 번식을 시키는 방식으로 누에의 질병을 치료했다. 그가 아니었다면 프랑스를 대표하는 에르메스의 실크 스카프는 아마 지금쯤 존재하지도 않았을 것이다.

라이트 형제

라이트 형제는 본인들이 개발한 기술을 대중에게 공개하는 것을 매우 꺼려했다. 둘은 비행기의 세부사항 그리고 비행시험의 과정 등의 내용을 공개하지 않았다. 하지만 결국 1908년부터 비행기 기술이 세계에 알려지게 되었다. 그리고 비행기 생산은 경쟁 체제에 돌입하게 된다.

아이작 뉴턴

한때 뉴턴의 연구실에 불이 나서 20년 동안 연구했던 결과물을 모두 날린 적이 있다. 방화범은 인간의 친구인 개였다.

토머스 에디슨

놀랍게도 에디슨의 발명품들은 한국에서도 볼 수 있다. 강원도에 있는 '에디슨 박물관'에서 에디슨의 작품들을 관람할 수 있다. 발명품만 5000여

개 이상이라 매우 방대한 규모이고, 주로 축음기들이 전시되어 있다.

르 코르뷔지에

그는 의자도 만들었다. LC 3와 LC 7 등 다양한 모델들의 의자를 만들었는데 대부분 모던하고 차갑다는 인상을 준다. 건축가들이 의자를 만드는 경우는 의외로 많은데 여러분도 잘 아시는 바르셀로나 체어 또한 프랑스의 한 건축가가 만들었다. 건축과 가구가 밀접한 관련이 있어서 그런 걸까?

알버트 아인슈타인

다시 한 번 말하지만 아인슈타인은 절대로 핵폭탄을 만들지 않았다. 핵폭탄은 미국의 '맨해튼 프로젝트'에 의해 탄생했고 그 프로젝트에 참가한 과학자들의 목록을 찾아봐도 아인슈타인의 이름은 발견할 수 없다. 사람들이 아인슈타인의 이론을 이용해 핵폭탄을 만들긴 했지만 아인슈타인이 직접 핵폭탄의 개발에 관여하지는 않았다.

일론 머스크

일론 머스크는 9살 때부터 컴퓨터 프로그래밍을 독학했다. 3년 뒤인 12살 때 블래스터라는 게임을 만들기도 했다. 뿐만 아니라 이미 9살 때 『브리태니커 백과사전』을 모두 다 읽었다고 한다. 필자가 9살 때는 운동장을 뛰어다니고 문방구에서 군것질을 했던 것 같은데 확실히 달라도 뭔가 다르다. 그가 특출나다는 것은 다른 사실에서도 알 수 있다. 일론 머스크는 아이비리그 대학 중 하나인 펜실베이아대학교를 졸업했다. 그것도 경영학과 물리학 학위를 2개나 따면서 말이다. 재학 당시 일론 머스크와 그의 룸메이트는 좁아터진 기숙사에서 벗어나 학교 밖에 있는 더 큰 집으로 옮겼다. 집세가 꽤 비쌌을 텐데 어떻게 감당했을까? 빌린 집을 나이트클럽으로 만들어 입장료를 받아 지출을 충당했다. 매일 밤 1000명 정도가 방문할 만큼 꽤 큰 규모였다고 한다.

6장

사상,
종교

082

마니교의 창시자, 십자가에 매달려 죽다

마니
페르시아의 예언가, 마니교의 창시자

✝

"나는 아담과 노아, 아브라함과 붓다,
조로아스터와 예수의 뒤를 잇는 최후의 예언자이다."

마니(216~274년경)는 고대 페르시아에서 융성했던 종교 마니교의 창시자로 우리에게 알려져 있다. 당시에 신자도 많았고 강력한 힘이 지금은 흔적을 찾아볼 수 없고 역사의 한 페이지에만 기록되어 있을 뿐이다. 한때는 세계 4대 종교로 인정받았지만 현재는 다른 종교들에 밀려 흔적도 없이 사라져버린 이유는 무엇일까?

마니가 젊었을 당시 페르시아 지방에서는 불교, 기독교, 힌두교, 조로아스터교 등 다양한 종교가 공존하고 있었다. 20대 중반이었던 마니는 하늘의 계시를 받게 되고 자신이 아담이나 예수, 조로아스터와 같은 예언자들을 계승했다고 생각했다. 이 계시를 바탕으로 이후 그는 기독교와 조로아스터교를 융합한 새로운 종교인 마니교를 창시하고 사람들에게 설교를 시작한다.

그는 빛과 어둠을 중요하게 생각했다. 이 세상이 창조된 것은 빛의 영역에 어둠이 침투해서 그렇게 된 것이며 빛이 어둠에 잠식당한 것이나 마찬가지라고 말이다. 그리고 이 과정에서 인간과 동물, 식물도 태어난 것이라고 믿었다.

세상에 존재하는 것들, 특히 그중에서도 인간의 영혼에 악의 물질이 들어와 있어 이를 빛으로 해방시켜야 한다고 주장했다. 정확히는 빛과 어둠의 싸움에서 빛이 이겨서 지식을 얻을 수 있고, 이 지식을 통해 구원 받을 수 있다는 것이었다. 그리고 이 과정에서 금욕, 숭배, 기도가 필수적이라고 보았다. 빛을 중요시했기 때문에 그는 추종자들에게 '빛의 사도'라는 별명도 얻었다.

마니가 설교를 시작한 이후에 마니교는 빠르게 퍼졌다. 그의 교리는 페르시아 지역뿐만 아니라 로마제국과 에스파냐, 중국까지 퍼져나갔다. 마니는 자신의 교리가 와전되는 것을 막기 위해 교리를 글로 기록했고 이를 포교에 적극 활용했다. 마니는 붓다나 조로아스터, 예수와 같은 위대한 예언자들의 가르침이 언어의 차이에서 비롯되는 그릇된 해석 때문에 오해가 발생한다고 생각했다. 이를 방지하기 위해 전달하고자 하는 것을 정확히 같은 의미로 많은 사람들에게 전달하고자 했던 것이다. 덕분에 다른 나라의 사람들도 그가 주장하는 바를 정확히 이해할 수 있었다.

페르시아의 바흐람 1세는 계시가 자신에게 내리지 않고 마니에게 내렸다는 이유로 그를 고문하고 사형시켜버렸다. 왜 그가 계시를 못 받고 마니가 계시를 받았는지 조금은 알 것 같기도 하다. 심보를 못되게 먹으면 될 일도 안 된다.

마니는 죽었지만 그의 유산은 멀리멀리 퍼져나갔다. 주변 지역으로 퍼져나간 마니교였지만 이후에 박해를 받기 시작하면서 슬슬 자취를 감췄다. 시간이 한참 흐른 뒤, 다양한 종교들이 등장해 마니교와 비슷하다는 평가를 받기도 했지만 실질적으로 이 종교들이 마니교를 잇는 종교라는 사실을 입증하긴 어렵다.

083

'너 자신을 알라'는 도대체 무슨 뜻일까?

소크라테스
고대 그리스의 철학자

✦

"철학은 무지로부터의 탈출이다."

고대 그리스에서 사람들에게 말하는 기술을 비싼 돈을 받고 가르쳤던 지식인들을 '소피스트Sophist'라고 한다. 소피스트들은 현실적이었고 절대적인 것은 없으며 상황마다 모든 것을 다르게 판단해야 한다는 상대주의적인 입장을 취했다. 소크라테스(BC 470년경~BC 399년)는 소피스트와 정반대의 입장을 취했다. 진리와 윤리와 선은 보편적이며 절대적이어야 한다고 생각했다. 세상 어딜 가나 통용되는 진리나 도덕이 있는 것이다. 그는 당시 프로타고라스를 비롯한 상대주의자들을 궤변가라고 비판했다. 그래서 오늘날 소피스트라는 단어가 부정적인 의미를 지니게 된 것이었다.

그는 소피스트와 어떻게 논쟁을 펼쳤을까? 우선 아무것도 모르는 척 소피스트에게 질문을 한다. '정의란 무엇입니까?'라는 질문을 던지고 이후에 끝없이 질문을 해 상대방이 허점을 드러내면 반박을 하는 방식으로 소피스트들을 바보로 만들어버렸다. 그는 사람들을 가르칠 때도 이런 방식으로 대화를 했는데 아이를 낳는 것도 산모가 직접 낳아야지 누가 대신 낳아줄 수 없는 것처럼 깨달음을 얻는 것도 비슷한 방식으로 이루어져야 한다고 생각했다. 그래서 그의 이런 대화법을 '산파술'이라고 불렀다.

소크라테스가 한 것으로 알려진 '너 자신을 알라'라는 말, 정확히는 델포이의 아폴론 신전에 적힌 문구였다. 소크라테스가 적었을 것으로 추정되기도 하지만 사실 누가 적었는지는 아무도 모른다. 그런데 이 문장, 과연 무슨 뜻일까? 소크라테스는 항상 자신이 무지하다고 생각했다. 앞에서 언급한 것처럼 끊임없이 대화하다 보면 결국 안다는 것이 얼마나 어려운 것인지를 깨닫게 되기 때문이다. 그는 '진리를 아는 것'이 매우 어려운 것이라고 생각했고 아무것도 모른다고 생각했다. 반면 당대의 유명한 지식인들은 자신들이 무지하다는 사실조차 모르고 있었다. 오히려 자신들이 무언가를 안다고 생각했고 그걸로 남들에게 가르침을 주었다. 소크라테스는 적어도 그들보다 '자신이 무지하다'는 한 가지는 더 알고 있었던 셈이다. 이것을 '무지無知의 지知'라고 부른다.

소크라테스는 글을 쓴 적이 없다. 물론 저서를 남겼을 수도 있겠지만 현재 우리에게 전해지는 것은 존재하지 않는다. 우리는 소크라테스를 플라톤 같은 제자들과 당대 사람들의 기록만으로 접한다. 이런 저작들은 대부분 철학 혹은 극의 내용을 담고 있고 사실에 기반한 역사적인 내용이 아니기 때문에 소크라테스가 진정으로 어떤 인물이었는지 알기는 어렵다. 이를 '소크라테스의 문제'라고 한다.

결국 그는 '청년들을 부패시키고, 국가의 여러 신을 믿지 않는다'는 두 가지 죄목으로 사형당한다. 그의 친구들은 사형 전에 그에게 도망갈 것을 제안했지만 응하지 않았다. 만약 자신이 법을 어긴다면 진정한 철학자가 되지 못할 것이라고 생각해 독배를 마시고 죽음을 택했던 것이다. 죽을 때까지도 자신의 신념에 따랐던 그, 이 정도면 4대 성인이 맞는 것 같다.

084

고대부터 현대까지의 서양사상에 영향을 준 철학자

플라톤
고대 그리스의 철학자, 사상가

✦

"지도자의 자질을 갖춘 사람이 정치를 외면한 가장 큰 대가는
스스로가 가장 저질스러운 인간들에게 지배당한다는 것이다."

필자는 대학에서 정치학을 전공했는데 1학년 때 들은 수업에서 고대 그리스의 정치사상을 가장 먼저 배웠던 것이 기억에 남는다. 정치학은 크게 국제정치, 비교정치 그리고 정치사상 세 분야로 나누어지는데, 커리큘럼상 가장 먼저 배우는 것 중 하나가 바로 소크라테스와 플라톤, 아리스토텔레스로 이어지는 고대 그리스의 정치사상이었다. 당시에는 이 고리타분한 수천 년 전의 인물들에 대해 왜 배우는 것인가라는 생각을 했지만, 지금은 다르다. 이 3명의 인물은 정치학뿐만 아니라 서양철학과 인문학 전반의 기초가 되는 사람들이기 때문이다.

그중에서도 플라톤(BC 428년경~BC 348년경)은 중요한 위치에 서 있는 인물이다. 영국의 철학자 화이트헤드가 '서양철학은 플라톤의 철학에 각주를 붙인 것밖에 안 된다'라고 했을 정도이다.

플라톤을 이해하기 위해서는 가장 먼저 '이데아idea'라는 단어에 대해 이해하고 있어야 한다. 이데아란 사물의 본질, 즉 사물의 원래 형상을 의미한다. 예를 들면 우리가 가지고 있는 이어폰은 저마다 다른 색상, 다른 가격, 다른 성능을 갖는다. 이는 이어폰의 감각적인 영역이다. 반면 이어폰은 음악을 듣기 위한 도구이며, 사용자에게 좋은 소리를 제공해야 한다는 것은 이어폰의 본질적인 영역이다. 이것이 바로 이어폰의 이데아라고

할 수 있을 것이다. '좋음의 이데아'는 이데아들의 이데아로 훨씬 더 원초적이고 본질적인 것을 의미한다.

이런 이데아론을 국가에 적용시켜보면 어떨까? 플라톤은 역시 국가라는 존재에도 이데아가 존재한다고 믿었다. 한마디로 좋은 국가가 되려면 그 본질이 좋아야 한다는 것이다. 플라톤이 이야기하는 이상적인 국가의 이데아에는 통치자, 전사, 생산자라는 3가지 계급이 필요하다. 세 계급이 각각의 분야에서 서로의 역할을 넘보지 않고 철저하게 분업해 각자가 지닌 덕목을 잘 발휘할 때 좋은 국가이며 정의라고 보았다. 전사 계급이나 생산자 계급이 사사로운 명예욕이나 권력욕만을 가지고 통치자 계급을 넘볼 때 국민 다수는 불행해진다고 플라톤은 언급하고 있다.

모든 사물에 숨겨진 이데아를 볼 수 있는 남자는 '지혜의 지혜'를 지닌 '철학자 중의 철학자', 철인왕이다. 부단한 교육을 통해서 '선의 이데아'를 터득한 철학자를 뜻하는 철인이 올바르게 통치하는 국가는 선의 방향으로 나아가며 그렇지 못한 국가는 퇴보하는 것이라고 생각했다. 이러한 자격을 갖추지 못한 자가 통치하는 사회를 플라톤은 악으로 보았고, 이것이 적격자의 입장에서는 가장 큰 모욕이라는 것이다.

이 철인왕 이론은 아주 오랜 시간이 지난 후에 비판받게 된다. 바로 나치 독일의 총통 히틀러와 소련 공산당 서기 스탈린 때문이다. 과학철학자 칼 포퍼는 개인보다 사회 또는 국가의 중요성을 강조한 전체주의全體主義의 기원이 플라톤의 철인왕이며, 이것이 독재자들의 등장과 사상에 밑바탕이 되었다고 주장했다. 서양 정치철학의 아버지가 전체주의의 기원으로 지목되었다니 한편으로는 놀라운 일이 아닐 수 없다.

085

로마의 기독교 공인이 유럽의 정신을 바꾸다

콘스탄티누스 1세
로마제국의 황제

✤

"이제부터 모든 로마인은
원하는 대로 종교 생활을 할 수 있다."

Q. 313년 로마제국에서 발표한 칙령으로 시민들이 자신이 원하는 종교
　를 믿을 수 있다는 내용을 담고 있는 것은 무엇인가?

A. 밀라노 칙령

　　로마는 다신교 사회였다. 그리스의 헬레니즘으로부터 영향을 받은 로
마제국은 주피테르부터 메르쿠리우스까지 수많은 신들을 섬겼을 뿐만
아니라 타인의 종교에도 관대했다. 로마가 이집트나 중동 지역을 정복한
이후에는 그 지역의 신도 믿었을 정도로 로마제국 내에는 다양한 종교가
존재했다. 그리고 정복지의 주민들에게도 종교적 자유를 허용하고 동맹
관계를 유지했다. 이런 문화에 대한 관용이 로마제국을 번성한 국가로 만
들었던 것은 주지의 사실이다.

　　그랬던 로마가 유독 기독교만을 탄압했다는 것은 흥미로운 일이다. 예
수를 십자가에 매달아 못 박은 것도 로마제국이었고, 카타콤이 탄생하게
된 배경도 로마제국이었으며, 수많은 순교자들을 만든 것도 로마제국이
었다.

　　이렇게 기독교가 탄압을 받은 이유는 여러 가지인데, 그중 가장 큰 원
인은 다른 종교와 달리 기독교가 황제 숭배를 반대했기 때문이었다. 기독

교인들의 유일한 왕은 하느님과 주 예수 그리스도뿐이었다. 다른 종교와 달리 세속적이지 못하다는 이유로 큰 탄압을 받았던 것이다.

또한 기독교는 일신교였다. 즉, 한 명의 신만 섬긴다는 뜻이다. 앞에서도 설명했듯이 로마는 다신교 사회였고 수많은 종교가 존재했는데 기독교는 그 교리상 이 모든 것을 부정할 수밖에 없었다. 마찰과 잡음이 끊이지 않고 발생했던 이유다. 그리고 우상숭배를 금했던 기독교인들의 생각과 당시 로마인들의 사상은 어긋나는 부분이 있었다. 63년부터 311년까지 기독교는 열 차례의 큰 탄압을 받았다.

하지만 콘스탄티누스 1세(272~337년)가 등장하고 상황이 달라졌다. 당시 공동 황제였던 콘스탄티누스와 리키니우스는 밀라노 칙령을 통해 기독교에 대한 박해를 멈추게 된다. 누구나 자유롭게 자신이 원하는 종교를 믿을 수 있게 로마제국 차원에서 허용해준 것이었다. 같이 기독교 탄압을 멈추는 칙령을 발표하긴 했지만 두 황제의 기독교에 대한 생각은 조금 달랐다. 리키니우스 황제는 말년에 기독교를 탄압할 만큼 별로 좋아하지 않았던 반면에 콘스탄티누스 1세는 기독교를 믿을 것을 장려했고 이러한 종교적인 관용을 정치적으로 이용하려 했다.

이후 로마제국은 멸망했으나 기독교는 사라지지 않았고 로마제국의 자양분을 이어받아 2000년이 넘는 기간 동안 생존해 있다. 아이러니하게도 기독교를 발전시키고 계승한 것은, 로마인들이 제국과 기독교 문명을 위협하는 존재라고 판단했던 바바리안Barbarian, 즉 이민족이었다. 그들이 다양한 경로로 복음을 받아들이고 이를 발전시켜 나갔다. 이민족들의 문화가 기독교 문화로 변화해갔고 이것이 계속 이어져 온 것이다. 과연 육체는 죽어도 정신은 살아남는다는 말이 맞는 것 같다.

086

출애굽을 위해 바다를 가르다

모세
고대 이스라엘 민족의 지도자, 예언자

모세가 하느님께 아뢰었다.

"제가 무엇인데 감히 파라오에게 가서

이스라엘 백성을 이집트에서 건져내겠습니까?"

– 출애굽기 3장 11절

『성경』에 등장하는 가장 유명한 인물 중 하나다. 사람들은 모세를 신의 율법을 인간에게 전하고, 이스라엘 사람(히브리인)들을 이집트에서 탈출시킨 거룩한 선지자로 생각한다.

이스라엘 민족에게 자유를 준 해방가 모세(BC 1393~BC 1273년)는 생애 초반부터 고난을 겪었다. 히브리인이었던 모세가 태어났을 당시 그들은 노예였지만 그 수가 많고 강했기 때문에 이집트의 파라오 람세스 2세는 이들을 두려워했다. 결국 람세스 2세는 히브리인 아이들을 모두 죽이라는 명을 내린다. 모세의 어머니는 태어난 지 1년도 안 된 아기 모세를 살리기 위해 바구니에 넣어 나일강에 띄워 보낸다. 다행히도 모세는 이집트 공주에게 발견되었고 이집트의 궁궐에서 안전하게 자랄 수 있었다.

모세는 어른이 되어서야 출생의 비밀을 알게 된다. 본인이 이집트인이 아닌, 히브리인이라는 사실 말이다. 그리고 이집트에서 학대당하는 동포들의 모습을 목격하고 비탄에 빠지게 된다. 참다못한 모세는 자신과 같은 민족을 괴롭히는 이집트인을 죽이고 결국 도망자의 신세가 되고 말았다.

그러던 어느 날, 신이 나타나 모세에게 백성들을 이집트에서 데리고 탈출하라고 전한다. 이에 모세는 이집트의 파라오에게 자신이 신에게 메시지를 전달받았음을 알린 뒤 백성들을 데리고 이집트를 벗어나려 했다. 하지만 파라오는 이를 거절했고 신은 이집트에 10가지 재앙을 내렸다.

재앙에는 개구리, 피가 흐르는 나일강, 메뚜기 떼의 창궐 같은 것들이 있었다. 현대의 과학자들은 이 일이 실제로 발생한 일들로, 신이 내린 것이 아니라 당시 극심한 가뭄이나 화산 분출 같은 자연 현상 때문에 발생했을 것으로 추정하고 있다. 의견은 다양하지만, 과학적으로 설명 가능한 현상이라는 것이 과학자들의 공통된 의견이다.

어쨌든 신이 주는 벌에 견딜 장사가 어디 있으랴? 결국 이집트의 파라오는 모세를 포함한 이스라엘인들을 해방시킨다. 하지만 파라오가 마음이 변덕스러웠던 건지 모세의 무리가 떠난 이후 군대를 보내 그들을 쫓아갔다. 이스라엘 노예들이 바다에 도착해 막다른 길에 도달했다. 뒤에서는 이집트 군대가, 앞에는 바다로 가로막혀 있었던 난감한 상황이었다. 그 상황에서 신은 바다를 갈라 길을 만들고 모세의 무리만 지나가게 한 다음 이집트 병사들은 그대로 수장시켰다. 찰톤 헤스톤과 율 브린너가 주연을 맡은 1956년 영화 「십계」를 보면 이 내용에 대해 자세히 알 수 있다.

그는 사람들을 이끌고 약속의 땅으로 향했지만 정작 자신은 그 땅에 들어가지 못했다. 신의 말을 거역(이스라엘 민족 앞에서 하나님을 믿지 않는 독선적인 모습을 보여준다. -민수기 20장 12절)한 적이 있기 때문이다. 그의 공에 비해서 처벌이 너무도 가혹한 것 아니었을까?

087

누구나 부처가 될 수 있음을 설파하다

석가모니
불교의 창시자

✦

"우리 내면의 인간성을 탐구하라."

우리가 흔히 부처로 알고 있는 고타마 싯다르타(BC 563년경~BC 483년경)는 불교를 창시한 인물이다. 살아 있을 때 그의 행적은 불교 신자들에게 큰 가르침을 주었으며 오늘날에도 전 세계 5억 명의 불교 신자들은 그의 가르침을 마음속에 되새기고 있다.

석가모니는 이름이 아니고 '사카족의 성자'란 뜻이다. 그의 이름은 고타마 싯다르타로 '목적을 완성한 사람'이란 뜻이 있다. 흔히 '깨달은 자'라는 의미의 붓다 혹은 부처, 여래, 세존이라고 불리기도 한다.

싯다르타는 기원전 6세기경에 지금의 북인도 지역에서 왕족으로 태어났다. 그가 태어나고 얼마 지나지 않아 한 남자가 그를 보고 '이 아이는 위대한 왕이 되거나 성인이 될 것이다'라고 예언을 했다. 왕자였던 그는 고통받는 중생들의 모습을 보며 편하게 살 수 있는 왕의 자리를 포기하고 고행 끝에 깨달음을 얻게 된다. 그리고 이때부터 자신의 이름인 싯다르타를 버리고 살아간다. 깨달음을 얻고 나서는 평생을 중생 구제에 바쳤고 누구나 부처가 될 수 있음을 설파했다.

처음에 싯다르타는 깨달음을 얻기 위해 고행을 했지만 깨달음은 얻지 못하고 몸만 상했다. 결국 그는 다른 방법을 택하기로 결심하고 보리수 아래에서 명상을 하고 해탈의 경지에 이른다. 보리수라는 이름은 깨달았다는 뜻의 '보리'라는 단어를 붙여 탄생한 것이라고 한다. 그리고 그는 이

때부터 부처 혹은 석가모니로 알려지기 시작했다.

깨달음을 얻은 부처의 가르침은 비폭력적인 방식으로 이루어졌다. 과거 십자군 전쟁이나 30년 전쟁 같은 사례에 비추어 보아 다른 종교들이나 신앙을 폭력적인 방식으로 자신들의 믿음을 설파하려 했던 것을 보면 이례적이라고 할 수 있겠다. 구전으로 전해지거나 불상, 탑 등의 건축으로 종교를 전파했는데, 특히 불교 사찰에 있는 탑의 경우, 부처의 사리를 봉안하기 위한 의도로 세워진 것이다. 이런 이유로 불교에서 탑은 '부처가 영원히 머무는 집'의 의미를 지닌다.

불교 사찰에서 볼 수 있는 부처 조각상은 대부분 통통하고 둥글둥글한 모습을 하고 있다. 그러나 석가모니는 인생을 수행하며 절제하는 삶을 살아갔기 때문에 다소 마른 체형이었을 것으로 추측된다. 그렇다면 석가모니를 둥글둥글하게 묘사하는 이유는 무엇일까?

이는 후덕한 외향의 체중과 성공을 동일하게 여기는 중국의 인식에서 비롯된 것이다. 수천 년 전 불교가 인도에서 중국으로 건너갔을 무렵, 인기를 끌던 '포대'라는 중국 승려가 있었다. 산타클로스처럼 뚱뚱한 그는 커다란 자루를 끌고 다니며 시주 받은 음식을 가난한 사람들에게 나누어 주었다. 사람들은 가난에서 구해주고 복을 준다 해서 포대보살이라 했고, 재물운의 상징이 되었다.

석가모니는 대승불교에서 신적인 존재로 여겨지기도 하지만, 불교에서 석가모니는 '신'이 아니라 진리를 발견한 존경의 대상이다. 불교는 부처가 발견한 절대적 진리를 신앙의 대상으로 삼는 종교, 그 진리를 스스로 수양해서 깨달아야 자신도 부처가 될 수 있는 주체적인 종교이다.

부처는 평생을 떠돌아다니며 가르침을 설파하다가 80세의 나이로 열반에 들었다. 그는 마지막으로 제자들에게 유언을 남겼다.

"부지런히 정진하라. 이 세상 모든 것 가운데 영원한 것은 없으니."

088

장발을 지칭하는 '예수머리'는 잘못된 말이다?

예수
유대인 종교 지도자, 기독교의 창시자

"할렐루야!"

---

1 역사에서 가장 중요한 인물을 꼽으라고 하면 예수(BC 4년경~30년경)가 어김없이 등장한다. 특별한 탄생에서부터 십자가에 못 박히기까지 그의 삶은 특이함 그 자체로 점철되어 있다.

2 예수의 본명은 히브리어로 여호수아다. 이 이름을 그리스식으로 표현하면 오늘날 우리에게 익숙한 예수Jesus의 어원이 된다. 당시에는 이 이름이 흔한 이름이었는데, '구원하는 사람'이라는 뜻을 갖고 있다. 영어에서는 여호수아라는 이름을 '조슈아'라고 부르고, 스페인어에서는 '헤수스'라고 부른다.

3 많은 역사학자들은 예수가 실존 인물이었을 것으로 추정하고 있다. 『성경』뿐만 아니라 로마인들과 유대인들의 역사에서도 예수를 찾아볼 수 있기 때문이다. 많은 학자들이 역사 자료를 바탕으로 예수가 기원전 1세기에 이스라엘 갈릴리의 나자렛에서 태어났다는 것에 동의한다. 하지만 꽤 많은 부분이 학자들마다 의견이 달라 논쟁이 벌어진다.

4 '예수가 실존 인물이라면 과연 그의 진짜 모습은 어땠을까?'라는 의문은 학자들 사이에서 연구 대상이었다. 예수의 그림이나 조각상 등을 보

면 고수머리를 어깨까지 기른 모습으로 묘사하는 것이 많다. 그래서 곱슬 거리는 긴머리 스타일을 간혹 '예수머리'라고 하기도 한다. 예수는 실제 이런 모습이었을까?

영국에서 이 문제에 대해 진지하게 연구를 진행한 적이 있다. 각종 사료를 종합해 본 결과에 따르면 예수는 대략 170cm 정도의 키에 짧은 흑발의 머리, 구릿빛 피부와 수염, 갈색 눈을 가지고 있었을 것으로 추정된다. 우리가 익히 보아온 예수의 모습과는 많이 다른 것이다. 바울이 고린도 교회에 처음 보낸 편지인 고린도전서 11장 14절에 '남자가 긴 머리를 하는 것은 부끄러운 일'이라고 나와 있으니 '예수머리'라는 말부터 고쳐서 써야 겠다.

5 그의 성격은 어땠을까? 많은 영화와 소설 등에서 예수는 혼자 십자가를 짊어진 고독한 존재로 묘사된다. 하지만 십자가를 짊어지고 골고다 언덕을 지날 때 그는 엄청난 구타를 당한 상태였다. 그러니 당연히 고독하고 힘들어 보일 수밖에 없다. 사실 예수는 꽤나 정열적이고 마음씨가 따뜻한 사람이었다. 사람들을 내쫓고 의자를 뒤엎기도 하고(마태복음 21장 12절), 나사로의 죽음을 불쌍히 여겨 눈물을 흘리기도 했다(요한복음 11장 35절).

6 예수의 생일은 12월 25일, 크리스마스로 알려져 있다. 그러나 『성경』에는 예수의 생일이 정확히 언제인지 나와 있지 않다. 많은 학자들이 예수의 생일을 겨울이나 초봄 정도로 예측하고 있지만 확실하진 않다. 크리스마스는 '예수의 탄생을 기념하는 날'일 뿐이다.

7 예수는 이슬람교의 경전 『코란』에 '이싸'라는 이름으로 기록되어 있다. 『코란』은 예수를 이슬람의 선지자, 무함마드 이전에 온 예언자로 묘사하고 있으며 무함마드보다 더 자주 언급한다. 그의 어머니인 동정녀 마

리아는 『코란』에서 이름이 구체적으로 나오는 유일한 여성으로 그녀의 이름은 '마리얌'으로 기록되어 있다.

8 이 책에서 가장 많이 등장하는 단어는? 아마도 'BC_Before Christ'일 것이다. 이는 우리말로 기원전으로 번역되는데 예수의 탄생을 기점으로 기원전과 기원후로 나뉜다는 것을 알아두자. 참고로 기원후는 AD_Anno Domini'로 표기하는데 해석하면 '주님의 해'라는 뜻이 있다.

중국 사상의 뿌리를 만든 유교의 창시자

공자
고대 중국의 사상가, 교육자

✦

"어진 마음을 갖고, 올바르게 행동하고,
타인을 존중하고 반듯하게 처신하며,
사리를 깨치는 것이 바로 인의예지이다."

공자(BC 551~BC 479년), 맹자, 순자, 장자 등 중국의 사상가들의 이름에 붙
는 자子는 학식이 높은 스승에게 붙이는 일종의 경칭이다. 공자의 원래
이름은 '공구'라고 알려져 있다. 공자를 영어로 Confucius라고 하는데, 처
음 공자가 서양에 알려졌을 때 지식층은 라틴어를 사용했고 공자의 라틴
식 발음이 Congfuzi였기 때문이다.

공자의 인생 그리고 사상에 대해 가장 잘 알 수 있는 책은 바로 『논어』
와 사마천의 『사기』이다. 이외에도 맹자의 저서나 『춘추좌씨전』 등을 통
해 공자의 인생을 엿볼 수 있다.

역사적인 기록에 따르면 그는 어린 시절을 매우 불우하게 보냈다. 3세
때 아버지를 여의었고, 23세 때에 어머니를 여의었다. 가족들을 부양하
기 위해 그는 가리지 않고 다양한 일을 했다. 그럼에도 불구하고 어린 시
절에 그는 꽤 좋은 교육을 받았다.

춘추전국시대는 중국 역사에서 다양한 사상들이 꽃피웠던 시기로 평
가받고 있다. BC 8세기부터 BC 3세기까지 춘추 5패와 전국 7웅이 세력을
겨루던 시기에 중국 철학과 생활 방식의 기초가 되는 사상들이 만들어지
고 발전했다. 공자도 이 시기에 활동했던 것으로 알려져 있는데 흔히 제

자백가라 불리는 다양한 사상들 중에서 그의 유가 사상은 중요한 위치를 차지했다.

유학에는 '육예六禮'라는 것이 있다. 육예는 예禮, 악樂, 사射, 어御, 서書, 수數를 의미하는데, 각각 예절, 음악, 활쏘기, 마차 몰기, 서도, 수학을 의미한다. 책만 읽는 것이 아니라, 요즘 말로 따지면 '지덕체智德體'를 골고루 갖춘 남자가 되어야 한다는 것일까? 과거 집에 앉아 책만 읽던 사람들은 공자의 가르침을 완전히 오해하고 있었던 것이다.

공자의 유교를 이해하기 위해서는 '인仁'이라는 개념을 이해해야 한다. 인은 사람을 사람답게 만드는 덕성이자 본질이다. 유교에서 이상적인 인간형은 '군자'로 표현되는데 이 군자가 되기 위해선 무엇보다 인을 실천해야 한다는 것이 공자의 주장이다. 『논어』에 인과 관련된 구절이 많이 등장하는데 '어진 사람은 자기가 서고자 할 때에는 남부터 세워주고, 자기가 이루고자 할 때에는 남부터 이루게 한다'라는 구절이 대표적이다. 인이란 어쩌면 이기심을 죽이고 남을 배려해주는 마음을 표현한 것 아닐까?

공자는 출신 성분, 사회적 지위에 신경 쓰지 않고 제자들을 데려와 가르침을 주었다. '가르침에는 차별이 없다'는 그의 생각이 잘 드러난 예라고 할 수 있겠다. 오늘날에는 당연해 보이지만 당시 이는 매우 혁신적인 사상이었다. 공자의 교육 목표는 군자를 육성하는 것이었다. 그가 생각하는 군자란 덕을 통해 백성들을 다스리고 그들에게 인의 가치를 전파하는 역할을 하는 인물이었다. 공자는 타고난 신분보다는 갈고 닦은 능력과 덕성을 통해 군자가 되어 백성을 다스리는 것이 중요하다고 생각했다.

공자 가문은 현재도 중국에 남아 있다. 중국의 최대 명문가 중 하나로 사람들에게 인정받는 공자의 공씨 집안은 2500년 동안 공자의 후손을 기록한 족보를 가지고 있다. 이 공자의 후손들은 중국뿐만 아니라 한국과 대만 등지에도 널리 퍼져 있다고 한다.

한국 사람들이 공자가 한국인이라고 주장한다는 낭설이 중화권 전역에 퍼져 있다. 정작 한국인들은 공자에 대해 관심도 없는데 말이다.

앞뒤 가리지 않고 사람들에게 유교적 가치를 강요하는 사람들을 비꼬아 '유교 탈레반'이라고 한다. 이들은 공자의 가르침을 제대로 이해하지 못한 것이 틀림없다. 그가 말했던 군자는 스스로가 인의 가치를 현실에서 솔선수범해 보여주어야 하는 사람이기 때문이다.

090

마키아벨리즘의 진실

니콜로 마키아벨리
르네상스 시대의 정치사상가, 철학자

✤

"강인한 의지는 어려움과 시련을 초월한다."

과거의 유럽에서는 가톨릭 신앙과 윤리에 위배되는 내용이 책에 있으면 그 책 읽는 것을 금지했다. 대표적인 예가 마키아벨리의 『군주론』이다.

'마키아벨리즘'이라고 하면 수단과 방법을 가리지 않고 사람들을 휘두르는 냉혹한 군주의 이미지가 떠오른다. 하지만 사실 이 개념의 주인공인 마키아벨리(1469~1527년)는 그렇게 잔혹한 사람이 아니다. 마키아벨리즘은 그의 저서 『군주론』에 잘 드러나 있다. '군주는 자애롭고 도덕적인 인물이 아니라 냉혹하고 잔인해야 한다'는 내용이 주를 이룬다. 사실 이 책의 내용은 그의 진정한 의견이 아니었다. 어떻게 하면 '군주가 국가를 더 잘 통치할 수 있는가'라는 주제로 당시 피렌체를 다스리던 메디치가에게 바치는 선물이었다.

예를 들면 '요리책'과 비슷하다. 우리는 요리책을 보면서 요리를 어떻게 하는지 배운다. 그래서 '소금이 조금 더 들어갔으니 도덕적으로 잘못된 것이다'라고 주장하는 사람은 아무도 없다. 『군주론』도 마찬가지다. 마키아벨리는 책 안에 나라를 통치하는 '기술'에 대해 담았다. 말 그대로 나라를 다스리고 국민들을 다스리는 기술이기 때문에 이를 도덕적으로 판단하는 것은 문제가 있다.

『군주론』과 함께 마키아벨리의 대표 저서로 취급받는 것은 바로 『로마사 논고』이다. 두 책을 관통하는 공통적인 개념이 하나 있는데 바로 '포르투나Fortuna'와 '비르투Virtu'이다. 그가 말하는 '포르투나'는 고대 그리스 신화에 나오는 운명의 여신으로 운명의 수레바퀴를 굴려 사람들의 운명을 결정했다고 한다. 그녀는 매우 변덕스럽고 어디로 튈지 모르는 신이었다고 하는데, 어쩌면 우리의 삶이 어디로 흘러갈지 모르는 것에 빗댄 것이 아닐까. 어쨌든 당시에는 '모든 일은 이미 정해져 있으며 운명에 맡겨야 한다'는 운명론이 팽배해 있었다.

이런 분위기에서 마키아벨리는 모든 것을 운명에 맡기는 사람들을 강력하게 비판한다. 그리고 운명에 맞서라고 이야기한다. '포기하지 마라'는 정도가 아니라 '변덕스러운' 운명의 여신을 때려눕혀야 한다고 주장한다. 강력한 의지만 있다면 못할 것은 없다는 뜻이다.

그는 인간의 이러한 의지를 '비르투'라는 단어로 표현하는데, 현재 힘 혹은 덕으로 표현되는 이 단어는 능력, 활력, 용기 등의 의미를 지닌다. 결국 운명의 소용돌이를 타파해 자신의 삶을 바꾸어가는 행동적인 삶을 마키아벨리는 강조했던 것이다. 마키아벨리는 비르투와 비타 악티바Vita Activa를 통해 시민의 덕성이 발현되고, 결국 공화정 체제는 과거의 로마제국처럼 더욱 더 번성할 수 있을 것이라고 생각했던 것이다.

결국 마키아벨리즘의 핵심개념은 군주의 냉혹함보다는 운명을 바꾸기 위한 인간의 의지가 더 중요하다는 것이었다. 찔러도 피 한 방울 안 나는 리더십은 운명을 바꾸기 위해 능동적으로 움직이는 의지의 과정에서 등장하는 극히 파편적인 현상일 뿐이다.

어떤가? 이제 마키아벨리가 조금 다르게 보이는가? 이 글을 읽었다면 아마 당신은 이제 마키아벨리가 더이상 악의 화신이 아니라는 것을 알게 될 것이다. 그리고 마키아벨리의 사상을 알고 나면 그가 왜 르네상스 시대를 대표하는 정치사상가인지 이해가 갈 것이다. 르네상스는 인간에 의한, 인간을 위한, 인간의 시대였으니 말이다. 마키아벨리는 인간의 의지는 생각보다 강하며 운명에 쉽게 굴복하지 않을 수 있는 것을 이미 꿰뚫어보고 있었다.

091

썩은 물을 갈아 치우려 했던 남자

마틴 루터
독일의 종교개혁가

✤

"우리의 주님이시며 선생이신 예수 그리스도께서 '회개하라'고 하실 때
그는 신자들의 전 생애가 참회되어야 할 것을 요구하였다."

– 「95개조 의견서」 제1조

종교개혁Reformation

16세기부터 17세기 사이 유럽에서 로마 가톨릭 교회가 변해야 한다고
주장하며 벌어진 개혁운동이다. 이를 통해 오늘날 프로테스탄트, 즉 개신
교가 등장했다. 마틴 루터(1483~1546년)에 의해 본격적으로 개혁이 시작
되었고 칼뱅, 츠빙글리, 토머스 크랜머 같은 인물들도 이 개혁에서 중요
한 위치를 차지했다.

마틴 루터가 당시 부패한 가톨릭에 격분해 맞섰고 그 덕분에 오늘날의
기독교가 탄생할 수 있는 기틀이 마련되었다. 그는 한때 수도사였고 성직
자이자 교수였지만 모든 것을 내던지고 올바른 일을 위해 용기를 냈다.

잠시 시간을 거슬러 올라가보자. 마틴 루터가 종교개혁을 일으키기 이
전에 교회는 어떤 상황이었을까? 당시 교회는 기나긴 중세시대 동안 독
점적인 권력을 가졌다. 모든 것을 교회가 잡고 흔들었다. 사람들도 종
교에 매우 열성적이었다. 하지만 고인 물은 필연적으로 썩기 마련이다.
15세기부터 교회의 절대권력인 교황들이 부패하기 시작했다.

이를 보여주는 대표적인 사건이 바로 면죄부 판매였다. 면죄부는 현실

에서 저지른 죄에 대한 벌을 탕감받을 수 있는 문서였다. 현실의 돈을 갖다 바치면 죄를 모두 면해주고 천국으로 보내준다는 것이었다. 9세기 초반에 처음 시작된 이 문서는 15세기에 그 발행량이 폭발적으로 증가하기 시작했다. 이 제도는 교황청의 수입을 증대시키는 방편으로 이용되었고 많은 폐단을 낳았다. 마케팅적 측면에서 보자면 당시로서는 획기적인 상품이 맞았지만 면죄부의 가격은 평민들이 내기에는 부담스러운 돈이었다. 당시 교황이었던 레오 10세는 대성당을 건축하고, 자신들의 방탕하고 부패한 생활을 계속 이어가기 위해 면죄부를 팔았다.

이런 어이없는 상황에 대해 마틴 루터는 폭발했다. 아무리 한 집단이 부패해도 그 안에 제대로 정신이 박힌 사람이 하나둘쯤 있기 마련이니까. 그는 1517년 10월 31일 독일의 비텐베르크 성 교회의 정문에 라틴어로 된 「95개조 의견서」를 내걸었다. 그야말로 대자보를 붙인 것과 같은 상황인 것이다.

소식은 매우 빠르게 퍼졌다. 독일에서 시작된 이 대자보가 유럽 전역으로 퍼져갔고 많은 사람들이 가톨릭이 부패했음에 공감했다. 말 그대로 마틴 루터가 지핀 불씨가 온 유럽으로 번져가기 시작했다.

루터는 '인간은 오직 믿음으로 구원 받을 수 있다'고 주장했다. 형식과 권위, 돈과 지위 같은 외면적인 것은 구원과 상관이 없으며 오직 참회하고 도덕적으로 회개해야지만 신을 만날 수 있고 영생을 얻을 수 있다고 역설했다. 즉, 예수를 통해 하느님이 하려 했던 말에 모든 것이 담겨 있고, 모든 사람은 신 앞에 평등하니 돈 같은 건 내지 말고 열심히 기도해서 천국에 가라는 것이었다. 그의 이런 주장 덕분에 모든 것이 바뀌었다. 종교개혁으로부터 시작된 프로테스탄티즘Protestantism, 즉 개신교는 이후 가톨릭의 독재를 막았다. 그리고 사람들은 교회가 가로막던 것들을 자유롭게 할 수 있게 되었다. 바로 교육과 학문이었다.

092

자연으로 돌아가라던 계몽주의자

장 자크 루소
프랑스의 철학자

"자연으로 돌아가라."

장 자크 루소(1712~1778년)는 스위스 제네바 출신으로 18세기 프랑스에서 주로 활동했던 철학자이자 사상가였다. 우리에겐 프랑스 출신으로 알려져 있지만 프랑스인이 아니다. 하지만 그가 성인이 되어 주로 프랑스에 근거를 두고 활동했다는 것과 그의 모든 저작들이 프랑스어로 쓰였다는 것 때문에 프랑스인으로 오해받기도 한다.

우리가 루소의 삶에 대해 알 수 있는 것은 바로 그의 자서전인 『고백록』 덕분이다. 그의 사후 출간된 이 책은 근대 최초의 자서전이라고 평가받는다. 그 전에는 우리가 생각하는 자서전 형태의 책을 출간한 인물이 없었기 때문이다. 그 덕분에 오늘날 우리가 자서전이라고 부르는 형태의 책이 등장했다.

아마도 루소 하면 가장 먼저 떠오르는 것은 『사회계약론』일 것이다. 그의 대표적인 저작인 『사회계약론』에서 그는 사람들이 자유와 평등을 얻기 위해, 그리고 구성원 모두의 공동의 이익을 지키기 위해 약속을 하고 국가를 만들며 이 약속이 '사회 계약'이라고 언급한다. 개별적으로 사람들이 약속을 한 것이기 때문에 국민들이 지도자에게 '복종'할 필요는 없다는 것이다. 홉스로부터 출발한 이 사상이 루소에게는 원초적으로 개개인의 자유가 존재한다는 또 다른 아이디어로 바뀌었다. 당시 그의 이러한 생각은 가히 혁명적이라고 할 수 있을 정도였는데 온 유럽, 특히 프랑스에 큰 영향을 주어 이후 1789년의 프랑스 대혁명에도 영향으로 이어졌다.

이런 급진적인 사상 때문에 루소는 유럽 여러 나라에서 쫓겨났다. 왕정 국가가 대부분이었던 당시의 유럽에서 모두에게 자유와 권리가 존재한다는 주장은 세상을 뒤흔들 만한 것이었다. 결국 그는 영국에 망명하게 되는데, 그 기간 동안 자신이 심하게 박해를 받고 있다는 망상에 시달렸다.

칸트, 흄, 애덤 스미스, 볼테르, 뉴턴 등과 함께 루소는 18세기 계몽주의 운동에서 가장 중요한 인물 중 하나이다. 『불평등기원론』과 『사회계약론』은 계몽주의 운동의 가장 위대한 상징으로 꼽힌다.

계몽주의는 종교, 권위, 전근대에 맞서 새로운 패러다임을 도입하고자 했던 사람들이 일궈낸 움직임이었다. 신의 권위에 입각한 중세를 벗어나 모든 것의 시작을 인간의 '이성'에 둔다는 사상이었다. 루소는 인본주의, 즉 헬레니즘이 융성했던 고대 그리스를 모티브로 해 인간의 이성이 빛을 발하는 시대를 꿈꾸었다. 인간이 최고라는 지극히 인간 중심적인 사상은 오랜 기간 동안 어둠 속에 묻혀 있다가 근대에 들어 루소 같은 학자들에 의해 다시 그 꽃을 피울 수 있었다.

그는 교육 분야에서도 큰 업적을 남겼다. 루소 이전의 유럽의 아이들은 잘못했을 때 매우 엄한 처벌을 받았다. 사실 이는 종교로부터 기인했는데 모든 인류는 원죄를 지니고 있다고 생각해서였다. 하지만 루소는 물리적인 체벌은 금지하고 아이들 스스로 왜 잘못했는지를 깨닫게 해야 한다고 생각했다.

루소는 드니 디드로라는 남자가 저술한 세계 최초의 백과사전의 집필을 돕기도 했다. 그가 가장 처음 저술을 맡은 분야는 음악이었다. 그는 사상가뿐만 아니라 음악가이기도 했다. 7개의 오페라를 포함한 여러 작품들을 작곡했으며 음악 이론의 발달에도 공헌했다. 「마을의 점쟁이」라는 오페라는 큰 인기를 끌었는데, 극장에서 행해지는 오페라 같은 예술이 사회의 도덕성을 부패시킨다는 이유로 이후에는 오페라를 작곡하지 않았다고 한다.

093

도덕성을 중시했던 서양 근대철학을 종합하다

임마누엘 칸트
프러시아의 철학자

✤

"머리 위에는 별이 반짝이는 하늘,

내 마음에는 도덕률."

1 임마누엘 칸트(1724~1804년)는 근대 계몽주의를 정점에 올려놓았고 독일의 관념철학을 확립한 철학자로 이후 21세기 철학에까지 영향을 주었다. 그의 연구들은 이전의 경험론과 합리론을 상세히 연구해 비판적인 분석을 했다고 해서 '비판철학'으로 불리기도 한다. 그의 저작과 연구들이 오늘날에는 서양철학을 완성한 중요한 것으로 평가받고 있다.

2 시대를 뛰어넘는 대학자였으나 매우 가난한 편이었다. 아버지가 돌아가시고 나서 집안이 기울어 대학교를 졸업하지 못할 뻔했다. 친구의 도움을 받아 간신히 학업을 마친 그는 생계를 위해 가정교사, 시간 강사, 사서로 일하며 공부를 이어나갔다.

3 그가 자신의 학문적인 성과를 내놓기 시작한 것은 57세부터였다. 당시 그가 내놓았던 『순수이성비판』은 '해괴망측하고 도저히 이해할 수 없는 글'이라는 비판을 받았다. 오늘날에도 수많은 학생들이 이 책을 공부할 때 머리가 터진다는 걸 칸트는 알고 있을까?

4 그는 종교와 관련된 책을 몇 권 썼는데 급진적인 사상을 담고 있었

다. 이 책에 담긴 내용이 국민들에게 혁명을 불러올 것이라는 생각 때문에 당시 프러시아의 군주였던 프리드리히 빌헬름 2세는 매우 화가 났다. 그는 칙령을 발표해 칸트가 다시는 종교와 관련된 글들을 쓰거나 그 내용을 가르치지 못하도록 했다. 결국 칸트는 프리드리히 빌헬름 2세가 죽을 때까지 종교와 관련된 내용은 저술하지 않았다.

5 17~18세기의 서양철학은 크게 합리론과 경험론으로 나뉜다. 합리론은 인간이 태어날 때부터 가진 이성에 지식이 포함되어 있으며, 경험론은 모든 지식은 경험으로 얻을 수 있는 것으로 본다. 우리는 칸트를 합리론과 경험론을 종합한 인물로 보는데, 그의 의견에 따르면 우리가 어떤 지식을 습득할 수 있는 능력은 본래부터 갖고 있지만, 지식의 세부 내용은 경험으로 얻을 수밖에 없다고 했기 때문이다. 즉 인간은 개별적인 경험과 타고난 인식 능력을 통해 '보편적 진리'를 알 수 있다는 것이다. 역시 반반이 최고다. 치킨도, 피자도, 철학도 말이다.

6 칸트는 감정이나 상황에 따라 달라지는 도덕이 아니라 누구나 수락할 수 있는 보편적이고 객관적인 도덕을 추구했다. 누가 보아도 당연하다고 생각하는 도덕이란 것은 존재하며, (예를 들면 노인을 학대하면 안 된다와 같은) 이는 사람이라면 필수적으로 지켜야 할 것으로 보았다. 그가 생각한 이러한 도덕에 그는 '도덕 법칙'이라는 거창한 이름을 붙였다.

그리고 그는 때와 장소에 따라 바뀔 수 있는 '가언 명령'이 아니라, 언제 어디서나 예외 없이 똑같이 지켜야 하는 '정언 명령'을 내세웠다. 예를 들면 '남의 것을 훔치면 안 된다'는 어떠한 상황에서도 따라야 하는 정언 명령이고, '(정말 굶어죽게 생겼다면) 남의 것을 훔쳐도 좋다'와 같이 조건이 붙는다면 가언 명령이다.

7 위대한 철학자 칸트는 독특한 습관으로도 유명했다. 그는 고향인 쾨

니히스베르크에서 일생 동안 멀리 떠나지 않았다. (그럼에도 그는 세계지리 책을 집필했다. 도대체 어떻게 한 걸까?) 또한 하루도 빼놓지 않고 저녁을 먹은 후 산책을 했으며 평생 독신으로 살았다고 전해진다.

094

위기에 처한 나라를 위해 500명과 함께 싸운 스님

영규
조선의 승려

✦

"스님께서 궐기한 것은 나라에 보답하기 위한 것이고
국가에서 스님을 받드는 것은 충성을 권장하는 것이다."

− 임진왜란에 참전한 서산대사를 기리기 위해 조선 왕조가 내린 표충사 비문 중

임진왜란은 선조 25년부터 7년간 2차에 걸쳐서 일본이 우리나라에 침입
해 벌어진 전쟁이다. 1597년에 다시 침략한 것을 정유재란으로 달리 부
르기도 한다.

1592년 4월, 도요토미 히데요시가 중국 명나라를 치는 데 필요한 길을
열어달라는 '정명가도征明假道'를 요구했지만, 조선은 명나라와의 우호적
인 관계를 지키고자 거절한다. 이를 구실로 조총으로 무장한 잘 훈련된
일본군은 순식간에 부산을 함락시키고 한양까지 밀고 들어왔으며 18일
만에 함경도까지 도달했다. 순식간에 곳곳이 황폐화되었다. 전란으로 피
폐해진 한반도를 지킨 것은 의병과 관군이었다. 너나 할 것 없이 힘을 합
쳐 외세의 침략을 막고자 했던 것이었다.

왜군을 무찔렀던 집단이 하나 더 있다. 바로 승려들이다. 임진왜란 당
시, 휴정대사나 유정대사 같은 승려들이 자체적으로 승병 군대를 조직해
왜군과 맞서 싸웠다. 특히 임진왜란 당시 최초로 승병을 조직해 맞서 싸
웠던 영규대사(미상~1592년)는 나라의 위기에 맞서 적극적으로 나라를
지킨 인물로 평가받고 있다. 그는 충남 공주 출신으로 전쟁이 일어나자마
자 500명의 승려들을 모아 의병장 조헌과 함께 청주성 전투에서 왜군에

게 빼앗긴 청주성을 탈환했다. 관군도 되찾지 못한 청주성을 승병과 의병들이 왜군으로부터 되찾아온 것이다. 하지만 영규대사는 얼마 지나지 않아 벌어진 금산 전투에서 장렬하게 전사하고 만다.

이 사실을 알면 한 가지 의문점이 생긴다. 도대체 왜 승려들이 전쟁에 참가했던 것일까? 이는 한반도 불교 특규의 '호국護國', 즉 나라를 지킨다는 특유의 사상이 가미되었기 때문이었다. 임진왜란이 일어날 당시에 긴급한 상황에는 승려라고 하더라도 출전할 수 있도록 했다. 삼국시대 때부터 이어져온 호국 신앙은 국가와 왕실의 번영을 기원하는 성격이 강했다. 그리고 고려시대와 조선시대에도 이 호국사상은 계속 이어져왔다. 특히 조선시대에는 숭유억불崇儒抑佛 정책을 펼쳐 불교 자체는 발전하지 못했으나, 임진왜란을 계기로 승병이 등장하면서 이때에도 호국 불교가 드러났다고 할 수 있겠다.

그런데 우리나라 불교의 정체성 중 하나로 꼽히는 호국불교는 불교 교리와 여러 가지로 맞지 않는다. 우선 불교의 가르침에서 승려가 된다는 것은 출가, 즉 바깥세상과 연을 끊고 수행자나 구도자의 길을 걷는 것이다. 부처의 가르침을 배우기 위해 일평생 세속과 연을 끊었는데 세속의 범주에 속하는 국가를 위해 희생한다는 것이 과연 불교의 교리와 맞는 것일까?

또한 많은 분들이 아시다시피 불교에서는 살생을 엄격하게 금지하고 있다. 그런데 승병이라는 이름으로 전투에 참여하여 적군을 살생하는 것도 불교의 교리와 맞지 않는다. 이러한 딜레마가 있는데, 불교 스스로가 승병의 존재를 부각시키고 우리나라 불교의 정체성을 호국불교로 삼는다는 것이 흥미롭다.

이에 대해 학자들은 '중생 구제의 측면'에서 바라보면 이해가 쉬워질 것이라고 이야기한다. 고통받는 중생들의 마음을 이해하고 이를 해결하기 위해 참전했다는 것이다. 혹은 불교가 세속화되어 가면서 국가 권력과 힘을 합쳐 주권을 지키려 했다는 주장도 있고 전쟁으로 인해 사찰의 존

재 자체가 무너질 수도 있기 때문에 이런 역할을 담당했다고 하는 주장
도 있다. 이유야 어찌 되었건, 승병들이 중요한 시기마다 국가의 안위를
지켜내는 데 큰 힘을 보탰던 것을 부정할 수는 없을 듯하다.

095

두 사상가의 사회계약론은 어떻게 다를까?

토머스 홉스·존 로크
영국의 정치사상가, 정치철학가

✦

"인간의 자연 상태는 전쟁터와 같고,
만인의 만인에 대한 투쟁 상태이다."

─ 토머스 홉스

국가는 어떻게 탄생했을까? 우리가 지금 살아가고 있는 근대적인 국민국가는 1648년 베스트팔렌 조약에 의해 탄생했다. 국가를 구성하는 3요소 중 하나인 주권이 이때부터 인정받기 시작했고, 나라의 크기에 관계없이 개별 국가들은 동등한 힘을 가질 수 있었다. (하지만 현실에서 국가의 주권은 군사력이나 경제력의 차이에 따라 침해받는 경우도 종종 있다.) 오늘날 지구상에 존재하는 206개의 국가들도 이 베스트팔렌 조약에서 등장한 외교와 국권을 바탕으로 설립된 것이라고 볼 수 있다.

국가가 존재해야만 하는 정당성을 설명한 이론이 바로 사회계약설이다. 왜 사람들이 국가의 구성원이 되었고 어떻게 국민들이 국가에 대한 권리를 갖게 되었는가를 설명해주는 이론이다. 수많은 철학자들이 국가의 존재 이유에 대해 다루었지만 홉스(1588~1679년)와 로크(1632~1704년)만큼 자주 인용되는 학자도 드물 것이다. 둘 다 영국에서 태어나 정치철학을 연구했지만 태어난 시기가 다르고 주장하는 바도 조금 다르다.

'홉스'는 자연 상태에서 인간은 이기적이고 남들보다 더 갖고 싶어 하며 만족하지 못한다고 보았다. 이러한 욕망의 결과로 사람들은 서로 대립하게 된다. 힘이 세더라도 소용없다. 자고 있을 때 죽이면 그만이니까.

이처럼 자연에서 사람들이 '만인에 대한 투쟁 상태'에 놓여 있다고 보았다. 사람들에게 자연 상태는 살아가기 위험한, 항상 위협이 존재하는 상태라고 생각했다. 이러한 상태에서 벗어나기 위해서는 구성원을 보호하는 하나의 거대한 존재가 필요하다고 보았다. 그리고 이 과정에서 각각의 개인은 본인에게 주어진 권리, 자연권을 어느 정도 포기해야 하며 계약에 따라 절대 권력을 맡기고 인정한 것이다. 그것이 절대적인 힘을 가진 신화에 나오는 괴물 '리바이어던'이자 지금의 국가가 된 것이다.

그러나 '로크'는 홉스와는 다르게 자연 상태를 어느 정도 평화로운 상태라고 생각했다. 로크는 홉스와 달리 자연 상태의 인간이 질서를 어느 정도 지킬 정도는 된다고 보았다. 그래서 자연 상태에서도 평화로운 삶을 살 수 있다고 보았다. 하지만 여전히 어떤 일이든 일어날 수 있는 가능성은 있다고 생각했다.

그래서 자연 상태의 인간은 완전히 위험한 것이 아니기 때문에 자신의 권리를 국가에게 전부 넘기는 것이 아니라 일부만 위임하게 된다. 내가 완전히 권리를 넘긴 것이 아니기 때문에 국가는 절대 권력도 아니며 잘못된 점에 대해 따질 수도 있는 것이었다. 로크는 이를 '저항권'이라고 설명했다. 쉽게 말하면 국가는 절대 권력이 아니라 '집 지키는 개'와 같은 느낌이다.

로크는 특히 재산이라는 개념을 중요하게 생각했다. 재산권이 개인에게 매우 소중한 권리기 때문에 국가가 이를 지키기 위해 모든 노력을 다해야 한다는 주장을 내세웠다.

그리고 로크는 내 재산이 도난을 당했을 때, 국가가 내 재산을 지켜주지 못한다면 내 재산에 손을 댄 사람들을 직접 처벌을 할 수 있는 권리가 누구에게나 있었다고 주장했다.

미국인들이 개개인마다 총기를 보유할 수 있는 권리를 갖는 것은 이 로크의 사상으로부터 기반했다. 미국 건국의 아버지 중 한 명인 토머스 제퍼슨이 로크의 사상에서 영감을 받았고 이것이 미국인들의 총 소지와 연관된다니, 재미있지 않은가? 개인이 재산을 지키기 위해서 어느 정도의 무기는 허용된다는 것이다.

이는 미국 헌법에도 보장되어 있는 국민의 권리인데, 과거 광활한 땅에서 국가 권력의 보호를 받지 못하는 사각지대에 있었던 미국인들은 자신과 가족의 생명 그리고 재산을 지키기 위해 당연히 총을 갖고 있어야 하는 것으로 인식했다. 당연히 그 시대에는 무법 천지였으니 미국이라는 나라가 모든 미국인을 보호해줄 수 없었을 것이다. 두 사상가가 어떤 차이가 있는지, 이제 조금은 이해가 가는가?

096

공산주의를 러시아에 이식한 '붉은 10월'의 혁명가

블라디미르 레닌
러시아 제국, 소비에트 연방의 혁명가

✤

"우리 앞에 막중한 임무가 기다리고 있습니다.
이제 우리는 기필코 국제 혁명을 시작해야만 하는 것입니다."

프롤레타리아 독재

마르크시스트Marxist 철학에서 프롤레타리아, 즉 노동자가 정치적인 권
력을 잡고 있는 단계. 자본주의 국가와 공산주의 국가 사이에 위치한 단
계로 마르크시스트 철학에서 최종 목표인 공산주의 국가로 이행해가는
과정의 하나이다.

1917년 11월 세상을 뒤흔든 역사적 사건이 발생한다. 공산주의 이념
을 앞세운 볼셰비키당이 10월 혁명으로 정권을 탈취한 것이다. 볼셰비키
당은 나중에 소련 공산당으로 변화해 오랜 기간 동안 이어진 냉전의 중
요한 한 축을 맡아왔다.

러시아의 볼셰비키당을 이끌었던 것은 블라디미르 레닌(1870~1924년)
이었다. 그는 마르크스의 사상을 받아들여 당시 러시아 인민과 노동자의
상황에 맞게 자신만의 스타일로 발전시켰는데 이는 이후 '레닌주의'라는
이름으로 불리며 소련 이념의 기초가 된다. 그는 노동자들의 혁명을 통해
러시아가 공산주의 국가가 되길 원했다.

국가를 뒤엎는 혁명을 일으키는 것은 레닌에게 가장 중요한 일이었다.
그는 제정 러시아 지배하에서 인민들과 노동자들이 억압당하고 있다고

생각했다. 이런 불합리한 지배를 폭력 시위를 통해 무너뜨리고 러시아의 노동자들이 '프롤레타리아 독재'를 실현하는 것을 목표로 삼았다.

하지만 노동자들은 개별적으로 흩어져 있어 뭉치기가 쉽지 않았다. 레닌의 눈에 비친 노동자들은 뿔뿔이 흩어져 있어서 강한 힘이 없었고, 그들이 뭉쳐야만 목적을 달성할 수 있다고 생각했다. 그래서 레닌이 생각한 프롤레타리아 혁명의 필수 조건은 혁명의 최전선에서 그들을 지도하는 정당, 즉 '전위 정당'이었다. 그는 공산당이 프롤레타리아와 인민들을 결집시킬 좋은 도구라고 생각했다. 공산당이 프롤레타리아, 즉 노동자를 대신해 혁명을 일으킬 수 있는 대리인이었던 셈이다.

아이러니하게도 이후의 공산주의에서 공산당은 본인들이 인민의 대리인임을 잊고 그들의 위에 집권했지만 말이다. 레닌이 원했던 이상향은 그 나름대로 의미가 있었지만 인간이 얼마나 권력에 집착하는지를 간과한 문제점이 있었다고 할 수 있겠다.

097

위버멘쉬, '신은 죽었다', 권력에의 의지는 무슨 뜻일까?

프리드리히 니체
독일의 철학자

"신은 죽었다."

니체(1844~1900년)는 독일의 철학자로 저서 『차라투스투라는 이렇게 말했다』로 우리에게 잘 알려져 있다. 그는 과거 플라톤이 내세운 이데아나 기독교의 하늘나라 등의 개념을 상정하는 관념론적 이분법에 대해 비판하고 반박했다. 또한 인간의 강력한 의지가 삶을 바꿀 것이라고 주장했다. 그는 게으르고 나태한 사람은 경멸스러운 인간이라고 칭하며 의지를 가질 것을 강력히 역설했다. 후대의 철학자인 지그문트 프로이트나 장 폴 사르트르에게도 영향을 미쳤다.

니체의 철학은 공부하기 쉽지 않다. 많은 철학 서적이 그러하듯이 어려운 개념과 언어로 설명하기 때문이다. 도대체 '위버멘쉬'가 무슨 뜻인지 이해하지 못하는 사람이 한두 명은 아닐 것이다. 니체의 사상을 쉽게 이해하고 싶다면 두 문장만 알아두면 도움이 된다.

① 신은 죽었다.
② 모든 사람은 누구나 권력을 가지고자 하는 욕망, 즉 '권력에의 의지'가 있다.

니체의 시각에서는 기독교가 '하늘나라' 같은 현실을 뛰어넘는 초월적 가치를 내세우기 때문에 현실에서의 삶이 부정된다. 우리 현실의 삶이 아무 의미가 없는 것처럼 느껴지는 것이다. 그래서 그는 기독교를 부정한다. 기독교가 구원이라는 것을 내세워 인간을 나약하게 만든다는 것이다. 그래서 그는 '신은 죽었다'며 기독교의 가치를 부정한다.

니체는 도덕도 비판한다. 우리가 아는 도덕이란 것은 존재하지 않으며 그것이 있는 것처럼 행동해서는 안 된다고 주장한다. 도덕은 단지 사람의 진짜 속마음을 가리는 변장일 뿐이라고 했다. 속으로는 다른 사람들을 지배하고 자신이 다른 사람들에게 지배당하는 것을 차단하고자 하는 의지가 있는데 이것을 '권력에의 의지'라고 불렀다. 그리고 이 권력을 갖고자 하는 욕구를 제대로 이해하지 못한 채 사회를 건설한다면 그 사회는 필히 무너질 것이라고 보았다. 이 '권력에의 의지'를 구현하는 인간이 바로 초인, 슈퍼맨 혹은 '위버멘쉬'이다. 의지를 가지고 항상 더 나은 상태로 이동하고자 하는 인간 말이다.

아이러니하게도 그는 전체주의와 국가주의, 민족주의를 비판했지만 그의 철학이 파시즘과 나치즘의 선전에 악용되었다. 정작 니체는 히틀러에 동조하지 않았을 가능성이 크지만, 그녀의 여동생 엘리자베트는 그렇지 못했다. 그녀는 열렬한 나치 지지자였으며 자기의 입맛에 맞게 니체의 글들을 짜깁기해 나치를 정당화하는 책을 내기도 했다. 그래서 오늘날 니체를 나치의 정신적 밑거름이라고 생각하는 것은 크나큰 오해다.

098

'패러다임'이라는 개념의 시작

토머스 쿤
미국의 과학사학자, 철학자

✤

"세계는 패러다임의 변화 없이 변화하지 않는다."

패러다임Paradigm
특정 시대를 사는 사람들의 생각을 규정하는 테두리로 인식의 체계 혹은
사물에 대한 이론적인 틀이나 체계를 의미하는 개념이다.

　어디서 들어보긴 했는데 뜻이 기억이 날랑 말랑 하는 단어들이 종종
있다. 아마 그중에 포함되어야 될 단어 중 하나가 '패러다임'이 아닐까?
논문에서나 신문에서나 방송에서나 꽤나 자주 등장하는 단어지만 의외
로 이 뜻이 뭔지 헷갈려하는 분들이 많다.

　이 패러다임이라는 단어, 바로 미국의 학자인 토머스 쿤(1922~1996년)
이 자신의 저서 『과학 혁명의 구조』에서 제시한 개념이다. 쉽게 말해 동
시대를 살아가는 우리 대부분이 갖고 있는 생각이 패러다임이다. 쿤은 이
패러다임이 다음과 같은 과정을 거쳐 계속해서 변화한다고 보았다.

　① 특정 시기에 여러 패러다임 중 가장 지배적인 생각, 즉 패러다임 A가
존재한다.
　② 시간이 흘러가면서 어떤 현상을 설명할 수 있던 패러다임 A로 다른
현상을 설명할 수 없게 된다.
　③ 결국 A가 아닌 B라는 패러다임이 그 현상을 설명할 수 있게 되면서

주도적인 이론이 바뀌게 된다.

이렇게 설명해도 이해가 잘 안 되는 분들이 있을 수 있으니 예를 들어 설명하겠다. 연애를 하면서 누군가를 만나고 헤어지는 일은 일어나기 마련이다. 애인이 생기면, 그 사람이 가장 예쁘고 멋지다고 생각한다. 하지만 그 사람과 헤어진 후에는 하루라도 빨리 잊고 싶어진다. 그러다가 다른 사람을 만나게 되면 그때는 또 내 옆에 있는 사람이 최고라고 생각하게 된다. 이렇게 생각의 변화가 일어나는 것이 바로 패러다임의 전환이다.

패러다임의 개념을 천동설과 지동설에 적용시켜보자. 지구를 중심으로 하늘이 돈다는 천동설은 고대에는 일반적인 개념이었다. 하지만 이후 지구가 자전과 공전을 한다는 갈릴레이의 지동설이 지배적인 개념이 되었다. 여기서 그 당시에 사람들이 일반적으로 생각하는 지배적인 개념 혹은 생각(천동설)이 패러다임이고, 이것이 변화해가는 과정(천동설에서 지동설로 바뀌어가는 과정)이 바로 패러다임의 전환이다.

쿤이 이 개념을 발표한 이후, 패러다임이라는 단어는 자연과학뿐만 아니라 사회과학, 공학 등 다양한 분야에서 변화를 설명하는 새로운 틀을 제공했다. 그가 썼던 책은 사람들에게 논쟁거리가 되었지만 결국 우리가 과학과 인류 역사의 발전을 이해하는 도구로 패러다임이 혁명적인 변화를 일으켰던 것이다.

099

계시를 받고 나라를 구한 성녀

잔 다르크
프랑스의 영웅, 로마 가톨릭 교회의 성인

"나는 두렵지 않다,
이 일을 위해 태어났으므로!"

1 여성의 힘은 강력하다. 과거에는 여성들의 힘을 보여주기 쉽지 않은 상황이었음에도 강인한 여성들은 역사적으로 계속 존재해왔다. 그중 하나가 바로 성녀 잔 다르크(1412~1431년)다. 그녀는 프랑스를 구하라는 하늘의 계시를 받아 잉글랜드와의 백년전쟁에서 프랑스를 승리로 이끌었다. 그것도 매우 어린 나이에 말이다. 13세 때부터 계시를 받았고 16세부터 전쟁에 참가했으며 19세에 화형당해 생을 마감했다.

2 그녀는 이름이 한두 개가 아니었다. 지금만 해도 영어 표기와 프랑스어 표기가 다르다. 당시에도 이름이 여러 개였지만 아버지의 성인 다르크를 받아들이면서 잔 다르크가 되었다.

3 몇몇 사람들은 그녀가 정신적으로 문제가 있었을 것이라고 판단한다. 역사적인 기록을 살펴보면 잔 다르크의 상태는 지금 우리가 말하는 정신병 환자들과 별반 다를 바가 없기 때문이다. 그래서 그녀가 스키조프레니아, 즉 조현병이나 양극성 정동장애를 앓아 환각을 봤을 것이라고 주장하는 사람도 있다. 혹은 살균되지 않은 우유를 오랫동안 마셔서 환각을 본 것이라는 주장도 있다. 어찌 되었건, 잔 다르크의 예언대로 역사가 흘

러갔다는 것은 참 놀라운 일이다.

4 일자로 짧게 자른 단발머리 스타일인 보브컷은 원래 잔 다르크의 것이었다. 나중에 1909년에 앙투안이라는 한 미용사가 잔 다르크의 초상화에서 영감을 받아 보브컷을 만들었다.

5 잔 다르크는 갑옷을 입었지만 직접 전투에 참가하진 않았다. 모든 전투에 앞장섰다고는 하지만 이는 은유적인 표현이다. 그녀는 전투의 전략을 짜고 병력을 배치하고 예언에 따라 해결책을 제시했지만 칼과 방패를 들진 않았다. 대신 그녀는 깃발을 들었다. 실제로 전투에 참가한 것이 아니라 깃발을 들어 병사들의 사기를 끌어올리는 역할을 했을 것이라고 한다.

6 잔 다르크는 1430년 5월 콩피에르 전투에서 사로잡혀 잉글랜드군에게 넘겨졌다. 잡히기 전이나 잡힌 후 재판을 받을 때나 그녀는 남자 옷을 입고 있었다. 재판관들은 잔이 남자옷을 입고 있는 것을 별로 좋아하지 않았는데 당시에는 남장이 교회의 교리에 어긋나는 것이기 때문이었다. 그녀는 자신의 남장이 남자만 있는 군대에서 자신을 지키기 위한 수단이었다고 항변했다.

7 잔 다르크는 마녀 취급을 받아 화형당한 것으로 알려졌으나, 사실 이단과 반역이라는 죄목으로 화형당했다.

8 화형당한 후 잔이 숨을 거둔 후에 잉글랜드군은 타죽은 그녀의 시체를 내걸어 '성녀가 살아남았다'는 말 따위는 아예 하지 못하도록 못박아 버렸다. 그리고는 군중이 그녀의 유골을 가져가지 못하게 시체를 몇 번 더 불태워 완전히 재로 만들고 센강에 내다버렸다.

9 그녀가 사망한 한참 뒤에도 그녀의 정신은 살아 있었다. 프랑스는 제 1차 세계대전 당시 애국심을 고취시키기 위해 잔 다르크를 프로파간다 propaganda에 이용했다. 선전이나 선동의 목적이 아니더라도 그녀에 대한 영화와 만화, 소설, 오페라 등이 수도 없이 만들어졌으며 끊임없이 재해석되고 재탄생했다. 이런 작품에서 그녀의 모습 대부분은 깃발을 들고 갑옷을 입은 채로 백마에 올라탄 기사의 모습으로 묘사된다. 이미지가 갖는 힘은 시간을 초월하는 것 같다.

'악의 평범성'에 대하여

한나 아렌트
독일 출신의 정치철학자

✤

"다른 사람의 처지를 생각할 줄 모른다면
말도 행동도 무능해진다."

제2차 세계대전으로 수많은 사람들이 이유도 모른 채 죽어갔다. 그중에
서도 유대인들은 단순히 자신의 핏줄 때문에 아우슈비츠에 갇혀 끔찍한
죽음을 당했다. 너무나도 어이없고 허탈한 죽음이었기 때문에 살아남은
유대인들(대부분 할리우드의 돈줄을 쥐고 있는 사람들)은 나치의 잔혹성을 묘
사하는 영화를 만들어냈다. 영화 「쉰들러 리스트」나 「인생은 아름다워」
에서 유대인들의 억울한 죽음을 마주할 수 있다(참고로 「쉰들러 리스트」를
만든 스티븐 스필버그는 유대계이다).

이렇게 정치적 입장이나 인종의 차이로 무차별적인 폭력을 가하는 나
치의 이야기는 무수히 회자되어왔다. 대표적인 예가 바로 나치의 관료 아
돌프 아이히만이다. 그는 유대인 수용소로 수백만 명을 이송해 죽음을 맞
이하게 만들었다. 사람들은 그가 악으로 가득한, 나치에 무조건적으로 충
성하는 악마의 화신이라고 생각했다. 수백만 명을 죽게 만들었는데 그 정
도의 평가가 없다면 그것도 이상한 것 아니겠는가?

하지만 제2차 세계대전이 끝난 후 아이히만이 재판 받는 과정을 모두
지켜본 철학자 한나 아렌트(1906~1975년)는 생각이 조금 달랐다. 당시 아
이히만은 유대인들을 학살하는 것이 단순히 위에서 지시를 내린 서류 작
업을 하는 것과 별반 다를 바가 없었다고 주장했다. 그녀는 아이히만이

나치라는 거대한 기계에서 사용되던 '작은 부품'이며, 상부의 명령을 실행할 때 옳고 그름을 따지지 않고 조직의 관료로서 따랐다고 생각했다. 아렌트의 눈에 그는 그저 전체주의에 완전히 짓눌린, 무기력한 인간이자 관료제의 희생양이었던 것이다.

한나 아렌트는 이를 보고 '악의 평범성'이라는 개념을 생각해낸다. 홀로코스트 혹은 대학살과 같이 역사에 길이 남을 악행을 저지르는 것은 미친 사람들이 아니라 평범한 사람들이라는 것이다. 아렌트는 저서 『예루살렘의 아이히만』에서 '보통 사람들'은 국가의 명령을 충실히 따르며 아무 생각 없이 국가가 시키는 대로 악을 저지르게 되는 것이라고 주장했다. 우리가 영화에서 보는 조커나 다스 베이더 같은 특출한 인물들이 악을 지배하는 것이 아니라, 평범한 인간들이 악한 행동을 한다는 것이다.

오늘날에도 자신의 말과 행동이 어떤 영향을 끼칠지 전혀 고민해보지 않고 그저 행동하는 것을 우선시하기 때문에 타인의 비윤리적인 행동에 치를 떨면서도 반인간적인 사건이 끊이지 않고 일어나고 있다. 한나 아렌트가 말한 악의 평범성이 도처에 널려 있는 것이다.

이 문제를 해결하기 위해 우리는 꾸준히 생각해야 한다. 내가 남에게 피해를 끼치지는 않는지, 내 행동이 어떤 결과를 불러올지, 과연 이것이 올바른 길인지 말이다. 한나 아렌트는 꾸준히 생각하지 않으면 말하는 것도 무능해지고 행동도 무능해진다고 보았다. 결국 그 행동은 악을 불러오고 사회와 국가를 붕괴시킬 수도 있다. 좋은 국가를 만들기 위해 필요한 것은 결국 '우리들의 깊은 사유'인 것이다.

소크라테스

소크라테스의 아내 크산티페가 남편을 못 살게 군 이유는? 그가 철학자가 되는 것을 막기 위해서였다. 그러나 소크라테스는 아내의 구박에 집에서 도망 나와 제자들과 토론을 했고 철학자가 되었다. 크산티페는 남편이 철학자라는 직업을 갖지 못하게 방해했지만 아이러니하게 그 행동이 소크라테스를 철학자로 만들었다.

플라톤

플라톤은 매우 건장한 사내였다. 키가 2m에 달했다는 이야기도 있을 만큼 말이다. 그의 제자 아리스토텔레스는 플라톤이 살아 있을 때 그를 비난하지 못했다고 한다. 하지만 그가 죽고 나서 아리스토텔레스는 자신의 저서에서 플라톤을 엄청나게 비난했다. 둘 사이에 입장 차이가 있는데도 아리스토텔레스가 그의 앞에서 말하지 못한 이유가 궁금하다.

모세

일부 학자들이 의견에 따르면 모세는 말을 심하게 더듬었다고 한다.

니콜로 마키아벨리

그가 피렌체의 권력자였던 로렌초 데 메디치에게 『군주론』을 선물했을 때 메디치는 그 책을 거들떠보지도 않았다. 오히려 다른 사람이 선물한 사냥개에 더 관심을 가졌다고 한다.

토머스 홉스 · 존 로크 · 장 자크 루소

세 사람이 주장한 것은 모두 '사회계약설'과 관련된 내용이다. 국가의 탄생과 관련된 이 사회계약설, 이해하기 힘들다고? 그래서 세 학자들을 비교하는 표를 준비했다.

	홉스	로크	루소
인간은 원래 악한가, 선한가?	성악설	백지설	성선설
자연 상태	만인의 만인에 의한 투쟁 상태	자연법과 이성이 존재하기 때문에 홉스의 주장처럼 혼란스럽지는 않다.	자연 상태에서 인간은 자유롭고 행복하다. 하지만 사유재산이 등장하면서 불평등해지고 불행해진다.
국가는 왜 탄생하는가?	자신의 안전을 지키고 무질서를 타개하기 위해 국가와 계약해야 한다.	살 만은 하지만 그래도 분쟁이 있으면 피곤하니 국가와 계약을 맺는다.	사유재산으로 인한 불평등이 갈등을 만들고, 이를 벗어나 자유와 평등을 보장하기 위해 국가를 구성한다.
어떤 정치권력을 추구했나?	강력한 국가	국민의 권력이 더 중요하다. 국민이 원하는 수준까지만 정부 권력을 넘겨주어야 한다.	국가가 있긴 하지만 직접 자신의 의견을 피력해야 한다.
저항권을 인정했나?	저항권 부정	저항권 인정	저항권 인정
공통점	① 자연권을 안정적으로 보장하기 위해 사회구성원의 동의(계약)에 의해 국가(사회)가 만들어졌다. ② 국가의 권력은 제한적이다. ③ 이론에서 자연 상태와 계약 상태를 구분한다. ④ 사회구성원은 태어나면서부터 인간이기 때문에 당연히 가지는 자연법상의 권리를 가지고 있다.		

블라디미르 레닌

볼셰비키와 멘셰비키는 레닌이 소속되어 있던 러시아 사회민주노동당의 분파를 일컫는 용어이다. 마르크스주의를 이념으로 채택한 사회민주

노동당은 이후 혁명을 일으키자는 급진파와 이에 반대하는 온건파로 나누어지게 된다. 여기서 급진파가 볼셰비키, 온건파는 멘셰비키다. 레닌이 속한 볼셰비키가 득세해 결국 혁명이 발발한 것이다.

잔 다르크

잔 다르크 사후 25년이 지난 뒤, 종교 재판을 통해 그녀에게 내려진 혐의는 모두 무죄가 되었으며 순교자가 되었다. 1920년에 그녀는 성녀 요안나 아르켄시스라는 이름의 성인이 되었다. 잔 다르크의 축일은 5월 30일이다.

역사를 바꾼 그들이 가장 중요하게 생각했던 것은 무엇일까?

이름: ?
직업: ?

✤

"음지에서 일하고 양지를 지향한다."

– 1960년대 중앙정보부의 원훈

마지막 챕터에 도달한 것을 축하한다. 여러분은 지금까지 100명의 인물에 대한 이야기들을 읽었다. 인내심을 갖고 이 책을 읽은 독자들에게 묻고 싶다. 여러분은 가장 중요한 것이 무엇이라고 생각하는가? 필자는 역사에 지대한 영향을 미친, 그리고 우리의 삶에서도 지대한 영향을 미치는 존재는 바로 '정보'라고 생각한다.

예나 지금이나 무언가를 아는 것은 중요하다. 투자를 예로 들어보자. 주식이든 부동산이든 다른 사람보다 어떤 정보를 먼저 아는 것이 돈을 벌어준다. 소문에 사서 뉴스에 팔라는 말을 들어본 적이 있을 것이다.

비단 투자뿐만이 아니다. 역사에서도 정보는 매우 중요한 역할을 담당했다. 전쟁에서도, 국가의 운영에서도 정보가 없으면 안 된다. 한 국가의 지도자들은 옛날부터 정보를 모아 국가 운영에서 우위를 점하길 원했다. 조선만 하더라도 때로는 왕들이 암행어사를 보내 민심을 듣기도 하고, 직접 백성들이 사는 곳에 변장하고 몰래 잠입해 정보를 캐내기도 했다.

아예 전문적으로 정보를 수집하기 위해 발품을 파는 이들도 있었다.

우리는 보통 이를 스파이 혹은 첩보원이라고 부른다. 동서양을 막론하고 스파이는 항상 있었다. 국가와 자신이 속한 집단에 도움이 되기 위해 정보를 수집했다. 심지어 중세시대에도 스파이들이 활동했다고 한다.

그중에는 마타하리나 원정화처럼 유명한 스파이들도 있지만 대부분 그들의 존재는 비밀이며 우리가 쉽게 알 수 없다. 우리의 역사 속에서 스파이는 곳곳에 드러나지 않은 채로 숨어 있었던 것이다.

에필로그 시작이 물음표로 되어 있는 것도 그런 이유에서다. 정체를 드러내지 않은 스파이들은 보이지 않는 곳에서 역사를 바꿔왔다. 영화 「킹스맨」에서 콜린 퍼스가 연기한 해리는 신문기사 1면을 방에 붙여 놓는다. 비밀조직인 킹스맨의 일원으로 자신의 모습을 드러낼 수 없기에 그는 그저 자신이 세상을 구한 날의 1면을 붙이는 것밖에 할 수 없었다.

많은 나라들이 왜 스파이를 보내 정보를 수집하는 걸까? A와 B라는 국가가 서로 대립관계에 있다고 생각해보자. 각각의 국가는 서로에 대한 정보를 수집해 전쟁이 일어날 때 혹은 평상시에 더 유리한 위치를 점하고자 한다. 예를 들어 주 병력이 어디에 있는지, 적국의 무기가 어디에 배치되어 있고, 누가 군대를 이끄는지 알고 있다면 전쟁을 좀 더 손쉽게 치를 수 있지 않을까? 그리고 평상시에도 상대방이 어떤 움직임을 보이는지 알아챈다면 이후의 움직임을 예측하기도 쉽다.

한쪽이 정보를 더 많이 가진 경우 정보의 비대칭이 발생한다. 이 상황에서 정보를 많이 가진 사람은 무조건 유리하고 정보를 적게 가진 사람은 불리하다. 상대보다 빠르게 더 많은 정보를 얻으면 성공확률은 당연히 높아진다. 시야가 넓어지고, 선택지가 다양해지기 때문이다. 정보 자체가 승패를 좌우하는 것이다.

그러니 아는 것을 무시하지 말라. 세상이 어지럽더라도 많은 것을 알고 있다면 여러분은 그 위기를 헤쳐나가는 현자가 될 수 있다. 직장에서의 경쟁이든 투자든 시험 준비든 정보의 비대칭이 여러분에게 좋은 영향을 미치지는 않을 것이다. '아는 것은 힘이다'라는 속담이 구시대의 유물이라고 생각하는 사람들이 있다면 다시 한 번 생각을 고쳐보시길 간곡히 바란다.

여전히 정보는 권력이며 돈이고 힘이다. 비록 이 책을 읽으며 얻은 그 것이 지금은 쓸모없어 보일지라도 언젠가는 유용하게 사용될 날이 올 것이다. 하다못해 연인에게, 혹은 부하직원들에게 일장연설을 할 때 아는 척이라도 할 수 있을지 누가 아는가? 지금까지 이 책을 읽어주셔서 감사드리고 2권이 나올 수 있다면 여러분들에게 더 많은 이야기를 들려드리고 싶다.

참고 문헌 및 자료

프롤로그

- Destined For War: Can America and China Escape Thucydides's trap?, Graham Allison, Mariner Books, 2018.
- Alan Greeley Misenheimer, "Thucydides' Other "Traps": The United States, China, and the Prospect of "Inevitable" War", CASE STUDY: National War College and National Defense University, 2019.

1장 경제

- 니코마코스 윤리학, 아리스토텔레스, 천병희 역, 숲, 2013.
- 수사학/시학, 아리스토텔레스, 천병희 역, 숲, 2017.
- 정치학, 아리스토텔레스, 천병희 역, 숲, 2009.
- SPQR: A History Of Ancient Rome, Mary Beard, New York City: Liveright, 2016.
- 로마제국 쇠망사, 에드워드 기번, 이종인 역, 숲, 책과함께, 2018.
- 춘추전국의 정치사상, 최명, 숲, 박영사, 2004.
- 정다산의 경제윤리사상, 최회남, 숲, 김영사, 2007.
- Drake: England's Greatest Seafarer, Ernle Bratford, New York City: Open Road Media, 2014.
- The Life, Voyages, and Exploits of Admiral Sir Francis Drake: With Numerous Original Letters from Him and the Lord High Admiral to the Queen and Great Officers of State, John Barrow, London: Forgotten Books, 2012.

- Conquest: Cortes, Montezuma, and the Fall of Old Mexico, Hugh Thomas, New York City: Simon & Schuster, 1995.
- Conquistador: Hernan Cortes, King Montezuma, and the Last Stand of the Aztecs, Buddy Levy, New York City: Random House, 2008.
- 국부론(상), 애덤 스미스, 김수행 역, 비봉출판사, 2017.
- 국부론(하), 애덤 스미스, 김수행 역, 비봉출판사, 2017.
- 맨큐의 경제학, 그레고리 맨큐, 김경환, 김종석 역, 교보문고, 2012.
- The Principles of Political Economy and Taxation, David Ricardo, Mineola: Dover Publications, 2004.
- 공산당 선언, 칼 맑스, 프리드리히 엥겔스, 이진우 역, 책세상, 2016.
- 경제학·철학초고/자본론, 공산당선언/철학의 빈곤, 칼 맑스, 김문수 역, 동서문화사, 2016.
- 자본주의와 자유, 밀턴 프리드먼, 변동열, 심준보 역, 청어람미디어, 2007.
- 화폐경제학, 밀턴 프리드먼, 김병주 역, 한국경제신문사, 2009.
- 대공황 1929-1933, 밀턴 프리드먼, 안나 J. 슈워츠, 나원준, 양동휴 역, 미지북스, 2010.
- Defiance of the Patriots: The Boston Tea Party and the Making of America, Benjamin L. Carp, New Haven: Yale University Press, 2011.
- Argentina and Peronism: The History and Legacy of Argentina's Transition from Juan Perón to Democracy, Charles Rivers Editors, Boston: Charles Rivers Editors, 2020.
- The People's Tycoon: Henry Ford and the American Century, Steven Watts, New York City: Knopf, 2008.
- The House of Rothschild: Money's Prophets 1798-1848, Niall Ferguson, New York City: Viking Adult, 1998.
- Ponzi's Scheme: The True Story of a Financial Legend, Mitchell Zuckoff, New York City: Random House, 2005.
- Road Ahead by Bill Gates, Bill Gates, New York City: Viking Press, 1997.
- The Intelligent Investor: The Definitive Book on Value Investing. A Book of Practical Counsel (Revised Edition), Benjamin Graham, New York City: Harper Business, 2006.
- Warren Buffett and the Interpretation of Financial Statements: The Search for the Company with a Durable Competitive Advantage, Mary Buffett, David Clark, New York City: Scribner, 2008.
- 스티브 잡스, 월터 아이작슨, 안진환 역, 민음사, 2011.

- 평전 스티브 잡스 VS 빌 게이츠, 다케우치 가즈마사, 김정환 역, 예인, 2010.
- Pablo Escobar: My Father, Juan Pablo Escobar, Andrea Rosenberg (translator), New York City: St. Martin's Griffin, 2017.

- 나르코스 시즌 1, 넷플릭스, 2015.
- 나르코스 시즌 2, 넷플릭스, 2016.
- 인사이드 빌게이츠, 넷플릭스, 2019.
- 잡스, 조슈아 마이클 스턴 감독, 오픈 로드 필름스 배급, 2013.
- 스티브 잡스, 대니 보일 감독, 유니버셜 픽처스 배급, 2015.

2장 정치

- 펠로폰네소스 전쟁사, 투키디데스, 천병희 역, 숲, 2011.
- 로마인 이야기 1: 로마는 하루아침에 이루어지지 않았다, 시오노 나나미, 김석희 역, 한길사, 2019.
- 그리스의 위대한 연설, 페리클레스, 뤼시아스 외 2명 저, 김헌 외 2명 역, 민음사, 2015
- 람세스 2세, 엘리자베스 다비드, 크리스토프 바르보탱, 김미선 역, 창해, 2000.
- 고대 이집트의 역사 2: 태고부터 페르시아의 정복까지, 서양편 788, 제임스 헨리 브레스테드, 김태경 역, 한국문화사, 2020.
- Hannibal's Last Battle: Zama & the Fall of Carthage, Brian Todd Carey, Joshua B. Allfree, John Cairns, Barnsley: Pen & Sword Military, 2007.
- Alexander the Great An Illustrated Military History: The Rise of Macedonia, The battles, Campaigns and Tactics of Alexander, And The Collapse of his ... Death, Depicted in more than 250 pictures, Nigel Rodgers, London: Southwater, 2012.
- 전쟁의 기원: 석기 시대로부터 알렉산더 대왕의 시대까지, 아더 훼릴, 이춘근 역, 북앤피플, 2019.
- Genghis Khan: Life, Death and Resurrection, John Man, London: St. Martin's Griffin, 2007 Genghis Khan: His Conquests, His Empire, His Legacy, Frank Mclynn, Boston: Da Capo Press, 2015
- 진시황: 신화가 된 역사 그리고 진실, 뤼스하오, 이지은 역, 지식갤러리, 2015.
- The First Emperor of China, Jonathan Clements, London: Albert Bridge Books, 2015
- 조선상고사, 신채호, 박기봉 역, 비봉출판사, 2006.

- Emperor Yang of the Sui Dynasty: His Life, Times, And Legacy, Victor Cunrui Xiong, New York CIty: State University of New York Press, 2006.
- 조선왕조실록, 이성무, 살림, 2015.
- 쑨원: 근대화의 기로, 후카마치 히데오, 박제이 역, 에이케이커뮤니케이션즈, 2018.
- Rasputin: Faith, Power, and the Twilight of the Romanovs, Douglas Smith, New York City: Picador, 2016.
- 윈스턴 S. 처칠: 전쟁과 평화의 위대한 리더십, 강성학, 박영사, 2019.
- Churchill: The Power of Words, Winston S. Churchill, Martin Gilbert, Boston: Da Capo Press, 2013.
- 시베리아 횡단열차와 사무라이, 강성학, 고려대학교출판부, 1999.
- 무지개와 부엉이: 국제정치의 이론과 실천에 관한 논문 선집, 강성학, 박영사, 2010.
- 나폴레옹: 야망과 운명, 프랭크 맥클린, 조행복 역, 교양인, 2016.
- 나폴레옹, 막스 갈로, 임헌 역, 문학동네, 2017.
- 세계외교사, 김용구, 서울대학교출판부, 2006.
- Hitler: Downfall: 1939-1945, Volker Ullrich, Jefferson Chase (translator), New York City: Knopf, 2020.
- 선택, 미하일 고르바초프, 이기동 역, 프리뷰, 2013.
- Perestroika: New Thinking for Our Country and the World, Mikhail S. Gorbachev, New York City: Harpercollins, 1987.
- Exposing the Real Che Guevara, Humberto Fontova, New York City: Sentinel, 2008.
- 체 게바라 평전, 장 코르미에, 김미선 역, 실천문학사, 2005.
- Hegemonic Peace and Empire: The Pax Romana, Britannica and Americana (War, History and Politics), Ali Parchami, London: Routledge, 2009.

- 10대 사건으로 보는 제2차 세계대전, 넷플릭스, 2019.
- 모뉴먼츠 맨: 세기의 작전, 조지 클루니 감독, 콜럼비아 픽처스 배급, 2014.
- 모터사이클 다이어리, 월터 살레스 감독, 포커스 피처스 배급, 2004.
- 다키스트 아워, 조 라이트 감독, 포커스 피처스 배급, 2017.
- 쉰들러 리스트, 스티븐 스필버그 감독, 유니버셜 픽처스 배급, 1993.
- 히틀러: 파시즘의 진화, 요하임 페스트, 크리스티안 헤렌되르퍼 감독, 인터내셔널 히스토릭 필름 배급, 1977.
- 피아니스트, 로만 폴란스키 감독, 포커스 피처스, 스튜디오 카날 배급, 2002.

- 나폴레옹, 세르게이 본다르처크 감독, 콜럼비아 픽처스 배급, 1970.

3장 사회

- Spartacus and the Slave Wars: A Brief History with Documents, Brent D. Shaw, New York CIty: Bedford/St. Martins, 2017.
- 한 권으로 정리한 이야기 중국사, 조관희, 청아출판사, 2003.
- A New World Begins: The History of the French Revolution, Jeremy D. Popkin, New York City: Basic Books, 2019.
- 유배지에서 보낸 편지, 정약용, 박석무 역, 창비, 2019.
- 정선 목민심서, 정약용, 다산연구회 역, 창비, 2019.
- 다산 정약용 평전, 박석무, 민음사, 2014.
- The Sword and the Shield: The Revolutionary Lives of Malcolm X and Martin Luther King Jr., Peniel E. Joseph, New York City: Basic Books, 2020.
- Long Walk to Freedom: The Autobiography of Nelson Mandela, Nelson Mandela, Indianapolis: Back Bay Books, 1995.
- The Chartist Movement: In its Social and Economic Aspects (Routledge Revivals), Frank Ferdinand Rosenblatt, Sydney: Wentworth Press, 2019.
- Amazing Grace: William Wilberforce and the Heroic Campaign to End Slavery, Eric Metaxas, San Fransisco: HarperOne, 2007.
- 68혁명, 상상력이 빚은 저항의 역사, 정대성, 당대, 2019.
- 68, 세계를 바꾼 문화혁명, 오제명, 김경석, 김길웅, 길, 2006.
- 영국 혁명과 올리버 크롬웰, 주연종, 한국학술정보, 2012.
- Mohandas K. Gandhi, Autobiography: The Story of My Experiments with Truth, Mohandas Karamchand Gandhi, Mineola: Dover Publications, 1983.
- Gandhi: His Life and Message for the World, Louis Fischer, Kolkata: Signet, 2010.
- Lincoln, David Herbert Donald, New York City: Simon & Schuster, 1996.
- The Fiery Trial: Abraham Lincoln and American Slavery, Eric Foner, New York City: W. W. Norton & Company, 2011.
- 서재필: 독립협회를 창설한 개화 개혁의 선구자, 김승태, 역사공간, 2011
- 서재필이 꿈꾼 나라, 서재필, 푸른역사, 2010.
- Pulitzer: A Life in Politics, Print, and Power, James McGrath Morris, Harper, 2010.

- Joseph Pulitzer and William Randolph Hearst: The Lives and Careers of the Publishers Who Transformed the Media Industry, Charles River Editors, Independently Published, 2018.
- RETRIBUTION: The Story of the Sepoy Mutiny, W. h. Fitchett, Fireship Press, 2010.
- Confessions of a Greenpeace Dropout: The Making of a Sensible Environmentalist, Patrick Albert Moore, Beatty Street Publishing, 2010.
- Records of the Grand Historian: Qin Dynasty, Qian Sima, Burton Watson (Translator), Columbia University Press, 1995.

- 영웅, 장예모 감독, 미라맥스 필름 배급, 2002.
- 스파르타쿠스, 스탠리 큐브릭 감독, 유니버셜 인터내셔널 배급, 1960.
- Spartacus, Starz Media, 2010.
- 어메이징 그레이스, 마이클 앱티드 감독, 모멘텀 픽처스 배급, 2006.
- 우리가 꿈꾸는 기적: 인빅터스, 클린트 이스트우드 감독, 워너브라더스 배급, 2009.
- 링컨, 스티븐 스필버그 감독, 월트 디즈니 스튜디오 배급, 2012.

4장 문화

- 일리아스, 호메로스, 천병희 역, 숲, 2015.
- 오뒷세이아, 호메로스, 천병희 역, 숲, 2015.
- Why Homer Matters, Adam Nicolson, Picador, 2015.
- 삼국지 세트(전 10권), 나관중, 이문열 역, 알에이치코리아, 2020.
- The Three Kingdoms, Volume 1: The Sacred Oath: The Epic Chinese Tale of Loyalty and War in a Dynamic New Translation (with Footnotes), Luo Guanzhong, Ronald C. Iverson (Editor), Yu Sumei (Translator), Tuttle Publishing, 2014.
- The Three Kingdoms, Volume 2: The Sleeping Dragon: The Epic Chinese Tale of Loyalty and War in a Dynamic New Translation (with Footnotes), Luo Guanzhong, Ronald C. Iverson (Editor), Yu Sumei (Translator), Tuttle Publishing, 2014.
- The Three Kingdoms, Volume 3: Welcome The Tiger: The Epic Chinese Tale of Loyalty and War in a Dynamic New Translation (with Footnotes), Luo Guanzhong, Ronald C. Iverson (Editor), Yu Sumei (Translator), Tuttle Publishing, 2014.
- Johann Sebastian Bach: The Learned Musician, Christoph Wolff, New York City: W. W.

Norton & Company, 2001.

- Mozart: A Life, Paul Johnson, Penguin Books, 2014.
- Being Wagner: The Story of the Most Provocative Composer Who Ever Lived, Simon Callow, Vintage Books, 2018.
- Richard Wagner: A Life in Music, Martin Geck, Stewart Spencer (Translator), Chicago: University of Chicago Press, 2013.
- Botticelli's Muse, Dorah Blume, Boston: Juiceboxartists Press, 2017.
- 보티첼리: 미의 여신 베누스를 되살리다, 실비아 말라구치 저, 문경자 역, 마로니에북스, 2007.
- 보티첼리, 키아라 바스타, 카를로 보, 김숙 역, 예경, 2007.
- The Oxford Illustrated History of the Renaissance, Gordon Campbell, Oxford: Oxford University Press, 2019.
- The Renaissance in Italy: A History, Kenneth Bartlett, Indianapolis: Hackett Publishing Company, Inc., 2019.
- Michelangelo: The Complete Sculpture, Painting, Architecture, New York City: Universe, 2009.
- 미켈란젤로: 예술가의 위상을 높인 천재 조각가, 박영택, 다림, 2018.
- Baroque and Rococo Art and Architecture, Robert Neuman, London: Pearson, 2012.
- Rubens: His Life and Works: An Illustrated Exploration of the Artist, His Life and Context, with a Gallery of 300 Paintings and Drawings, Susie Hodge, Dayton, Ohio: Lorenz Books, 2017.
- A Year in the Life of William Shakespeare: 1599, James Shapiro, New York City: Harper Perennial, 2006.
- Shakespeare: The Biography, Peter Ackroyd, New York City: Anchor, 2006.
- 셰익스피어 4대 비극 세트, 윌리엄 셰익스피어, 최종철 역, 민음사, 2012.
- 셰익스피어 5대 희극, 윌리엄 셰익스피어, 셰익스피어연구회 역, 아름다운날, 2019.
- Picasso: A Biography, Patrick O'Brian, New York City: W. W. Norton & Company, 1994.
- Jazz: A History of America's Music, Geoffrey C. Ward, Ken Burns, New York City: Knopf, 2000.
- The Philosophy of Andy Warhol (From A to B and Back Again), Andy Warhol, Eugene, Oregon: Harvest, 1977.
- 앤디 워홀 이야기, 아서 단토, 박선령 역, 움직이는서재, 2016.

- 히치콕과의 대화, 프랑수아 트뤼포, 곽한주 역, 한나래, 1994.
- 코코 샤넬, 앙리 지델, 이원희 역, 작가정신, 2018.
- Chanel and Her World, Edmonde Charles-Roux, New York City: Vendome Press, 2005.
- Chanel: Collections and Creations, Daniele Bott, London: Thames & Hudson, 2007.
- Banksy: Wall and Piece, 뱅크시, 이태호, 리경 역, 위즈덤피플, 2009.

- 셰익스피어 인 러브, 존 매든 감독, 미라맥스 필름 배급, 1998.
- 잠, 앤디 워홀 감독, 1964.
- 히치콕 트뤼포, 켄트 존스 감독, 코헨 미디어 그룹 배급, 2016.
- 아마데우스, 밀로스 포만 감독, 오라이언 픽처스 배급, 1984.
- 싸이코, 알프레드 히치콕 감독, 파라마운트 픽처스 배급, 1960.
- 이창, 알프레드 히치콕 감독, 파라마운트 픽처스 배급, 1954.
- 새, 알프레드 히치콕 감독, 유니버셜 픽처스 배급, 1963.

5장 과학

- 유클리드가 들려주는 기하학 이야기, 정완성, 자음과모음, 2010.
- The King of Infinite Space: Euclid and HIs Elements, David Berlinski, New York City: Basic Books, 2014.
- 히포크라테스, 자크 주아나, 서홍관 역, 아침이슬, 2004.
- The Essential Galileo (Hacket Classics), Galileo Galilei, Maurice A. Finocchiaro (Translator), Indianapolis: Hackett Publishing Company, Inc., 2008.
- 위대한 발명가 구텐베르크, 제임스 럼포드, 서남희 역, 한길사, 2018.
- 구텐베르크의 귀환, 이용준 외 2명 저, 이담북스, 2012.
- From Gutenberg to Google: The History of Our Future, Tom Wheeler, Washington, D.C.: Brookings Institution Press, 2019.
- 종이가 만든 길: 인류 문명을 창조해낸 위대하고도 매혹적인 여정, 에릭 오르세나, 강현주 역, 작은씨앗, 2014.
- 종이의 발명과 전세계를 연결한 종이길, 공병훈, 세계와나, 2016.
- Louis Pasteur: The Life and Legacy of the Legendary French Scientist Recognized as the Father of Microbiology, Charles River Editors, Ann Arbor, Michigan: Charles River Editors, 2018.

- Isaac Newton, Jame Gleick, New York City: Vintage Books, 2004.
- Newton on the Christian Life: To Live is Christ, Tony Reinke, Wheaton, Illinois: Crossway, 2015.
- 종의 기원, 찰스 로버트 다윈, 장대익 역, 사이언스북스, 2019.
- Hacking Darwin: Genetic Engineering and the Future of Humanity, Jamie Metzl, Naperville, Illinois: Sourcebooks, 2020.
- Edison, Edmund Morris, Random House, 2019.
- The History of Chemistry: A Very Short Introduction, William H. Brock, Oxford: Oxford University Press, 2016.
- Le Corbusier Le Grand (Architecture générale), Tim Benton, Jean-Louis Cohen, New York City: Phaidon Press, 2019.
- Einstein: His Life and Universe, Walter Isaacson, New York City: Simon & Schuster, 2008.
- Elon Musk: Tesla, SpaceX, and the Quest for a Fantastic Future, Ashlee Vance, New York City: Ecco Press, 2015.

6장 사상, 종교

- 페르시아의 종교, 유흥태, 살림, 2010.
- Manichaeism, Michel Tardieu, Malcolm DeBevoise (translator), Champaign, Illinois: University of Illinois Press, 2009.
- 소크라테스의 변명/크리톤/파이돈/향연, 플라톤, 황문수 역, 문예출판사, 2011.
- 국가, 플라톤, 천병희 역, 숲, 2013.
- 니코마코스 윤리학, 아리스토텔레스, 홍석영 역, 풀빛, 2005.
- 로마인 이야기 13: 최후의 노력, 시오노 나나미, 김석희 역, 한길사, 2005.
- Life of the Buddha (Clay Sanskrit Library), Ashvaghosha, Patrick Olivelle, New York City: Clay Sanskrit Library, 2008.
- 논어, 공자, 김원중 역, 휴머니스트, 2019.
- 맹자, 맹자, 박경환 역, 홍익출판사, 2005.
- 누구나 한번쯤 읽어야 할 사서삼경, 미리내공방, 정민미디어, 2018.
- What Did Jesus Look Like?, Joan E. Taylor, London: T&T Clark, 2018.
- 군주론, 마키아벨리, 강정인, 김경희 역, 까치, 2015.
- 마키아벨리, 레오 스트라우스, 함규진 역, 구운몽, 2006.

- 로마사 논고, 마키아벨리, 강정인, 김경희 역, 한길사, 2018.
- 에밀, 장 자크 루소, 이환 역, 돋을새김, 2015.
- 사회계약론, 장 자크 루소, 김영욱 역, 후마니타스, 2018.
- 인간불평등기원론/사회계약론, 장 자크 루소, 최석기 역, 동서문화사, 2018.
- 리바이어던, 토머스 홉스, 최공웅, 최진원 역, 동서문화사, 2016.
- 통치론: 시민정부의 참된 기원, 범위 및 그 목적에 관한 시론, 존 로크, 강정인, 문지영 역, 까치글방, 2017.
- 순수이성비판, 임마누엘 칸트, 정명오 역, 동서문화사, 2016.
- 정치철학 2, 곽준혁, 민음사, 2016.
- 정치와 도덕을 말하다, 마이클 샌델, 김선욱 역, 와이즈베리, 2016.
- Justice, Michael J. Sandel, Farrar, New York City: Straus and Giroux, 2010.
- The Reformation, Diarmaid MacCulloch, London: Penguin Books, 2005.
- 사료로 보는 아시아사, 유인선 외 10명 저, 위더북스, 2014.
- 기허당 영규대사의 서사전승 연구, 강현모, 역락, 2013.
- 짜라투스트라는 이렇게 말했다, 프리드리히 니체, 장희창 역, 민음사, 2004.
- 니체의 말, 프리드리히 니체, 박재현 역, 삼호미디어, 2020.
- 니체의 말 2, 프리드리히 니체, 박미정 역, 삼호미디어, 2020.
- The Structure of Scientific Revolutions: 50th Anniversary Edition, Thomas S. Kuhn, Chicago: University of Chicago Press, 2012.
- Joan of Arc: A History, Helen Castor, New York City: Harper Perennial, 2016.
- James Kierstead, "Karl Popper's The Open Society and its Enemies, and it Enemies", Journal of New Zealand Studies NS28, 2019.
- The Open Society and its Enemies. Vol. 1: The Spell of Plato. Vol. 2: The High Tide of Prophecy: Hegel, Marx, and the Aftermath, Karl Popper, London: Routledge, 1945.
- Alan Greeley Misenheimer, "Thucydides' Other "Traps": The United States, China, and the Prospect of "Inevitable" War", CASE STUDY: National War College and National Defense University, pg. 1, 2019.

- 공자, 호 메이 감독, 차이나 필름 그룹 배급, 2010.
- 잔 다르크, 뤽베송 감독, 콜럼비아 픽처스 배급, 1999.
- 패션 오브 크라이스트, 멜 깁슨 감독, 뉴마켓 필름 배급, 2004.
- 이집트 왕자, 브렌다 챔프먼, 사이먼 웰스, 스티브 히크너 감독, 드림웍스 배급, 1998.

- 마이클 샌델의 토론 특강: 정의란 무엇인가, EBS, 2011.

에필로그

- 국가정보학(2020)(10판), 민진규, 배움, 2020.

1cm 인물 교양 수업

1판 1쇄 발행 2020년 11월 11일

지은이 앤드류의 5분 대백과사전
발행인 오영진 김진갑
발행처 나무의철학

책임편집 박수진
기획편집 이다희 박은화 진송이 허재희
디자인팀 안윤민 김현주
마케팅 박시현 신하은 박준서 김예은
경영지원 이혜선

출판등록 2006년 1월 11일 제313-2006-15호
주소 서울시 마포구 월드컵북로5가길 12 서교빌딩 2층
전화 02-332-3310 팩스 02-332-7741
블로그 blog.naver.com/midnightbookstore
페이스북 www.facebook.com/tornadobook

ISBN 979-11-5851-193-7 03900

토네이도는 토네이도미디어그룹(주)의 자회사입니다.

이 도서의 국립중앙도서관 출판예정도서목록(CIP)은 서지정보유통지원시스템 홈페이지(http://seoji.nl.go.kr)와
국가자료공동목록시스템(http://www.nl.go.kr/kolisnet)에서 이용하실 수 있습니다.
(CIP제어번호: CIP2020043055)